T0151753

MÉTAPHYSIQUE

DU MÊME AUTEUR

À la même librairie

BIBLIOTHÈQUE DES TEXTES PHILOSOPHIQUES

Fondateur H. GOUHIER   Directeur J.-F. COURTINE

ARISTOTE

MÉTAPHYSIQUE

TOME II – LIVRES H-N

Traduction et notes

par

J. TRICOT

PARIS

LIBRAIRIE PHILOSOPHIQUE J. VRIN

6, Place de la Sorbonne, V ^{e}

2004

En application du Code de la Propriété Intellectuelle et notamment de ses articles L. 122-4, L. 122-5 et L. 335-2, toute représentation ou reproduction intégrale ou partielle faite sans le consentement de l'auteur ou de ses ayants droit ou ayants cause est illicite. Une telle représentation ou reproduction constituerait un délit de contrefaçon, puni de deux ans d'emprisonnement et de 150 000 euros d'amende.

Ne sont autorisées que les copies ou reproductions strictement réservées à l'usage privé du copiste et non destinées à une utilisation collective, ainsi que les analyses et courtes citations, sous réserve que soient indiqués clairement le nom de l'auteur et la source.

© *Librairie Philosophique J. VRIN,* 2004

Imprimé en France

ISBN 2-7116-1078-0

(ISBN 2-7116-1076-4 pour les deux volumes)

www.vrin.fr

Nous présentons ici, à titre d'*editio minor*, la première traduction effectuée par J. Tricot et publiée en 1933. La nouvelle édition, refondue et accompagnée d'un commentaire, publiée en 1953 et constamment rééditée depuis cette date, sera maintenue parallèlement. Nous espérons cependant rendre service à un public élargi en lui proposant aujourd'hui cette version plus légère et plus maniable.

L'Éditeur

INTRODUCTION [1]

LA *MÉTAPHYSIQUE* ET LES *ÉCRITS ACROAMATIQUES*

La *Métaphysique* est l'œuvre capitale d'Aristote, et elle constitue le couronnement de tout le système. Elle rentre dans la classe des ἀκροαματικά ou ἐσωτερικά, écrits destinés au public philosophique, par opposition aux ἐξωτερικά ou κοινά, dans lesquels Aristote s'adresse à un public plus étendu. Les écrits *acroamatiques* sont caractérisés par la rigueur de l'exposition et l'emploi constant de l'Analytique; ils ne paraissent pas, en raison de leur imperfection littéraire, avoir été édités du vivant d'Aristote, et ils ont été seulement l'objet d'une publication à l'intérieur de l'École. Contrairement à ce qu'ont cru les Néo-Platoniciens et les premiers écrivains chrétiens, ils ne renferment aucune doctrine secrète. – Quant aux écrits *exotériques*, aujourd'hui perdus, c'était vraisemblablement des ouvrages d'une forme

---

1. Introduction de Jean Tricot, présente au début du tome I, et que nous reprenons en tête de ce tome II.

plus travaillée, imités des Dialogues de Platon (d'où leur nom de διαλογικά), dans lesquels l'auteur procédait par la voie de la Dialectique et faisait appel à la simple vraisemblance[1]. Leur valeur littéraire paraît avoir été grande, et c'est à leur sujet que Cicéron a parlé de *flumen aureum*[2].

Les écrits acroamatiques et les écrits exotériques constituent eux-mêmes ce que les Commentateurs ont appelé les συγγάμματα συνταγματικά, œuvres achevées et méthodiques, tandis que les συγγάμματα ὑπομνηματικά, dont il ne reste aucune trace, étaient de simples recueils de notes à l'usage de l'auteur.

AUTHENTICITÉ DE LA *MÉTAPHYSIQUE* EN GÉNÉRAL

Comme le remarque Ravaisson, la question de l'authenticité de la *Métaphysique* est liée à l'histoire des ouvrages d'Aristote. Cette histoire, assez confuse, a été racontée par Strabon (XIII, 1, 154) et Plutarque (*Vita Sul.*, c. 26). On la trouvera exposée dans la plupart des ouvrages consacrés à Aristote[3], et nous n'avons pas à nous y arrêter.

---

1. Sur tous ces points, que nous nous abstenons de développer, on consultera, avec profit, toute la première partie de l'*Essai sur la Métaphysique d'Aristote*, de Ravaisson; Hamelin, *Le système d'Aristote*, p. 50 et suivantes. Sur les opinions des Néo-Platoniciens et des écrivains chrétiens, cf. Clément d'Alexandre, *Strom.* V, 575 A; Plutarque, *Vit. Alex. Magn.*, VII; Strabon, XIII, 1, 54; Cicéron, *de Finib.*, V, 5, 12 et *ad. Attic.*, IV, 16, 2. – Plutarque (*loc. cit.*) et AuluGelle (*Noctes Atticae*, XX, V) croient à tort que la *Métaphysique* est seule désignée par l'expression « écrits acroamatiques ».

2. Cicéron, *Acad.*, II, 38, 119.

3. Cf. notamment Ravaisson, *Essai*, I, p. 1 et suivantes; Hamelin, *Le Système d'Aristote*, p. 60 et suivantes.

Reconnus comme authentiques durant toute l'Antiquité et le Moyen-Âge, les différents traités attribués au Stagirite furent, au moment de la Renaissance, l'objet d'attaques très vives de la part des contempteurs de l'École. Pic de la Mirandole et surtout Patrizzi[1] prétendirent qu'ils étaient apocryphes; Dom Liron reprit leurs arguments au début du XVIIIᵉ siècle. Les travaux, qui se sont poursuivis, d'abord en Allemagne, à la suite de Brandis, de Bekker, de Bonitz, puis en France, à partir de Ravaisson, ont fait justice de ces attaques. On reconnaît aujourd'hui que la plupart des ouvrages que nous possédons sous le nom d'Aristote ont bien le Stagirite pour auteur.

La *Métaphysique* est précisément dans ce cas. Si des difficultés, que nous indiquerons brièvement plus loin, se présentent pour certains livres, elle est incontestablement d'Aristote dans son ensemble. Le Philosophe la confia à Eudème, son plus fidèle disciple et qui lui succéda dans la direction de l'École, mais elle ne sortit guère du petit groupe des élèves, et, jusqu'au Iᵉʳ siècle de l'ère chrétienne, elle resta presque entièrement ignorée. Son authenticité n'en est pas moins certaine, les Scolarques s'étant succédé sans interruption depuis Eudème et Théophraste. A partir du siècle d'Auguste, les commentaires se multiplient (Nicolas de Damas, etc.), et si Diogène Laërce ne cite pas la *Métaphysique* dans son catalogue des écrits d'Aristote, cela tient sans doute à la multiplicité des titres sous lesquels il la désigne et qui la rendent difficile à identifier; au surplus, la négligence habi-

---

1. Dans ses *Discussiones peripateticæ* (1583).

tuelle de Diogène ne permet de tirer de ce silence aucune
conclusion défavorable à l'authenticité de l'ouvrage.

LES MANUSCRITS DE LA *MÉTAPHYSIQUE*

Les manuscrits sont assez nombreux ; on en trouvera
l'énumération et la description sommaire dans la préface (en
latin) de l'édition Christ (Teubner) et dans la préface (en
anglais) de l'édition Ross (p. CLV et suivantes). Les deux
principaux sont le *Laurentianus* (sigle A[b]) et le *Parisianus*
(E). Ross s'est en outre servi d'un manuscrit découvert, le
Vindobonensis (J) qui est du commencement du X[e] siècle, et
qui lui a fourni d'intéressantes variantes.

TITRE DE LA *MÉTAPHYSIQUE*

Aristote donnait vraisemblablement à son ouvrage le
nom de *Philosophie première*, ainsi qu'il résulte d'un grand
nombre de passages de ses écrits. Le titre μετὰ τὰ φυσικά,
qu'on rencontre pour la première fois dans Nicolas de Damas,
d'après un scholie de la *Métaphysique* de Théophraste, ne
remonterait pas au-delà d'Andronicus, le premier éditeur
d'Aristote, et dériverait de l'arrangement matériel des écrits,
où les matières de notre traité venaient *après* les ouvrages de
Physique. – Cette opinion, qui était déjà celle d'Alexandre
d'Aphrodise[1], est aujourd'hui acceptée par la critique. On peut
supposer toutefois, avec plusieurs commentateurs anciens[2],
que des considérations internes n'ont pas été étrangères à la

1. Alexandre d'Aphrodise, *Metaph.*, 170, 6 Hd.
2. Simplicius (*Physique*, I, 17 Diels) ; Pseudo-Ammonius (*in Categ.* 6).

dénomination de Métaphysique. De toute façon, suivant la remarque de Ravaisson[1], il semble bien que ce titre, à raison de sa simplicité, remonte à une haute antiquité[2].

DIVISIONS ET PLAN

La *Métaphysique* se divise en quatorze livres, désignés respectivement par les lettres A, α, B, Γ, Δ, E, Z, H, Θ, I, K, Λ, M et N, ou par les chiffres I à XIV. L'usage des lettres a prévalu.

Ainsi que nous l'avons montré, l'authenticité de l'ensemble de la *Métaphysique* est certaine. Mais on doit se poser la même question au sujet de chacun des livres qui la composent, et, d'autre part, se demander si l'ordre généralement adopté est bien d'Aristote. Sur le premier point, nous renvoyons aux brèves notices qui figureront, dans notre traduction, en tête des livres présentant un intérêt particulier; disons seulement que l'attribution au Stagirite de la totalité des livres ne semble pas douteuse, exception faite peut-être pour le livre α. – Sur le second point, le problème est ardu, à raison des redites, des confusions, des incohérences qu'on relève et qui doivent faire considérer la *Métaphysique* comme un ouvrage inachevé, dont l'unité de plan est malaisée à dégager. En dépit de toutes les difficultés qu'une critique, parfois intempérante, a pu soulever, les points suivants paraissent acquis :

1) La *Métaphysique* n'est pas un simple recueil de notes et ne rentre pas dans les ὑπομνηματικά[3].

---

1. Ravaisson, *Essai*, I, p. 40.
2. Le titre exact est : ΑΡΙΣΤΟΤΕΛΟΥΣ ΤΩΝ ΜΕΤΑ ΤΑ ΦΥΣΙΚΑ, Α (mss. E) ou ΑΡΙΣΤΟΤΕΛΟΥΣ ΤΩΝ ΜΕΤΑ-ΦΥΣΙΚΩΝ, Α (mss. A^b).
3. Sauf peut-être la première partie de Λ (Hamelin, p. 46).

2) Elle n'est pas non plus un ensemble de traités séparés, artificiellement réunis, et il est inexact de dire, avec quelques auteurs, *les Métaphysiques*. Les nombreuses références entre-croisées, d'un livre à l'autre, qui remontent vraisemblablement à Aristote lui-même, permettent d'affirmer que sous un désordre apparent, une véritable unité règne dans tout l'ouvrage.

En somme, le corps du traité est constitué par les livres A, B, Γ, E, Z, H, Θ.

A, B, Γ forment un tout, auquel E se rattache, et sont une introduction à la science de l'Être en tant qu'être; Z, H composent un traité de la Substance, et Θ, un traité de la Puissance et de l'Acte.

Reste Δ, I, K, Λ, M et N.

Δ est un simple lexique, qui pourrait être, sans inconvénient, placé en tête, comme introduction.

I est un traité de l'Un et du Multiple, K répète, dans sa première partie, B, Γ, E, et, dans sa seconde partie constitue une compilation (peut-être de la main d'un élève d'Aristote) de la *Physique*.

Λ est le livre central; il est essentiellement dogmatique et c'est le seul qui traite *ex professo* de l'Être en tant qu'être.

M et N ont rapport à A et B, et reprennent, en l'approfondissant, la critique du système platonicien.

Quant à α, s'il est d'Aristote lui-même, il a été certainement ajouté postérieurement à A.

A, B, Γ, E, Z, H, Θ, M, N, I forment ainsi un travail à peu près continu, et dépendent étroitement du livre B, où les problèmes traités par la suite, souvent sous une forme différente, sont posés.

Les parties les plus anciennes paraissent être A, Δ, K (1ʳᵉ partie), Λ et N. B Γ E sont une version postérieure de K - 1, et M une version postérieure de N[1].

L'authenticité et l'unité des différents livres de la *Métaphysique* semblent donc assurées. Que des interpolations ou des leçons inexactes se soient glissées çà et là, c'est fort probable, mais l'ensemble de l'œuvre n'en est pas altéré, et la pensée du Stagirite s'y trouve fidèlement exprimée.

Caractère de la présente traduction

Un exposé de la Métaphysique d'Aristote serait ici hors de propos[2]. Toute notre ambition s'est bornée à donner une simple traduction d'un ouvrage aussi célèbre que mal connu, et, il faut l'avouer, difficilement accessible.

Dans ce travail, nous avons suivi d'aussi près que possible le texte d'Aristote, mais, au risque d'être accusé d'infidélité, nous avons souvent préféré rendre la pensée du Philosophe, plutôt que de nous astreindre à une exactitude littérale qui eût

---

1. Sur tous ces points, pour lesquels nous nous contentons d'indications sommaires, on consultera avec profit Jaeger, *Aristoteles*; Ross, *Aristote* (trad. fr.) p. 26 et suivantes et sa préface à son édition de la *Métaphysique*; A. Mansion, « La Genèse de l'œuvre d'Aristote d'après les travuax récents », dans *Revue néo-scolastique de philosophie*, 1927, p. 307-341.

2. Les meilleurs exposés généraux sont ceux de Ravaisson, de Jaeger, de Ross (préface à son édition de la *Métaphysique*, et son *Aristote*, trad. fr., p. 216-261), et pour la critique de la théories des Idées, l'ouvrage fondamental de L. Robin, *La Théorie platonicienne des Idées et des Nombres d'après Aristote*.

été sans intérêt et qui eût fourni une version inintelligible. Nous nous sommes attaché particulièrement à dégager en quelque sorte les articulations du raisonnement, et, à maintes reprises, nous avons séparé les arguments ou les idées au moyen de tirets. Étant donnée, d'autre part, l'incertitude de la terminologie aristotélicienne, nous avons cru devoir placer entre crochets le texte grec qui présentait un intérêt quelconque, surtout dans les premiers livres.

Les difficultés dont la *Métaphysique* est hérissée, et qui en rendent l'intelligence si pénible, auraient exigé un grand nombre de notes explicatives, très développées. Mais c'eût été verser dans le commentaire et dépasser les limites d'une traduction. Nous nous sommes contenté de brèves indications, et nous avons même souvent procédé par voie de simple référence à des ouvrages connus. Il va sans dire que ces notes ne sauraient dispenser le lecteur de recourir à des commentaires plus étendus.

La *Métaphysique*, comme d'ailleurs la plupart des traités d'Aristote que nous possédons, est écrite sans aucun souci d'élégance. Les incorrections de style et même les négligences de pensée sont nombreuses. *Aristotelis insignis in scribendo negligentia*, dit avec raison Bonitz. Nous n'avions évidemment pas à apporter des corrections, ni à donner à notre traduction un agrément que le texte est loin de posséder. Les mérites d'Aristote, qui a épuisé l'admiration des siècles, sont assez grands par ailleurs [1].

---

1. Saint Thomas, indifférent, lui aussi, à la perfection de la forme, tout au moins en philosophie, préfère nettement Aristote à Platon : *Plato habuit malum*

Le lecteur trouvera ci-dessous [1] l'indication des éditions de la *Métaphysique* d'après lesquelles a été faite la présente traduction, et la mention des principaux ouvrages que nous avons utilisés. Les commentaires d'Alexandre d'Aphrodise et de Saint Thomas d'Aquin, l'*Index aristotelicus* de Bonitz, les études de Robin et de Ross nous ont été particulièrement précieux, et nous y avons fait de fréquents emprunts.

Pour terminer, nous sommes heureux d'adresser de respectueux remerciements aux maîtres éminents qui ont bien voulu s'intéresser à ce travail et nous honorer de leurs encouragements et de leurs précieux conseils : M. le chanoine Diès, M. Henri Gouhier, M. Paul Mazon, M. Léon Robin ont consenti, avec la plus parfaite bonne grâce, à mettre à notre disposition leur science et leur autorité. Qu'ils trouvent ici l'expression de notre reconnaissance.

---

modum docendi; *omnia enim figurata dicit et per symbola intendes aliud per verba quam sonent ipsa verba* (Comm. *de Anima*, I, VIII).

1. Notre traduction a été faite sur les textes suivants :

Aristotelis opera, éd. Bekker, Berlin, 1831, texte grec, 2 vol. [Les réfrences à cette édition figurent en marge de la présente traduction].

Metaphysica, éd. Bonitz, *pars prior*, Bonn, 1848.

Aristotelis omnia opera, graece et latine, Paris, s. d., éd. Firmin-Didot.

Metaphysica, éd. Christ, Leipzig, 1906.

Aristotle's Metaphysics, texte et commentaire de W. D. Ross, Oxford, 1924, 2 vol.

[Nous avons utilisé particulièrement l'édition Christ, à raison de sa grande commodité. Dans un grand nombre de passages cependant, nous avons adopté des leçons différentes, notamment celles qui ont été proposées par Ross, dernier commentateur d'Aristote. Mais les variantes n'ont été signalées que dans les cas où le sens lui-même s'y trouvait intéressé.]

LIVRE H (VIII)

1

< *Les substances sensibles. La matière* >

De ce que nous avons dit, il nous faut maintenant dégager les résultats, récapituler les points principaux et poser nos conclusions[1]. Nous avons dit que les causes, les principes et les éléments des substances étaient l'objet de notre recherche. 5 – Parmi les substances, les unes sont admises par tous les philosophes, d'autres, au contraire, n'ont été reconnues que par certaines écoles particulières. Celles sur lesquelles tous tombent d'accord sont les substances naturelles, comme le Feu, la Terre, l'Eau, et les autres corps simples[2]; ensuite les plantes

1. Tout le début de ce chapitre, jusqu'à 1042 *a* 24, est un résumé du livre précédent.
2. C'est-à-dire, les différentes espèces du Feu, de l'Eau, de l'Air et de la Terre. Cf. Δ, 8, 1017 *b* 11, note. – Sur la classification aristotélicienne des substances, cf. une note intéressante de H.H. Joachim, dans son commentaire du *De Generatione et Corruptione*, Oxford, 1922, p. 191-192.

10 et leurs parties, les animaux et les parties d'animaux, enfin l'Univers physique et les parties de l'Univers physique. Quant aux substances qui ne sont reconnues que par quelques écoles particulières, ce sont les Idées et les Choses mathématiques. – Mais il y a des arguments qui conduisent à cette conclusion qu'il existe d'autres substances, savoir la quiddité et le substrat. De plus, en un autre sens, le genre est plus substance que les espèces, et l'universel, plus substance que les individus. A
15 l'universel et au genre, les Idées sont jointes, car c'est en vertu d'une même raison qu'elles semblent être des substances. – La quiddité étant une substance, et sa notion s'exprimant dans une définition, nous avons dû déterminer la nature de la définition et de l'attribut par soi. Et comme la définition est une notion, et que la notion a des parties, il était nécessaire de considérer aussi la notion de partie, de voir quelles parties sont parties de
20 la substance et quelles parties ne le sont pas, et s'il y a identité entre les parties de la substance et celles de la définition. – Puis, aussi, nous avons vu que ni l'universel, ni le genre ne sont des substances[1]. Quant aux Idées et aux Choses mathématiques, elles seront à examiner ultérieurement[2], car certains philosophes en font des substances distinctes des substances sensibles.

Arrivons maintenant aux substances généralement recon-
25 nues. Ce sont les substances sensibles, et les substances sensibles ont toutes de la matière. Le substrat est une substance;

---

1. Ou, si ce sont des substances, ce sont des substances dérivées, des δεύ-τεραι οὐσίαι, qui désignent le sujet κατὰ πολλῶν (Cf. *Cat.*, 5, 2 *b* 29-37; 3 *b* 10-23).

2. Livres M et N.

en un sens, c'est la matière (et j'appelle matière ce qui, n'étant pas un être déterminé en acte, est, en puissance seulement, un être déterminé); en un autre sens, c'est la forme et la configuration, c'est-à-dire ce qui, étant un être déterminé, n'est séparable que par une distinction logique; en un troisième sens, le substrat est le composé de matière et de forme, seul sujet à la génération et à la corruption, et séparable d'une 30 manière absolue; car, parmi les substances, envisagées au sens d'essences définissables, les unes sont séparables, les autres ne le sont pas.

Mais il est évident que la matière est aussi une substance, car, dans tous les changements d'opposé à opposé, il existe quelque chose comme sujet des changements; par exemple, dans les changements selon le lieu, il y a ce qui maintenant est ici et tantôt sera ailleurs; dans les changements par accroissement, il y a ce qui maintenant a telle grandeur et puis sera plus 35 petit ou plus grand; dans les changements par altération, il y a ce qui est maintenant sain et puis malade. De même dans les changements selon la substance, il y a ce qui maintenant est 1042 b engendré, puis se corrompt, ce qui est, au moment de la destruction [νῦν μέν], sujet déterminé par la forme, et, au moment de la génération [πάλιν δέ], sujet par privation de la forme[1]. Dans le changement selon la substance, les autres changements sont impliqués; par contre, le changement selon la substance n'est pas impliqué dans les autres changements, soit dans un, soit dans deux, car il n'est pas nécessaire, si une chose 5

1. Cf. Ross, *Aristotle's Metaphysics*, texte et commentaire, Oxford, 1924, 2 vol., II, p. 227.

a une matière purement locale [ὕλη τοπική], qu'elle ait aussi une matière comme siège de la génération et de la corruption [1].

2

< La matière, la forme et le composé >

La différence qu'il y a entre la génération absolue [ἁπλῶς] et la génération non-absolue a été établie dans nos ouvrages de physique [2]. – Puisqu'il y a accord unanime au sujet de la substance considérée comme substrat et comme matière, et que
10 cette substance est celle qui existe en puissance, il nous reste à dire ce qu'est la substance des choses sensibles considérée comme acte. – Démocrite semble penser qu'il existe seulement trois différences entre les choses; le corps, sujet et matière, demeurant un et identique, les choses diffèrent soit par la configuration, c'est-à-dire la figure, soit par la tournure, c'est-à-dire la position, soit par l'arrangement, c'est-à-dire l'ordre.
15 Mais, en fait, les différences apparaissent nombreuses. Ainsi certaines choses sont caractérisées par le mode de composition [σύνθεσις] de leur matière, celles par exemple qui proviennent du mélange [κρᾶσις] [3] comme l'hydromel; pour d'autres

---

1. Tel est le cas des Corps célestes qui n'ont qu'une matière locale.

2. *Phys.* V, 1 225 *a* 12-20, *De Gen. et Corr.*, I, 2, 317 *a* 17-31. La Génération absolue est la génération proprement dite, κατ' οὐσίαν; la génération non-absolue comprend les autres espèces de changements, le mouvement local ou translation (φορά), l'altération qualitative (ἀλλοίωσις), l'accroissement quantitatif (αὔξησις). Cf. livre Z.

3. La κρᾶσις est une espèce du genre μῖξις, c'est à proprement parler le mélange de liquides, et on pourrait la traduire par *fusion*. Cf. sur la κρᾶσις, la μῖξις et la σύνθεσις, une série de notes intéressantes dans Robin, *La théorie platonicienne*, p. 381, n. 317-I.

choses, c'est un lien, comme un faisceau ; pour d'autres, c'est
la colle, comme un livre ; dans d'autres, entrent des clous, un
coffre par exemple ; dans quelques objets, il entre plusieurs de
ces modes à la fois ; pour certaines choses, il y a différence de
position : ainsi le seuil de la porte et le linteau (ces choses diffèrent parce qu'elles sont placées d'une certaine façon) ; pour 20
d'autres choses, c'est une différence de temps : le dîner et le
souper ; ou de lieu : les vents ; ou de qualités sensibles, comme
la dureté et la mollesse, la densité et la rareté, la sécheresse et
l'humidité ; certaines choses diffèrent par quelques unes de ces
qualités sensibles, d'autres par toutes ces qualités, et, en général, les unes par excès, et les autres par défaut. Il en résulte évidemment que « être » présentera d'aussi nombreuses accep- 25
tions. Tel objet, en effet, est un seuil, parce qu'il a telle situa-
tion : « être » signifie pour lui « être placé de telle manière ».
« Être glace » signifie pour l'eau « avoir été condensée de telle
façon ». Pour certaines choses, leur être sera défini par toutes
ces différences à la fois, parce que certaines de leurs parties
sont mélangées, que d'autres sont fusionnées, d'autres, liées,
d'autres condensées, que d'autres enfin font usage des autres 30
différences : tel sera le cas de la main ou du pied. Il faut donc
appréhender les genres des différences (car ces genres seront
les principes de l'être des choses), par exemple les choses
caractérisées par le plus et le moins, ou par le dense et le rare,
ou par les autres modes de cette sorte, qui tous sont des espèces
de l'excès et du défaut. Et toute chose qui diffère par la figure, 35

ou par le poli et le rugueux, diffère par le droit et le courbe[1].

1043 a Pour d'autres choses, leur être consistera dans le fait d'être mélangé, et l'opposé sera leur non-être.

Il est évident, d'après ces faits, que, puisque la substance est, pour toute chose, cause de son être, c'est en ces différences qu'il faut chercher quelle est la cause de l'être de chacune de ces choses. Substance, aucune de ces différences ne l'est, pas même quand elle est couplée avec la matière, mais elle est ce

5 qui est analogue à la substance dans chaque cas[2]; et comme, dans la définition des substances, ce qui est affirmé de la matière c'est l'acte même, dans les autres définitions, c'est aussi ce qui répond le plus complètement à l'acte. Par exemple, s'il faut définir le seuil, nous dirons que c'est un morceau de bois ou de pierre, ayant telle disposition; une maison, que ce sont des briques ou des poutres disposées de telle façon (ou en y ajoutant quelquefois aussi la cause finale); si l'on veut

10 définir de la glace, on dira que c'est de l'eau congelée ou condensée de telle manière; une harmonie sera tel mélange du son aigu et du son grave; et de même façon pour tout le reste.

Il résulte clairement de cet exposé, que l'acte est différent suivant les différentes matières, et la définition également : tantôt c'est la composition, tantôt le mélange, tantôt enfin, quelque autre des caractères signalés. Aussi, quand on définit, on peut définir une maison comme étant des pierres, des briques

15 et du bois : on parle alors de la maison en puissance, car tout

---

1. L. 35 et 36, nous sous-entendons, avec Bonitz, *Metaph.*, 365, le verbe διαφέρει. On pourrait encore comprendre, avec le Ps. Alex., 549, 10 Hd, εἰδοποιούμενον ἐστι.

2. « En ce qu'elle contient des éléments répondant à la matière et à la forme » (Ross, II, 229).

cela est de la matière ; mais proposer de dire que c'est un abri destiné à protéger les vivants et les biens, ou quelque autre chose de cette sorte, c'est parler de la maison en acte ; enfin unir, dans la définition, à la fois la puissance et l'acte, c'est parler de la troisième espèce de substance, savoir le composé de la matière et de la forme. Il semble bien, en effet, que la définition par les différences soit plutôt celle de la forme et de l'acte, tandis que celle qui porte sur les éléments immanents **20** concerne plutôt la matière. – Il en est de même des définitions qu'a données Archytas, car elles portent sur le composé de la matière et de la forme. Par exemple : qu'est-ce que le silence des vents ? C'est le repos dans la masse de l'air. L'air est la matière, et le repos, c'est l'acte et l'essence. Qu'est-ce que le calme ? C'est l'égalité de niveau dans la mer. Le sujet, considéré comme matière, c'est la mer ; l'acte et la forme, c'est **25** l'égalité de niveau.

On aperçoit clairement, d'après ce que nous avons dit, ce qu'est la substance sensible et comment elle existe. Elle est, ou comme matière, ou comme forme et acte ; en un troisième sens, c'est le composé de la matière et de la forme.

3

< La forme et les éléments. Le nombre et la définition >

Il ne faut pas ignorer que parfois on distingue mal si un **30** nom exprime la substance composée ou bien l'acte et la forme. Par exemple, on peut se demander si « maison » veut dire, ou bien le composé de forme et de matière, un abri fait de briques et de pièces présentant telle disposition, ou bien l'acte et la

forme, à savoir un abri. De même, est-ce que « ligne » signifie
la dyade en longueur, ou bien la dyade ? « Animal » exprime-
35 t-il une âme dans un corps, ou l'âme ? Car l'âme est l'essence et
l'acte d'un corps. On pourrait même dire « animal » dans les
deux cas, non pas à titre de définition unique, mais comme se
référant à un terme unique [1]. Mais cette distinction, qui peut
être utile ailleurs, est négligeable dans notre recherche de la
1043 b substance sensible, car la quiddité véritable appartient à la
forme et à l'acte. L'âme et la quiddité de l'âme sont, en effet,
identiques, mais la quiddité de l'homme et l'homme ne sont
pas identiques, à moins que par l'homme on n'entende aussi
l'âme. – Ainsi, en un sens, l'être est identique à son essence,
mais, en un autre sens, il ne l'est pas.

5   Il est manifeste, si l'on y réfléchit, que la syllabe ne résulte
pas des lettres et de leur composition, et que la maison ne
consiste pas dans les briques et leur composition ; et cela, à bon
droit, car ni la composition, ni le mélange ne consiste dans les
choses dont il y a composition ou mélange. Il en est de même
pour tous les autres cas : par exemple, si le seuil est seuil par
position, la position ne consiste pas dans le seuil, c'est plutôt
10 le seuil qui consiste dans la position. De même l'homme n'est
pas l'animal et le bipède, mais il faut qu'en dehors de cela, il
y ait quelque autre chose, si animal et bipède sont pris comme
matière, quelque chose qui ne soit ni un élément ni un composé d'éléments : ce quelque chose, c'est la substance formelle,
principe d'unité que l'on omet quand on se contente de parler

1. Cf. Γ, 2.

de la matière [1]. Si donc ce principe d'unité est la cause de l'être, et si la cause de l'être est la substance, en omettant le principe d'unité, on ne désignerait pas la substance même [2].

Cette substance doit, nécessairement, ou bien être éternelle, ou bien être corruptible, sans être soumise au processus de la corruption, et elle doit être générable sans être soumise au processus de la génération. Mais il a été démontré et rendu évident ailleurs [3] que personne ne produit la forme, qu'elle est ingénérable, mais que ce qui est produit, c'est seulement un être déterminé, et que ce qui est engendré, c'est le composé de matière et de forme. Quant à savoir si les substances des êtres corruptibles sont séparées, c'est loin d'être encore évident. Toutefois, il est évident que, du moins pour quelques êtres, cette séparation est impossible : tels sont les êtres qui ne peuvent exister à part des individus, comme une maison ou un outil. Peut-être même ne sont véritablement substances, ni ces objets eux-mêmes, ni toutes les choses dont la constitution n'est pas naturelle (car on aurait vraiment raison

1. Nous adoptons pour ce passage l'interprétation de Ross (II, 232), qui, contrairement au Ps. Alex. (553, 7 Hd.) et à tous les commentateurs (notamment Thomas, p. 497, n. 1714), donne comme régime à ἐξαιροῦντες, l. 13, non pas τὴν ὕλην, mais ὅ, et traduit « but this people eliminate, and state only matter ». Le raisonnement d'Aristote devient ainsi très clair. Il s'attaque à ceux qui, à l'exemple des Phénoménistes, définissent un tout comme la somme de ses éléments, sans tenir compte de la quiddité, principe unificateur.

2. Nous lisons, avec Ross (II. 232) εἰ οὖν τοῦτ' αἴτιον τοῦ εἶναι, καὶ οὐσία τοῦτο, αὐτὴν ἂν τὴν οὐσίαν οὐ λέγοιεν, au lieu de εἰ ο. τ. α. τ. ε. καὶ οὐσίας, τοῦτο αὐτὴν ἂν τὴν οὐσίαν λέγοιεν (Bonitz, Christ), qui donne un sens moins satisfaisant.

3. Z, 8, 1033 *b* 5.

de ne poser comme substance dans les choses périssables que la nature seulement).

Aussi la difficulté soulevée par l'École d'Antisthène[1] et par d'autres ignorants de cette espèce, ne manque-t-elle pas
25 d'une certaine opportunité. Ils prétendent qu'il n'est pas possible de définir l'essence parce que la définition n'est qu'une périphrase [μακρός λόγος][2], et qu'on peut seulement faire connaître quelle sorte de chose c'est; on dira de l'argent, par exemple, non pas ce qu'il est en lui-même, mais qu'il est comme l'étain. Il en résulte que la seule espèce de substance dont il puisse y avoir définition et notion, c'est la substance
30 composée, qu'elle soit sensible ou intelligible, mais que les composants les plus généraux dont cette substance est formée sont indéfinissables, puisque définir une chose signifie la rapporter à une autre, et qu'une partie de la définition doit jouer le rôle de matière, et l'autre partie, celui de forme.

Il est donc évident aussi que si les substances sont assimilables, en quelque manière, aux nombres, c'est de cette façon[3], et non pas, comme certains philosophes le soutien-

1. Le présent passage se rattache à ce qui est dit plus haut, l. 10-14. – Sur l'argumentation d'Antisthène, cf. *Théét.*, 201 *e* et *sq.*, et l'Introduction a son édition du *Théétète* par M. A. Diès, (coll. G. Budé), p. 153, note 3. C'est la théorie dite de la « syllabe connaissable » et de l'« élément inconnaissable ». La substance simple, selon Antisthène, ne peut être définie, toute définition étant un « entrelacement de noms » (ὀνομάτων συμπλοκή); elle peut être seulement être nommée. Quant aux substances composées, elles ne peuvent être définies qu'au moyen de leurs éléments simples, indéfinissables comme tels.

2. Cf. N, 3, 1091 *a* 7. Sur la signification précise de μακρός λόγος (long discours, verbiage, discours incohérent), voir Ps. Alex., 818, 4-9 Hd, Bonitz, *Metaph.*, 582, Robin, *La théorie platonicienne*, p. 424, n. 335.

3. « De cette façon », c'est-à-dire en tant que la substance est la forme distincte des éléments.

nent [1], en tant que collections d'unités. La définition, en effet,
est une sorte de nombre, car elle est divisible, et divisible en 35
indivisibles, la division de la définition n'allant pas à l'infini ;
le nombre est aussi de cette nature. – De même encore que, si
une des parties dont le nombre est constitué est retranchée ou
ajoutée, ce n'est plus le même nombre, mais un nombre autre,
si petite que soit l'augmentation ou la diminution, ainsi ni la 1044 a
définition, ni la quiddité ne restent les mêmes, si on en retranche ou si on y ajoute quelque élément. – Ensuite, il faut qu'il y
ait dans le nombre un principe qui le rende un, et ceux qui le
composent d'unités sont incapables de dire en quoi le nombre
est un, s'il est un. Ou bien, en effet, le nombre n'est pas un,
mais il est simple juxtaposition, ou bien il est un, mais alors il
faut qu'on dise ce qui constitue l'unité de la pluralité. La défi- 5
nition, elle aussi, est une mais nos philosophes ne peuvent pas
expliquer davantage ce qui la rend une, et c'est là une conséquence naturelle, car, dans les deux cas, la raison est la même :
la substance est une, au sens que nous avons indiqué, et non
pas, comme le disent certains, comme une unité ou un point
est un ; chaque substance est une entéléchie, une nature déterminée [2]. – Et de même que le nombre ne comporte ni le plus, ni
le moins, de même aussi la substance, celle qui est envisagée 10
comme forme, à moins qu'il ne s'agisse de la substance qui est
unie à la matière. – Arrêtons ici notre analyse de la génération
et de la corruption des substances en question, de la possibilité

1. Les Pythagoriciens et les Platoniciens.
2. L'entéléchie, la quiddité étant le principe unificateur des parties matérielles en puissance.

et de l'impossibilité de cette génération et de cette corruption, et de la réduction de la substance au nombre.

4

< Les causes dans les différents êtres et dans les événements >

15   Quant à la substance matérielle, il ne faut pas oublier que, même si toutes choses procèdent d'une même cause première matérielle, ou bien ont les mêmes éléments pour premières causes, et si la même matière sert de principe à leur génération, chaque être cependant possède une matière prochaine propre. Par exemple, la matière prochaine du phlegme [φλέγμα][1] est le doux ou le gras, celle de la bile [χολή], l'amer ou quelque autre chose ; mais peut-être ces diverses substances viennent-

20   elles d'une même matière originelle. Il peut y avoir plusieurs matières d'une même chose, quand l'une de ces matières est matière pour l'autre : ainsi le phlegme vient du gras et aussi du doux, puisque le gras vient du doux ; il vient aussi de la bile, par la résolution de la bile dans sa matière première. En effet, une chose vient d'une autre, de deux manières : ou bien ce sera par voie de progression, ou bien ce sera par régression de l'autre chose en ses éléments. Il est possible que d'une seule matière

25   naissent des êtres différents, par suite d'une cause motrice différente : par exemple, du bois peut procéder un coffre ou un

---

1. Φλέγμα est opposé à χολή et signifie glaire, mucosité, pituite. Cf. Platon, *Timée*, 82 *a*, *Républ.*, 564 *b*. La doctrine est la même chez les hippocratiques. La bile et le phlegme appartiennent à la classe des homéomères humides (*H. A.*, I, 1, 487 *a* 1).

lit. Certaines choses cependant doivent nécessairement avoir
une matière différente ; ainsi une scie ne pourrait pas être faite
avec du bois ; cela n'est pas au pouvoir de la cause motrice :
elle ne fera jamais une scie avec de la laine ou du bois. Si donc
il est, en fait, possible de produire la même chose avec des 30
matières différentes, il faut évidemment que l'art, c'est-à-dire
le principe, le principe moteur, soit le même ; car, si la matière
et le moteur diffèrent, le produit aussi sera différent.

Quand donc on recherche quelle est la cause, comme la
cause se dit en plusieurs sens, il faut énumérer toutes les causes
possibles. Par exemple, quelle est la cause matérielle de
l'homme ? Ne sont-ce pas les menstrues ? Quelle est sa cause 35
motrice ? N'est-ce pas la semence ? Quelle est sa cause
formelle ? La quiddité de l'homme. Quelle est sa cause finale ? 1044 b
La fin de l'homme. Peut-être d'ailleurs ces deux dernières
causes n'en font-elles qu'une seule. Quoi qu'il en soit, il faut
avoir soin d'indiquer toujours les causes les plus rapprochées.
Quelle est, par exemple, la cause matérielle ? Ce n'est pas le
Feu ou la Terre, mais c'est la matière propre de la chose.

Tel est donc, pour les substances naturelles et générables,
l'ordre nécessaire à suivre, si l'on veut procéder correctement,
puisque tels sont le nombre et la nature des causes, et que ce 5
sont les causes qu'on doit chercher. – En ce qui concerne les
substances naturelles, mais éternelles[1], la méthode est différente. Peut-être, en effet, quelques-unes n'ont-elles pas de
matière, ou du moins leur matière n'est-elle pas de même
nature, elle est seulement l'aptitude à changer de lieu. – Dans

---

1. Les Sphères célestes et les astres.

les choses qui, bien que naturelles, ne sont pas des substances,
il n'y a pas non plus de matière, mais la substance, c'est leur
sujet. Par exemple : quelle est la cause de l'éclipse et quelle est
10 sa matière? Il n'y en a pas, il y a seulement un patient, la Lune.
Quelle est la cause motrice et destructrice de la lumière?
L'interposition de la Terre. Quant à la cause finale, peut-être
n'y en a-t-il pas. La cause formelle, c'est la notion de l'éclipse,
mais c'est une notion obscure, si l'on n'y joint pas la notion de
cause motrice. Ainsi, qu'est-ce que l'éclipse? C'est la privation de la lumière; mais, si l'on ajoute : cette privation résulte
de l'interposition de la Terre entre la Lune et le Soleil, c'est là
15 une définition qui inclut la cause. Autre exemple : on ne sait
quel est, dans le sommeil, le sujet prochain affecté. Dira-t-on
que c'est l'animal? Oui, mais l'animal selon quoi? Quel est le
sujet prochain? C'est le cœur ou toute autre partie. Ensuite,
quelle est la cause motrice? Puis, quelle est la nature de cette
modification du sujet prochain et non de l'animal entier?
Dira-t-on que c'est telle espèce d'immobilité? Oui, mais à
20 quelle modification du sujet prochain est-elle due[1]?

5

< La matière et les contraires >

Puisqu'il y a des choses qui sont et ne sont pas, sans subir ni
génération, ni corruption, par exemple les points, si on peut
dire qu'ils existent, et, d'une manière générale, les formes

1. Pour ces deux exemples, cf. Thomas, *Comm.*, p. 505, n. 1744 et 1745.
L. 16, nous lisons, avec Ross, ἀλλ'ὅτι τὸ ζῷον; ναί, ἀλλά κτλ.

et les configurations (car ce n'est pas le blanc qui devient, mais le bois qui devient blanc, si tout ce qui devient provient de quelque chose et devient quelque chose), les contraires ne 25 peuvent pas tous naître les uns des autres, mais c'est en un sens différent qu'homme blanc provient d'homme noir, et que le blanc vient du noir[1]. Tous les êtres non plus n'ont pas une matière, mais seulement ceux pour lesquels il y a génération et changement réciproque. Tous les êtres qui, sans être soumis au changement, sont ou ne sont pas, n'ont pas de matière[2].

Un problème se pose : comment la matière, la matière individuelle, se comporte-t-elle à l'égard des contraires ? Par exemple, si le corps est sain en puissance et si la maladie est le 30 contraire de la santé, le corps est-il en puissance malade aussi bien que sain ? Et l'eau, est-elle, en puissance, vin et vinaigre ? Ne serait-ce pas qu'il y a une même matière dont l'un des contraires est l'état positif et la forme, et dont l'autre est une privation de la forme et une corruption contre nature[3] ? Une difficulté encore, c'est de savoir pourquoi le vin n'est ni la matière du vinaigre, ni le vinaigre en puissance, et cependant, 35 c'est du vin que vient le vinaigre ; et pourquoi le vivant n'est

1. Cf. *Phys.*, VI, 4. Une chose noire devient blanche par un processus, mais le noir ne devient pas blanc : ce qui était noir a fait place à ce qui est blanc, et le blanc devient noir sans processus de génération, immédiatement.

2. ὡς ἁφαί, explique le Ps. Alex., 559, 28 Hd.

3. Aristote veut dire ceci : le vin et le vinaigre sont les produits d'une même matière, l'eau, mais le vin est le produit normal de l'eau, dont il constitue l'état positif et la forme (καθ'ἕξιν καὶ κατὰ τὸ εἶδος), tandis que le vinaigre est un dérivé négatif et contre nature (κατὰ στέρησιν καὶ φθορὰν τὴν παρὰ τὴν φύσιν) de l'eau. Il n'y a donc pas de passage direct du vin au vinaigre, pas plus que du vivant au cadavre : ces corruptions peuvent seulement se produire par accident (κατὰ συμβεβηκός). Cf. Ross, II, 236.

pas un cadavre en puissance. En fait, cela n'est pas, ces corrup-
1045 a tions sont accidentelles : c'est la matière même de l'animal
qui, par sa corruption, est la puissance du cadavre et sa matière,
et c'est l'eau qui est la matière du vinaigre. Cadavre et vinaigre
viennent respectivement de l'animal et du vin, comme la nuit
vient du jour[1]. Dans tous les cas où il y a ainsi changement
réciproque, il faut que les êtres retournent à leur matière ; par
exemple, pour que le cadavre devienne un animal, il doit
5 d'abord repasser par l'état de matière, et alors seulement il
devient un animal ; et il faut que le vinaigre se change en eau,
pour devenir vin ensuite.

6

< L'unité de la définition >

Revenons à la difficulté que nous avons posée[2], au sujet
des définitions et des nombres. Quelle est la cause de leur
unité ? En effet, pour tout ce qui a pluralité de parties, et dont la
totalité n'est pas comme une simple juxtaposition, mais dont
10 le tout est autre chose que l'assemblage des parties, il y a une
cause d'unité : même dans les corps, ce principe d'unité est
tantôt le contact, tantôt l'agglutination, ou quelque autre
qualité de cette nature. Or, la définition est un discours un,
non par simple consécution, comme l'*Iliade*, mais par l'unité
essentielle de l'objet. Qu'est-ce donc qui fait l'homme un,
15 et pourquoi est-il un et non plusieurs, animal et bipède, par

1. Le vin et le vinaigre viennent d'une commune matière, l'eau, comme le
jour et la nuit viennent d'une commune matière, l'air.
2. Cf. *supra*, 3, 1044 *a* 2.

exemple, surtout si l'animal et le bipède sont, comme l'assurent certains philosophes, Animal en soi et Bipède en soi? Pourquoi, en effet, ces Idées mêmes ne sont-elles pas l'Homme, les hommes existant alors par participation, non de l'Homme en soi ni d'une seule Idée, mais de deux, l'Animal et le Bipède? D'une manière générale, l'homme ne serait pas 20 ainsi un, mais multiple, à savoir animal et bipède.

Il est clair qu'en suivant les distinctions et les formules habituelles à ces philosophes, il n'est pas possible de dégager et de résoudre la difficulté. Mais s'il y a, comme nous le soutenons, d'une part, la matière, de l'autre, la forme, d'une part, l'être en puissance, de l'autre, l'être en acte, il semble bien que la question posée ne soit plus une difficulté. Le problème serait exactement celui qui se présenterait si l'on définissait le vête- 25 ment « un cylindre d'airain ». Le mot « vêtement » signifierait alors cette définition, et la question est ainsi de savoir quelle est la cause de l'unité d'être du cylindre et de l'airain. La difficulté disparaît, quand on répond que l'airain est la matière, et le cylindre, la forme. Quelle est donc la cause qui fait passer l'être de la puissance à l'acte, sinon la cause efficiente dans le 30 cas des êtres soumis au devenir? Il n'y a, en effet, pas d'autre cause qui fait que la sphère en puissance devient sphère en acte sinon la quiddité de l'une et de l'autre[1]. – Il y a deux sortes de matière, la matière intelligible et la matière sensible, et il y a toujours, dans la définition, d'un côté la matière, d'un autre,

1. Interprétation difficile. Le sens vraisemblable est le suivant : l'unité de la matière et de la forme n'a besoin d'aucune explication hors la quiddité de la matière et de la forme. C'est la quiddité de la puissance que de passer à la forme et à l'acte, et c'est la quiddité de l'acte que de définir et d'achever la puissance. Cf. Ps. Alex., 562, 10 Hd, Bonitz, *Metaph.*, 375, Ross, II, 28.

35 l'acte : par exemple, le cercle est une figure plane. Quant aux
choses qui n'ont pas de matière, soit intelligible, soit sensible[1],
c'est immédiatement et essentiellement que chacune d'elles
1045 b est une unité, comme c'est essentiellement qu'elle est un être,
soit substance individuelle, soit qualité, soit quantité. C'est
pourquoi n'entrent dans les définitions de ces catégories, ni
l'Être, ni l'Un; leur quiddité est une unité aussi immédiatement et essentiellement qu'elle est un être. Il n'y a donc, pour
aucune de ces catégories, de cause étrangère qui constitue leur
5 unité et leur être; car c'est immédiatement que chacune d'elles
est un être et une unité, et non pas en tant que participant à
l'Être et à l'Un comme à leur genre, ni en tant que l'Être et l'Un
peuvent exister séparés de chacune des catégories.

   C'est en vue de résoudre le problème de l'unité que
certains philosophes admettent la participation, mais ils sont
eux-mêmes embarrassés pour indiquer quelle est la cause de la
participation et en quoi consiste la participation. Pour d'autres,
ce qui fait l'unité, c'est la coexistence avec l'âme : c'est ainsi
10 que, pour Lycophron[2], la science est la coexistence du fait de
savoir et de l'âme. D'autres, enfin, disent que la vie est l'association [σύνθεσις], ou la connexion [σύνδεσμος] de l'âme et
du corps. Cependant nous avons affaire au même raisonnement dans tous les cas : et, en effet, le fait d'être en bonne santé
sera aussi la coexistence, ou la connexion, ou l'association de
l'âme et de la santé; le fait que l'airain est un triangle sera
15 l'association de l'airain et du triangle; le fait qu'une chose est

---

1. C'est-à-dire les catégories.
2. Disciple de Gorgias.

blanche, l'association de la surface et de la blancheur[1]. – La cause de toutes ces erreurs a été de rechercher la raison unificatrice de la puissance et de l'entéléchie, et quelle est leur différence. En fait, nous l'avons dit, la matière prochaine et la forme sont une seule et même chose, mais, d'un côté, en puissance, de l'autre, en acte. De sorte que rechercher la cause de l'unité de la puissance et de l'acte, revient à se demander comment ce qui est un, est un[2]. Chaque chose, en effet, est une **20** unité, et ce qui est en puissance et ce qui est en acte sont en quelque sorte une seule chose. Aussi, n'y a-t-il pas d'autre cause de l'unité que le moteur, qui opère le passage de la puissance à l'acte. – Quant aux êtres qui n'ont pas de matière, ils sont tous, absolument et essentiellement, des unités[3].

1. Ce qui est absurde.
2. Question qui n'a aucun sens.
3. Cf. J. Chevalier, *La Notion du nécessaire*, p. 136.

LIVRE Θ (IX)

1

< La puissance proprement dite >

Nous avons traité de l'Être pris au sens premier [τὸ πρώτως ὄν], et auquel se rapportent toutes les autres catégories de l'Être, c'est-à-dire de la substance. C'est, en effet, par leur relation avec la notion de substance que les autres catégories sont appelées êtres : ainsi la quantité, la qualité et les autres 30 catégories ; car toutes impliqueront la notion de substance, ainsi que nous l'avons indiqué dans nos premiers livres[1]. Et puisque l'Être se dit, d'une part, de la substance, de la qualité ou de la quantité, et, d'autre part aussi, de l'Être selon la puissance et selon l'entéléchie, et de l'Être selon l'action, nous allons discuter maintenant de la puissance et de l'entéléchie[2]. 35

---

1. Z, H.
2. Δύναμις a, dans Aristote, et particulièrement au cours du présent livre, deux sens bien distincts (1045 *b* 35-1046 *a* 11 ; 1048 *a* 25-*b* 4), quoique souvent confondus : ce terme signifie puissance de produire un effet dans une autre

Envisageons d'abord la puissance dans son sens le plus strict, bien qu'elle ne soit pas l'objet le plus intéressant pour notre présent dessein, car la puissance et l'acte s'appliquent même en dehors des cas où l'on se réfère au mouvement. Mais quand nous aurons traité de cette puissance motrice proprement dite, nous éclaircirons aussi, dans nos discussions sur l'acte, les autres sortes de puissances.

Que la puissance et le pouvoir se prennent en plusieurs acceptions, c'est ce que nous avons déterminé ailleurs. – De ces puissances, celles qui ne sont appelées ainsi que par une simple homonymie peuvent être laissées de côté : quelques-unes, en effet, portent le nom de puissances à raison d'une pure similitude, par exemple, en Géométrie, où nous disons d'une chose qu'elle est, ou non, « puissance » d'une autre, par la présence ou l'absence de quelque relation entre elles. Mais toutes les puissances se rapportant à un même type constituent des principes de quelque espèce, et sont appelées puissances par rapport à une puissance première et unique, qui est un principe de changement dans un autre être, ou dans le même être en tant qu'autre [ἐν ἄλλῳ ἢ ᾗ ἄλλο]. En effet, une première sorte de puissance dérivée, c'est la puissance passive, c'est-à-dire, dans l'être passif, le principe du changement qu'il est susceptible de subir par l'action d'un autre être, ou de lui-même en tant qu'autre, et une autre sorte, c'est l'état de l'être qui n'est pas susceptible d'être modifié dans le sens du pire, ni détruit par un autre être ou par lui-même en tant qu'autre, en vertu d'un principe de changement. Dans toutes ces définitions entre

chose (*potentia*), et possibilité pour une chose de passer d'un état à un autre (*possibilitas*). Cf. Bonitz, *Ind. arist.*, 206 a 32 et *sq.*, et *Metaph.*, 379.

la notion de la puissance au sens premier. Ces puissances ainsi appelées se distinguent encore en puissances ou simplement actives ou simplement passives, et en puissances de bien faire ou de subir le bien, de sorte que, même dans les notions de ces dernières puissances, se trouvent contenues, en quelque sorte, les notions des puissances antérieures.

Il est donc évident que la puissance active et la puissance passive sont, à un point de vue, une seule puissance (car un être est puissant, soit parce qu'il a lui-même la puissance d'être 20 modifié, soit parce qu'un autre être a la puissance d'être modifié par lui)[1], mais, à un autre point de vue, puissance active et puissance passive sont différentes. Il y a d'abord, en effet, la puissance dans le patient. C'est parce qu'il a en lui un certain principe, et parce que même la matière est un principe, que le patient est modifié, et celui-ci par tel agent, celui-là par tel autre. Ainsi le gras est combustible, et le malléable de telle façon, compressible[2]. Il en est de même pour le reste. – Il y a 25 ensuite la puissance dans l'agent; tels sont la chaleur et l'art de bâtir, résidant, l'un, dans le corps qui peut chauffer, l'autre, dans l'homme qui peut bâtir. C'est pourquoi, en tant qu'un être est une unité organique, il ne peut se faire éprouver à lui-même aucune modification, car il est un, et non pas autre que lui-même. – L'impuissance [ἀδυναμία] et l'impossible [τὸ

---

1. Voir l'interprétation de Ross, II, 241 : « ... the unity, in some sense, of the active and the passive δύναμις is based on this, that the single fact that A can change B leads us to ascribe both an active power to A and a passive power to B. The active and the passive power are thus the complementary aspects of a single fact ».

2. C'est parce que le gras et le malléable sont d'une nature telle que la combustion et la pression sont rendues possibles.

30 ἀδύνατον] c'est la privation, qui est le contraire de la puissance de ce genre, de sorte que, à chaque puissance, répond,
pour un même sujet et selon une même relation, une impuissance correspondante. Or la privation se dit de plusieurs manières. Il y a la privation d'une qualité qu'on n'a pas, et la privation d'une qualité qu'on devrait naturellement posséder,
mais qu'on ne possède pas, soit absolument, soit à l'époque où
l'on devrait naturellement l'avoir; dans ce dernier cas, la privation est, ou bien en un sens déterminé, par exemple quand on
n'a la qualité d'aucune manière, ou quand on ne l'a pas de telle
ou telle façon. Enfin, quand des êtres sont empêchés par la
35 violence d'avoir ce qui leur est naturel, nous disons que des
êtres supportent une privation.

2

< Puissances rationnelles et puissances irrationnelles >

Puisque, des principes de cette nature, les uns résident dans
les êtres inanimés, les autres dans les êtres animés, savoir dans
1046 b l'âme et dans la partie rationnelle de l'âme, il est évident que,
parmi les puissances, les unes seront irrationnelles [ἄλογοι],
les autres, rationnelles [μετὰ λόγου]. Aussi tous les arts, c'est-
à-dire[1] toutes les sciences poétiques, sont-ils des puissances,
car ce sont des principes de changement dans un autre être, ou
dans l'artiste lui-même en tant qu'autre.
5 Les puissances rationnelles sont, toutes, puissances
des contraires, mais les puissances irrationnelles ne sont

---

1. Tel est, ici, le sens de καί.

puissances que d'un seul effet. Par exemple, la chaleur n'est puissance que de l'échauffement, tandis que la médecine est puissance à la fois de la maladie et de la santé. La cause en est que la science est la raison des choses dans l'esprit [λόγος]. Or c'est la même raison qui explique l'objet et la privation de l'objet, mais non cependant de la même manière : tantôt, c'est à la fois l'objet et sa privation, tantôt c'est surtout l'objet positif. Les sciences de cette sorte sont donc nécessairement 10 sciences des contraires, mais elles ont pour objet l'un des contraires en vertu de leur essence, tandis que l'autre contraire n'est pas leur objet en vertu de leur essence[1]. Elles sont la raison de l'un en vertu de sa nature, et de l'autre, en quelque sorte par accident. C'est par négation, en effet, et par suppression, qu'elles font apercevoir le contraire, car la privation d'un objet, celle qui est première[2], c'est son contraire, et cette priva- 15 tion première, c'est la suppression de l'autre terme. – Puisque les contraires ne se produisent pas dans le même être, mais que la science est puissance, en tant qu'elle est la raison des choses, et que l'âme contient un principe de mouvement, le sain ne produit donc que la santé, le chaud, que la chaleur, le froid, que la froidure, tandis que celui qui sait produit les deux contraires. En effet, la raison des choses est raison de l'un et de l'autre, 20 mais non de la même manière, et elle réside dans une âme, qui a en elle un principe de mouvement, de sorte que, du même principe, l'âme fera sortir deux contraires, puisqu'elle les aura

---

1. Cf. Thomas, *Comm.*, p. 518, n. 1790.
2. C'est-à-dire *plena ac perfecta* (Bonitz, *Metaph.*, 383).

reliés l'un et l'autre à la même raison[1]. Les êtres ayant la puissance rationnelle produisent donc leurs effets d'une manière contraire aux êtres ayant une puissance irrationnelle, car les effets des êtres possédant la puissance rationnelle sont contenus par un seul principe, savoir, la raison des choses.

Il est clair aussi que la puissance simplement active ou
25 passive est impliquée dans la puissance active ou passive du Bien, mais non toujours inversement : celui qui agit bien, nécessairement agit, tandis que celui qui agit seulement, n'agit pas pour cela nécessairement bien.

3

< Polémique contre l'École de Mégare[2] >

Il y a des philosophes, les Mégariques par exemple, qui prétendent qu'il n'y a puissance que lorsqu'il y a acte, et que
30 lorsqu'il n'y a pas acte, il n'y a pas puissance : ainsi celui qui ne construit pas n'a pas la puissance de construire, mais seulement celui qui construit, au moment où il construit. Et de même pour tout le reste. – Il n'est pas difficile de voir les conséquences absurdes de cette théorie. Il est clair, en effet, qu'on ne sera pas architecte, si l'on n'est pas en train de

---

1. Thomas, *Comm.*, p. 519, n. 1793 : *Anima movet per suam operationem ad ambo opposita « ab eodem principis » id est est a ratione quae est una duorum oppositorum, copulans ad ipsum principium utrumque motum.* – L. 27, « le même principe » (τῆς αὐτῆς ἀρχῆς), et, l. 22 « la même raison » (ταὐτό), se rapportent à une même chose, ὁ λόγος.
2. Défense de la puissance et du possible. Le chapitre suivant défendra la notion d'impossible. – Toute l'argumentation d'Aristote est clairement exposée par le Ps. Alex., 570 *sq.* Hd.

construire, car l'essence de l'architecte réside dans la puissance de construire. Et de même pour tous les autres arts. Si 35 donc il est impossible de posséder les arts de ce genre sans les avoir appris à un moment donné et sans les avoir acquis, et s'il est impossible de ne plus les posséder sans les avoir perdus à un moment donné (soit par l'oubli, soit en vertu de quelque 1047 a maladie, soit par l'effet du temps, mais non du moins par la destruction de l'objet même, car cet objet est une forme éternelle), quand on cessera de l'exercer, on ne possédera pas l'art, et pourtant on pourra se remettre immédiatement à bâtir : comment donc aura-t-on recouvré l'art[1] ? Il en sera de même pour les êtres inanimés : ni le froid, ni le chaud, ni le doux, ni, 5 d'une manière générale, le sensible, ne sera indépendant du sentant. On tombera alors dans la doctrine de Protagoras. Et, en vérité, aucun être n'aura même la faculté de sentir, s'il n'est en train de sentir, s'il n'a la sensation en acte. Si donc nous appelons aveugle l'être qui ne voit pas, quoiqu'il soit dans sa nature de voir, au moment où il est dans sa nature de voir, et quand il existe encore, les mêmes êtres seront aveugles plusieurs fois par jour, et sourds également.   10

De plus[2], si ce qui est privé de puissance est impossible, ce qui ne s'est pas encore produit ne pourra jamais se produire ;

---

1. Le raisonnement est exposé par Thomas, *Comm.*, p. 521, n. 1796 *sq.*
– Comme le remarque Ross (trad. *ad loc.*) la protase établit ce qui se passe en fait (on ne peut pas posséder un art sans l'avoir appris ; on ne peut ne plus le posséder sans l'avoir perdu), l'apodose seule est la conséquence de la thèse mégarique (un arrêt dans l'exercice, c'est la perte de l'art), et la question finale pose une difficulté subséquente (si on reprend immédiatement l'exercice de l'art, comment a-t-on pu le recouvrer ?).

2. Seconde conséquence paradoxale.

mais prétendre que ce qui est dans l'impossibilité d'être, est,
ou sera, ce sera commettre une erreur, car c'est là le sens donné
au mot « impossible »[1]. L'argumentation des Mégariques en
arrive donc à anéantir mouvement et devenir. L'être debout
15 sera toujours debout, et l'être assis toujours assis ; il ne pourra
pas se lever, s'il est assis, puisque ce qui n'a pas la puissance de
se lever sera dans l'impossibilité de se lever. – Si l'on ne veut
pas admettre ces conséquences, il est évident que la puissance
et l'acte doivent être des choses différentes. Or, le raisonnement des Mégariques identifie la puissance et l'acte ; en quoi
faisant, ce n'est pas peu de chose qu'ils cherchent à ruiner[2].
20 – Quelque chose peut donc avoir la puissance d'être, et cependant n'être pas ; avoir la puissance de n'être pas, et être. De
même pour toutes les autres catégories : un être peut avoir la
puissance de marcher, et ne pas marcher ; avoir la puissance de
ne pas marcher, et marcher. Une chose est possible si, quand
25 elle passe à l'acte dont elle est dite avoir la puissance, il n'en
résulte aucune impossibilité[3]. Je prends un exemple : si un être
a la puissance d'être assis, et s'il lui arrive d'être assis, être
assis actuellement n'entraînera pour cet être aucune impossibilité. S'il s'agit de la puissance d'être mû ou de mouvoir, de se

1. Nous avons, en effet, posé comme impossible ce qui ne peut se produire
(Ps. Alex., 572, 15 Hd., Bonitz, *Metaph.*, 386).
2. C'est le mouvement et le devenir mêmes qui sont en jeu (cf. l. 14), et ce
sont là τὰ μέγιστα (Ps. Alex., 572, 31 Hd).
3. Bonitz, *Metaph.*, 887, voit, dans cette définition, qu'Aristote utilisera à
différentes reprises au cours de son argumentation du chapitre 4, un cercle
vicieux. En fait, comme le remarque Ross (II, 245), ce n'est pas une définition
proprement dite, mais un simple critérium d'ordre pratique.

tenir debout ou de mettre debout, d'être ou de devenir, de ne pas être ou de ne pas devenir, il en sera de même.

Ce nom d'« acte », que nous posons toujours avec celui d'« entéléchie », a été étendu des mouvements, d'où il vient principalement aux autres choses, car on croit généralement, en effet, que l'acte proprement dit, c'est le mouvement. C'est pourquoi on n'attribue pas le mouvement aux choses qui n'existent pas, quoiqu'on leur attribue quelques-uns des autres prédicats : ainsi les choses qui n'existent pas sont intelligibles ou désirables, mais non en mouvement. Il en est ainsi parce que, n'existant pas en acte, elles existeraient en acte si elles étaient en mouvement. En effet, parmi les choses qui ne sont pas, il y en a qui sont en puissance, mais sans être véritablement, parce qu'elles ne sont pas en entéléchie.

4

< La puissance et le possible >

S'il est vrai que le possible est, comme nous l'avons dit, dans la mesure où son actualisation est réalisable[1], il est clair qu'il n'est pas vrai de dire : « telle chose est possible mais ne

---

1. εἰ δέ ἐστὶ τὸ εἰρημένον τό δυνατὸν ᾗ ἀκολουθεῖ. – Ce texte est embarrassant. La *Versio Antiqua* de Guillaume de Moerbeke traduit : *Si autem est quod dictum est possibile in quantum sequitur*, et Thomas (*Comm.*, p. 523, n. 1807) interprète : *dicit* [*Philosophus*] *quod si verum est quodaliquid dicatur esse possibile ex eo quod aliquid sequitur, secundum quod dictum est, quod possibile est, quod si ponatur esse, non sequitur impossibile*. Mais ce texte traditionnel, adopté par Bonitz (*Metaph.*, 388), oblige à sous-entendre ἡ ἐνέργεια comme sujet d'ἀκολουθεῖ. Ross (II, 247) lit ᾗ ἀκολουθεῖ, mais sa traduction laisse elle-même à désirer. Dans l'incertitude, nous avons suivi la leçon traditionnelle, et adopté l'interprétation de Thomas et de Bonitz.

30

35

1047 b

5

sera pas », de sorte que toute notion d'impossibilité disparaît de cette façon[1]. Supposons, par exemple, qu'on dise qu'il est possible que le rapport de la diagonale au côté du carré soit mesurable, mais qu'il ne sera pas mesuré (sans réfléchir sur la nature de l'impossible), étant donné que rien n'empêche qu'une chose, capable d'exister ou de devenir, en fait ne soit,
10 ni ne se réalise. En tout cas, la conséquence de ce que nous avons posé[2], c'est que supposer l'existence actuelle ou passée d'un être qui n'existe pas, mais est possible, n'engendre aucune impossibilité. Or c'est pourtant à une impossibilité qu'on arrivera, puisque la mesure de la diagonale est impossible. C'est qu'il n'y a pas, en effet, identité du faux et de l'impossible : il est faux que tu sois debout maintenant, mais ce n'est pas impossible[3].

En même temps[4], il est évident aussi que si l'existence de A
15 entraîne nécessairement l'existence de B, A étant possible, nécessairement B est possible, car si l'existence de B n'est pas nécessairement possible, rien n'empêche que son existence ne

1. C'est-à-dire : si une chose est possible, mais ne sera jamais, il n'y aura rien d'impossible, tout sera également possible, et la notion de l'impossible disparaît.

2. Il s'agit de la définition du possible donnée *supra*, 3, 1047 *a* 24. – L. 9, après ἔσεσθαι, nous mettons un point.

3. Bonitz, *Metaph.*, 388 : *Etenim ex proposita antea* τοῦ δυνατοῦ *notione consequitur, ut, si re vera esse ponamus id quod est possibile, falsum hoc fortasse sit, sed non sit impossibile. At si lineam diagonalem mensurari ponimus, id non solum falsum est, sed impossibile. Ergo…* En somme, tout le mal vient de la confusion établie entre le faux et l'impossible.

4. Cet argument se rattache au précédent (ἅμα l. 14) en ce que l'un et l'autre dépendent de la définition du possible, donnée *supra*, 3, 1047 *a* 24. Nous avons adopté la leçon de Bonitz et de Christ, et suivi l'interprétation de Bonitz, *Metaph.*, 389.

soit impossible[1]. Soit donc *A* possible ; quand donc l'existence
de *A* est possible, si on pose l'existence de *A*, aucune impossibilité n'en résulte[2]. *B* existe alors nécessairement. Mais *B*
était supposé impossible[3]. Soit donc *B* impossible. Si *B* est
impossible, il est alors nécessaire que *A* le soit aussi. Mais *A* 20
était supposé possible[4] ; donc *B* l'est aussi[5]. Si donc *A* est possible, *B* sera aussi possible, s'il existe entre *A* et *B* un rapport tel
que, *A* existant, *B* existe nécessairement. Si donc *A* et *B* étant
ainsi en relation, *B* n'est pas possible, lorsque *A* est possible
[οὕτως], *A* et *B* ne seront pas entre eux comme on l'avait posé[6].
Et si, *A* étant possible, *B* est nécessairement possible dans le 25
cas où *A* existe, il est nécessaire que *B* existe aussi. En effet,
dire que *B* est nécessairement possible lorsque *A* est possible,
cela signifie que, lorsque *A* existe au temps où, et de la façon
suivant laquelle il était supposé capable d'exister, alors aussi,
et de la même manière que *A*, nécessairement *B* existe.   30

1. Autrement dit : si un adversaire prétend que la possibilité de *A* n'entraîne
pas la possibilité de *B*, l'existence de *B* sera aussi impossible.

2. *A* raison de notre définition τοῦ δυνατοῦ posée 3, 1047 *a* 24, *A*
existe donc.

3. Supposé par l'adversaire de la l. 17.

4. *A* était, *ab initio*, supposé possible.

5. On ne peut donc pas dire que si *A* est possible, *B* ne peut l'être. – L. 22,
nous lisons *A* (ou τὸ πρῶτον) δυνατόν, avec Bonitz, et non τὸ πρῶτον ἀδύνατον, avec Ross.

6. Autrement dit, si l'*existence* de *B* est liée à l'*existence* de *A*, la *possibilité*
de *B* doit être liée à la *possibilité* de *A*, et, inversement (*b* 26-30), si la *possibilité*
de *B* doit être liée à la *possibilité* de *A*, l'*existence* de *A* entraîne nécessairement
celle de *B*.

5

< L'actualisation de la puissance >

De toutes les puissances, les unes sont innées, comme les sens ; d'autres viennent de l'habitude, comme l'habileté à jouer de la flûte ; d'autres sont acquises par l'étude, par exemple les facultés artistiques. Il est donc nécessaire qu'il y ait un exercice antérieur pour les puissances qui proviennent de l'habitude et du raisonnement, tandis que celles qui sont d'une autre sorte et qui impliquent la passivité, n'exigent pas cet exercice[1]. – Puisque ce qui est puissant, c'est ce qui peut quelque chose, et à un moment donné, et de certaine façon (avec tous autres caractères rentrant nécessairement dans la définition) ; que certains êtres peuvent mouvoir rationnellement [κατὰ λόγον] et que leurs puissances sont rationnelles, tandis que d'autres êtres sont irrationnels et leurs puissances irrationnelles ; que les premières de ces puissances résident nécessairement dans un être animé, et les autres, indifféremment dans un être animé ou dans un être inanimé ; pour ces dernières puissances, dès que, de la façon appropriée à la puissance en question, l'agent et le patient se rapprochent, il est nécessaire que l'un agisse et que l'autre pâtisse, tandis que pour les premières puissances, cette nécessité ne joue pas[2]. C'est que toutes les puissances irrationnelles ne produisent chacune qu'un seul effet, au lieu que chacune des puissances rationnelles produit les contraires, de sorte qu'elle produirait

---

1. Cf. *Eth. Nic.*, II, 4, 1105 *a* 17- *b* 18. Cf. aussi *infra*, 8, 1049 *b* 29.
2. Longue phrase, dont l'apodose commence l. 5 (τὰς μέν).

simultanément les contraires[1]. Or, c'est impossible. Il est donc nécessaire qu'il y ait quelque autre élément déterminant, j'entends par là le désir [ὄρεξις] ou le choix rationnel 10 [προαίρεσις]. Quelle que soit, en effet, celle des deux choses que l'agent désire d'une manière décisive, il l'accomplira dès qu'il y aura présence et rapprochement avec le patient, d'une manière appropriée à la puissance dont il s'agit. – Il en résulte que tout être doué de puissance rationnelle, dès qu'il désirera ce pour quoi il possède une puissance, et dans les circonstances dans lesquelles il a cette puissance, il doit l'accomplir. Or, la condition de cette puissance, c'est la présence du patient 15 avec telle manière d'être. Sinon, l'action serait impossible. (Qu'aucun obstacle extérieur n'empêche l'action de la puissance, il est inutile de l'ajouter. Un être, en effet, a la puissance dans la mesure où celle-ci est un pouvoir d'agir, pouvoir non pas absolu, mais soumis à certaines conditions, parmi lesquelles sera comprise l'absence d'obstacles extérieurs, car l'exclusion de ces obstacles est impliquée par certains des 20 caractères positifs de la puissance.) C'est pourquoi une puissance ne saurait produire en même temps, le voulût-on ou le désirât-on, deux effets ou des effets contraires, car ce n'est pas ainsi que la puissance s'exerce sur les contraires, et il n'y a pas de puissance pour les produire simultanément, puisque c'est ce dont il y a puissance qui sera fait de la façon dont il y a puissance[2].

---

1. La puissance rationnelle produirait simultanément les contraires, si elle produisait nécessairement ses effets.

2. ἐπεὶ ὧν ἐστὶν οὕτως ποιήσει, c'est-à-dire : ἐπεὶ ὧν ἐστὶ δύναμις τοῦ ποιεῖν, ταῦτα οὕτως ποιήσει ὡς ἔστι δύναμις (Bonitz, *Metaph.*, 392).

6

< Distinction de l'acte et de la puissance >

25   Nous venons de traiter de la puissance relative au
mouvement. Parlons de l'acte, définissons ce qu'est l'acte, et
quelle sorte de chose il est. Cette analyse nous mettra à même
de montrer en même temps clairement que « puissant » ne
s'entend pas seulement de ce qui a la propriété naturelle de
mouvoir une autre chose, ou d'être mû par une autre chose, soit
mouvement proprement dit, soit mouvement de telle nature[1],
mais qu'il présente encore un autre sens, sens qui est l'objet
véritable de la recherche au cours de laquelle nous avons
30 discuté aussi ces précédentes significations[2]. – L'acte, donc,
est l'existence d'un objet, mais non pas de la façon que nous
avons exprimée par puissance. Nous disons, par exemple, que
Hermès est en puissance dans le bois, et la demi-ligne dans la
ligne entière, parce qu'elle pourrait en être tirée. Nous appelons aussi savant en puissance celui qui même ne spécule pas,
s'il a la faculté de spéculer ; l'état opposé, dans chacun de ces
35 cas, existe en acte[3]. La notion de l'acte que nous proposons
peut être connue par induction, à l'aide d'exemples particuliers ; il ne faut pas chercher à tout définir, mais il faut savoir se
1048 b contenter de saisir l'analogie ; l'acte sera donc comme l'être
qui bâtit est à l'être qui a la faculté de bâtir, l'être éveillé à celui
qui dort, l'être qui voit à celui qui a les yeux fermés mais qui

----

1. Par exemple, dans le sens du meilleur.

2. Second sens de δύναμις (*possibilitas*) annoncé *supra*, I, 1045 *b* 34.

3. τὸ δέ ἐνεργεία. Expression très condensée, que Bonitz (*Metaph.*, 394)
rattache, mais à tort, à la phrase suivante, en lisant τὸ δέ ἐνεργεία δῆλον ἐτι...

possède la vue, ce qui a été séparé de la matière à la matière, ce qui est élaboré à ce qui n'est pas élaboré. Donnons le nom 5 d'acte au premier terme de ces diverses relations, l'autre terme, c'est la puissance. Mais toutes les choses ne sont pas dites, dans le même sens, exister en acte, mais seulement par analogie : de même que telle chose est dans telle chose, ou relativement à cette chose, telle autre chose est dans telle autre chose, ou relativement à cette autre chose ; car l'acte est pris, tantôt comme le mouvement relativement à la puissance, tantôt comme la substance formelle relativement à quelque matière [1].

L'infini, le vide [2], et toutes les choses de ce genre, sont dites 10 en puissance et en acte, mais d'une autre manière que pour beaucoup d'autres êtres, tels que le voyant, le marchant et le visible. Dans ces derniers cas, ces prédicats peuvent, à certains moments, être aussi affirmés comme vrais, en puissance ou en acte, d'une façon absolue, car le visible se dit tantôt de ce qui est vu, tantôt de ce qui peut être vu. Par contre, l'infini n'est pas en puissance dans un sens tel qu'il doive ultérieurement exister en acte à titre de réalité séparée. C'est bien plutôt dans la 15 connaissance qu'il en est ainsi ; car le fait que la division ne fait pas défaut, voilà ce qui donne à penser qu'existe en

1. Cf. Thomas, *Comm.*, p. 529, n. 1828-1831.

2. Cf. *Phys.*, III, 4-8, IV, 8-9, et Ross, II, 252. – L'espace, le nombre et le temps sont infinis, mais de différentes manières. L'espace est infini κατὰ διαίρεσιν, il est indéfiniment divisible ; le nombre est infini κατὰ πρόσθεσιν, en tant qu'à un nombre donné on peut toujours en ajouter un autre ; le temps est infini, à la fois κατὰ διαίρεσιν et κατὰ πρόσθεσιν.

puissance, dans la pensée, cet acte de diviser, mais cela ne
donne pas à penser que l'infini existe à titre de réalité séparée [1].

Puisque aucune des actions qui ont un terme n'est elle-
même une fin [2], mais que toutes se rapportent à une fin;
qu'ainsi le fait de maigrir ou l'amaigrissement, et les diffé-
20 rentes parties du corps elles-mêmes [αὐτά] [3], quand on les rend
maigres, sont en mouvement de cette façon-là, c'est-à-dire que
ces actes ne sont pas ce en vue de quoi le mouvement est; dans
tous ces cas, nous ne sommes pas en présence d'une action ou
du moins d'une action achevée, car ce n'est pas une fin : seul le
mouvement dans lequel la fin est immanente est une action.
C'est ainsi qu'en même temps, on voit et on a vu, on conçoit et
on a conçu, on pense et on a pensé; mais on ne peut pas
apprendre et avoir appris, ni guérir et avoir été guéri ; on peut à
25 la fois bien vivre et avoir bien vécu, être heureux et avoir été

1. Nous avons suivi, pour ce dernier passage, l'interprétation de Ross, II,
252. Bonitz (*Metaph.*, 395) traduit : *haec igitur dividendi infinitio* (τὸ μὴ
ὑπολείπειν τὴν διαίρεσιν) *efficit ut in ipsa* τοῦ ἀπείρου ἐνέργεια *in
potentia tantum cernatur, neque unqum ita perficiatur, ut per se et absolute sit,*
τῷ δὲ χωρίζεσθαι οὐ. – L'acte de division existe en puissance, car lorsque je
divise par la pensée un nombre ou une grandeur, c'est un acte de ma pensée et
cela prouve que j'en ai la puissance. – M. Robin a bien voulu traduire pour nous
ce difficile passage.

2. Toute la fin de ce chapitre (18-35) est omise dans certains manuscrits. La
traduction de G. de Moerbeke et celle de Bessarion la passent sous silence, et
Thomas ne la commente pas. Mais elle est certainement authentique, et elle est
d'ailleurs conforme à la doctrine d'Aristote. Très altéré, le texte a été considé-
rablement amélioré par Bonitz. A partir de 30, il existe de nombreuses
variantes. Pour l'ensemble, nous avons suivi la leçon et l'interprétation de
Ross, qui diffèrent de celles de Bonitz (*Metaph.*, 397).

3. Ross, II, 252, traduit αὐτὰ par les « parties du corps elles-mêmes » et
nous l'avons suivi sans beaucoup de conviction. Bonitz interprète (*Metaph.*,
397) plus simplement τά πράγματα. Mais le texte est sûrement corrompu.

heureux. Sans cela, ne faudrait-il pas qu'il y eût des points d'arrêt comme cela se produit pour l'amaigrissement? Mais, en réalité, il n'y a pas de points d'arrêt: on vit et on a vécu. De ces différents processus, il faut appeler les uns, mouvements, les autres, actes; car tout mouvement est imparfait, comme l'amaigrissement, l'étude, la marche, la construction: ce sont des mouvements et certes incomplets. On ne peut pas, en effet, **30** en même temps, marcher et avoir marché, bâtir et avoir bâti, devenir et être devenu, recevoir un mouvement et l'avoir reçu; ce n'est pas non plus la même chose que de mouvoir et d'avoir mû. Mais c'est la même chose qui, en même temps, voit et a vu, pense et a pensé. Un tel processus, je l'appelle un acte, et l'autre, un mouvement.

7

< Quand une chose est puissance d'une autre >

Ce qu'est l'actualité et quelle sorte de chose elle est, c'est **35** ce que nous pouvons considérer comme éclairci par les considérations qui précèdent et d'autres du même genre. Il faut maintenant déterminer quand un être est en puissance et quand il ne l'est pas, car cela n'arrive pas en tout temps. Par exemple, la Terre est-elle l'homme en puissance? Non, elle le sera plutôt **1049 a** quand elle sera déjà devenue semence, et même alors cela est-il douteux. Le cas est le même qu'en ce qui concerne la santé: tout ne peut pas être rendu à la santé par la médecine ou par le hasard, mais il y a une chose qui a cette propriété, et c'est celle-là seulement qui est saine en puissance.

5   Le passage de la puissance à l'entéléchie dans la production artistique [ἀπὸ διανοίας] se définit : la volonté de l'artiste
se réalisant sans rencontrer aucun obstacle extérieur et sans
rencontrer aussi d'autre part, c'est-à-dire dans l'être qui est
guéri, aucun obstacle venant de lui. De même aussi la maison
sera en puissance si aucun obstacle dans le patient, c'est-à-dire
dans la matière, ne s'oppose à ce qu'il devienne une maison, et,
10 s'il n'y a rien qu'il faille y ajouter, y retrancher ou y changer,
ce sera la maison en puissance. Il en sera de même aussi pour
tous les autres êtres qui ont en dehors d'eux-mêmes le principe
de leur génération.

Quant aux êtres naturels, qui ont en eux-mêmes le principe
de leur actualisation [ἐν αὐτῷ τῷ ἔχοντι], ils seront en puissance d'autre chose par eux-mêmes, si rien d'extérieur ne s'y
oppose. Par exemple, la semence n'est pas encore l'homme en
puissance, car il faut qu'elle soit déposée dans un autre être[1] et
15 qu'elle subisse un changement. Mais lorsque, en vertu de son
propre principe, elle sera déjà devenue d'une nature de cette
sorte, elle sera alors déjà l'homme en puissance, tandis que,
dans le premier état, il faut l'action d'un autre principe ; c'est
ainsi que la Terre n'est pas encore la statue en puissance, car
elle doit auparavant subir un changement pour devenir airain.
– Quand nous disons d'une chose qu'elle est, non pas quelque
chose [τόδε], mais « de quelque chose » [ἐκείνινον], (comme
un coffre n'est pas « bois », mais « de bois », le bois n'est pas
20 « terre », mais « de terre », et, en remontant plus haut, la terre,
s'il en est ainsi pour elle, n'est pas quelque chose autre, mais

1. Dans la matrice de la femme.

« de » quelque chose autre), il semble que cette autre chose soit toujours, en puissance, au sens rigoureux du mot, la chose qui vient immédiatement après. Ainsi, le coffre n'est pas « de terre » ni « terre », mais il est « de bois », car c'est le bois qui est le coffre en puissance, et le bois en général est la matière du coffre en général ; tel bois est la matière de tel coffre. Et s'il y a quelque chose de premier, qu'on ne puisse plus affirmer d'une autre chose comme étant « de cela », cette chose sera la matière **25** première. Par exemple, si la Terre est d'Air et si l'Air n'est pas « Feu », mais « de feu », le Feu sera la matière première et non une chose déterminée et une substance[1]. Les sujets [καθ' οὗ] ou substrats diffèrent les uns des autres par le fait qu'ils sont ou ne sont pas des êtres déterminés[2] ; ainsi le sujet des modifications est, par exemple, un homme, c'est-à-dire un corps et une âme, tandis que la modification, c'est le musicien et le **30** blanc. Lorsque la musique vient à se trouver, à titre d'accident, en ce sujet déterminé, on ne dit pas qu'il est « musique », mais « musicien » ; on ne dit pas que l'homme est « blancheur », mais « blanc », qu'il est « marche » ou « mouvement », mais qu'il est « en marche », ou « en mouvement », comme on dit « de cela ». Dans ces cas le sujet dernier est une substance ;

1. Leçon de Ross, II, 256. Nous lisons, l. 27, οὐ τόδε τι καὶ οὐσία.

2. Texte altéré ; nous adoptons la leçon proposée par Ross, II, 257, d'après Apelt. La leçon traditionnelle est celle-ci : la différence entre l'universel (τὸ καθόλου, au lieu de καθ'οὗ) et le sujet consiste en ce que ce dernier est un être déterminé, tandis que l'Universel ne l'est pas (*Universale enim et subjectum differunt per hoc, quod subjectum est hoc aliquid, non autem universale*, interprète Thomas, *Comm.*, p. 533, n. 1841). Mais le sens que nous avons préféré est plus satisfaisant. Aristote semble dire qu'il y a deux sortes de substrats : la matière première, sujet de la forme, et la substance individuelle, sujet des accidents, ainsi que l'explique l'exemple qui suit.

35 mais quand il n'en est pas ainsi et que le prédicat est une forme
ou un sujet déterminé, le sujet dernier est matière et substance
matérielle. Et c'est à bon droit qu'on dit « de cela », en se réfé-
1049 b rant tant à la matière qu'aux accidents, car matière et accidents
sont l'un et l'autre indéterminés[1].

Nous venons ainsi d'établir quand il faut dire qu'une chose
est ou non en puissance.

8

< Antériorité de l'acte sur la puissance >

De nos considérations[2] sur les différentes acceptions
5 de l'antérieur, il résulte clairement que l'acte est antérieur à la
puissance. J'entends par puissance, non seulement cette puissance déterminée qui est définie le principe du changement
dans un autre être, ou dans le même être en tant qu'autre, mais
en général tout principe de mouvement ou de repos. En effet, la
nature aussi est dans le même genre que la puissance[3], car elle
est un principe de mouvement, non pourtant dans un autre être,
10 mais dans le même être en tant que même. Pour toute

1. La matière est indéterminée comme privée de sa forme, et les accidents
en tant qu'ils ne sont pas fixés dans un τόδε τι. Cf. Thomas, *Comm.*, p. 533,
n. 1843 : *Accidens determinatur et definitur per subjectum, et materia per id ad
quod est in potentia.* – Comme le remarque Ross avec raison (II, 257), Aristote a
voulu expliquer comment il se fait que non seulement un objet tire son nom de
sa matière prochaine (le coffre est de bois), mais encore qu'un sujet est désigné
par son attribut accidentel (blanc, musicien) : cela tient à ce que la matière et les
accidents sont tous deux indéterminés. Cf. aussi *supra*, Z, 7, 1033 *a* 5 et *sq.*

2. Δ, 11.

3. Avec Bonitz, nous supprimons, l. 8-9, γίγνεται δυνάμει ἐν ταὐτῷ
γὰρ, que Christ et Ross mettent entre crochets.

puissance de cette sorte, l'acte est antérieur, tant selon la notion que selon l'essence; mais selon le temps, l'acte, en un sens, est antérieur et, en un autre sens, il ne l'est pas.

Que selon la notion, l'acte soit antérieur, cela est évident: c'est parce qu'elle peut agir que la puissance, au sens premier[1], est puissance. Par exemple, j'appelle capable de construire, celui qui peut construire; doué de la vue, celui qui peut voir; 15 visible, ce qui peut être vu. Le même raisonnement s'applique à tout le reste, de sorte que nécessairement la notion et la connaissance de l'acte sont antérieures à la connaissance de la puissance. – Quant à l'antérieur selon le temps, voici: l'être en acte, identique spécifiquement, mais non numériquement, avec un être de la même espèce existant en puissance, est antérieur à cet être en puissance. Je veux dire que, à cet homme déterminé, qui est déjà en acte, au froment, au sujet voyant, sont respectivement antérieures selon le temps, la matière, la 20 semence, la faculté de voir, toutes choses qui sont homme, froment et sujet voyant en puissance, mais non encore en acte. Mais à ces puissances sont antérieures selon le temps d'autres êtres en acte dont elles procèdent, car d'un être en puissance, un être en acte est toujours engendré par un autre être en acte. Ainsi l'homme est actualisé par l'homme[2], le musicien, par le 25 musicien, il y a toujours un moteur premier et le moteur existe déjà en acte.

Nous avons dit en parlant de la substance[3], que tout ce qui devient devient, de quelque chose, quelque chose, et est

1. C'est-à-dire κατὰ κίνησιν.
2. L. 26, ἐξ a le sens de ὑπό.
3. Z, 7, 8.

produit par quelque chose, le produit étant spécifiquement
30 identique au moteur. Aussi est-il impossible, ce semble, d'être
architecte, sans avoir rien construit, ou joueur de cithare, sans
avoir joué de la cithare, car celui qui apprend à jouer de la
cithare, apprend à jouer de la cithare en jouant de la cithare.
De même pour tous les autres cas où l'on apprend. C'est même
ce qui a donné naissance à l'argument sophistique que celui
qui ne possède pas la science fera ce qui est l'objet de la
science, car celui qui apprend une chose, ne la possède pas[1].
35 Mais puisque toute génération suppose déjà quelque chose
d'engendré, et tout mouvement en général, quelque chose déjà
en mouvement (nous l'avons démontré dans le *Traité du*
1050 a *Mouvement*[2]), celui qui étudie possède déjà sans aucun doute
quelque élément de la science. Mais il est, par là même alors,
bien évident que dans ce sens aussi, c'est-à-dire selon la génération et le temps, l'acte est antérieur à la puissance. – Mais il
l'est aussi assurément sous le rapport de la substance, d'abord
parce que ce qui est postérieur dans l'ordre de la génération
5 est antérieur dans l'ordre de la forme et de la substance
(par exemple, l'homme fait [ἀνήρ] est antérieur à l'enfant, et
l'homme [ἄνθρωπος] est antérieur à la semence, car l'un a déjà
la forme et l'autre ne l'a pas); ensuite parce que tout ce qui
devient tend vers son principe et sa fin, car le principe est la

---

1. Thomas met le raisonnement sophistique sous la forme syllogistique
suivante (*Comm.*, p. 537, n. 1852): «*Discens artem operatur actionem artis.
Sed discens artem non habet artem. Ergo qui non habet scientiam nec artem
facit id cujus est scientia aut arts*». – A raison du sens, nous mettons un point,
l. 35, après ἔχει: Aristote va répondre à l'objection.

2. *Phys.*, VI, 6. Cf. Ross, II, p. 261, où l'on trouvera l'exposé de la preuve
donnée par Aristote.

cause finale et le devenir est en vue de la fin. Or la fin, c'est l'acte et c'est en vue de l'acte que la puissance est conçue. En effet, ce n'est pas pour avoir la vue que les animaux voient, 10 mais c'est pour voir qu'ils ont la vue; de même aussi, on possède l'art de bâtir pour bâtir, et la faculté de contempler, en vue de la contemplation; mais on ne se livre pas à la contemplation pour posséder la faculté de contempler, sinon quand on étudie; encore, dans ce dernier cas, n'y a-t-il contemplation que dans un sens déterminé, ou parce que, autrement, on n'aurait pas besoin de contempler[1]. – De plus, la matière est en 15 puissance parce qu'elle tend vers sa forme, et lorsqu'elle est en acte, c'est alors qu'elle est dans sa forme. Il en est ainsi dans tous les autres cas, même pour les choses dont la fin est un mouvement[2]. Aussi la nature est-elle comme ces maîtres, qui pensent avoir atteint leur fin, quand ils ont montré leurs sujets en exercice : s'il n'en était pas ainsi, on pourrait comparer leurs élèves à l'Hermès de Pauson, et on se demanderait, comme pour la figure de l'Hermès, si leur science est assimilée [ἔσω] 20 ou purement extérieure [ἔξω][3]. L'œuvre est, en effet, la fin, et

1. Le sens est obscur. Cf. Thomas, *Comm.*, p. 539, n. 1859; Ross, II, 262-263. Les interprétations sont très nombreuses. Aristote veut dire peut-être que spéculer, au propre sens du terme, ne se comprendrait pas, car cela supposerait qu'on possède déjà la θεωρητική.

2. C'est-à-dire quand la fin se confond avec l'exercice même. Cf. *infra*, a 23.

3. Illusion obscure. Au dire du Ps. Alex. (588, 20 Hd), la statue d'Hermès, œuvre du sculpteur Pauson, présentait cette particularité qu'on ne pouvait distinguer si elle était taillée dans la pierre ou enchâssée dans une substance translucide; on ne savait donc si l'Hermès était à l'intérieur ou à l'extérieur. Mais cette explication est controversée, car Pauson était un peintre. Il paraît s'agir plutôt d'une peinture en relief, donnant l'illusion de la réalité. – Thomas (*Comm.*, p. 539, n. 1861), qui appelle Pauson « Paxo », donne de ce passage une

l'acte, c'est l'œuvre ; c'est pourquoi aussi le mot « acte » dérive d'« œuvre », et « acte » tend à signifier la même chose qu'« entéléchie » [ἐνέργεια, ἔργον, ἐντελέχεια].

Ajoutons que, dans certains cas, la fin cherchée se confond avec l'exercice même ; ainsi la vue a pour terme la vision, sans 25 qu'il résulte de la vision aucune autre œuvre que la vue ; pour d'autres facultés, au contraire, la fin engendre quelque autre chose : par exemple, de l'art de bâtir dérive non seulement l'action de bâtir, mais la maison. Toutefois l'acte n'est pas, pour cela, ici moins fin, et là plus fin de la puissance. En effet, l'action de bâtir est dans ce qui est bâti ; elle naît et existe en même temps que la maison. Dans tous les cas, donc, où, 30 indépendamment de l'exercice, il y a production de quelque chose, l'acte est dans l'objet produit, l'action de bâtir, par exemple, dans ce qui est bâti, l'action de tisser dans ce qui est tissé. Il en est de même pour le reste, et, en général, le mouvement est dans le mû. Mais, dans tous les cas où rien n'est engendré en dehors de l'acte, l'acte réside dans l'agent même : 35 c'est ainsi que la vision est dans le sujet voyant, la science dans le savant, et la vie dans l'âme ; et c'est pourquoi aussi le 1050 b bonheur est un acte de l'âme, car il est une sorte de vie. – Il est donc évident que la substance, ou forme, est acte.

D'après cette argumentation, il est clair que l'acte, sous le rapport de la substance, est antérieur à la puissance, et, comme 5 nous l'avons dit, dans l'ordre du temps, un acte précède toujours un autre acte, jusqu'à ce qu'on remonte à l'acte du

interprétation absolument fantaisiste, dont on ne voit d'ailleurs pas l'origine. – Cf. aussi une note intéressante de Pierront et Zevort, *Metaph.*, t. II, intro., p. 345.

premier moteur, éternel. – Mais l'acte est antérieur, sous le rapport de la substance, dans un sens plus fondamental encore. Les êtres éternels, en effet, sont antérieurs, selon la substance, aux êtres corruptibles, et rien de ce qui est éternel n'existe en puissance. En voici la raison. Toute puissance est, en même temps, puissance de contradictoires : ce qui n'a pas puissance d'être dans un sujet ne pourra jamais lui appartenir, mais tout ce qui est puissance peut ne pas s'actualiser. Donc ce qui a puissance d'être, peut être et ne pas être. La même chose est donc puissance d'être et de ne pas être, et il est possible que ce qui a puissance de ne pas être, ne soit pas ; et ce qui peut ne pas être est corruptible, soit absolument, soit dans le sens précis où il est dit qu'il peut ne pas être, par exemple, selon le lieu, la quantité ou la qualité, « absolument » signifiant « selon la substance »[1]. Rien donc de ce qui est absolument incorruptible n'est en puissance absolument, quoique rien n'empêche qu'il ne le soit à certains points de vue, par exemple selon la qualité ou le lieu. Tout ce qui est incorruptible existe donc en acte ; aucun être nécessaire n'existe non plus en puissance ; or les êtres nécessaires sont des êtres premiers[2], car si ces êtres n'étaient pas, rien ne serait. – De même encore, le mouvement éternel, s'il y a un mouvement éternel, n'existe pas, en puissance. Et s'il existe quelque mobile éternel, il n'est pas mû selon une puissance, sinon en ce qu'il peut passer d'un lieu

---

1. Une chose est corruptible absolument quand elle perd son essence, quantitativement si elle change de quantité, localement corruptible si elle change de lieu, etc.

2. Mineure d'un syllogisme, dont la conclusion est : les choses premières n'existent donc pas en puissance et l'acte est antérieur à la puissance.

dans un autre [1], et rien n'empêche de lui attribuer en ce sens une matière [2]. C'est pourquoi le Soleil, les astres, le Ciel tout entier sont toujours en acte, et il n'y a pas à redouter qu'ils s'arrêtent jamais, comme le craignent les physiciens [3]. Ces êtres ne se
25 lassent point dans leur marche, car le mouvement n'est pas pour eux, comme pour les êtres corruptibles, puissance de contradictoires [4], ce qui a pour effet de rendre fatigante à ces derniers la continuité du mouvement. La cause de cette fatigue est que la substance des êtres corruptibles est matière et puissance, et non acte. – Les êtres incorruptibles [5] sont imités par des êtres qui sont en continuel changement, comme la Terre et le Feu, lesquels ont, eux aussi, un mouvement éter-
30 nel [6], car c'est par eux-mêmes et en eux-mêmes qu'ils ont leur mouvement. Mais les autres puissances, d'après notre précé-dente discussion [7], sont toutes puissances de contradictoires, car ce qui a la puissance de produire un mouvement de telle manière peut aussi le produire d'une manière contraire : c'est le cas, par exemple, des puissances rationnelles. Quant aux puissances irrationnelles, elles seront elles-mêmes puissances de contradictoires, suivant qu'elles seront présentes ou
35 absentes. – Si donc il y avait des réalités ou des substances du genre dont, dans leurs raisonnements dialectiques, parlent les

---

1. C'est-à-dire les Corps célestes se déplacent sans relâche et sont en puissance à l'égard des positions qu'ils n'ont pas encore atteintes.

2. Une ὕλη τοπική.

3. Allusion à Empédocle. Cf. *De Coelo*, II, 1, 284 a 24, mais aucun des fragments d'Empédocle que nous possédons ne se rapporte à cette théorie.

4. C'est-à-dire puissance de mouvement et de repos.

5. Les Corps célestes.

6. De transformation réciproque.

7. *Supra*, b 8-12.

partisans des Idées, il y aurait quelque chose de beaucoup plus
savant que la Science en soi et quelque chose de beaucoup plus 1051 a
mobile que le Mouvement en soi, car ces choses-là seraient
plus actes que la Science en soi et que le Mouvement en soi, qui
en sont seulement les puissances[1].

Il est donc clair que l'acte est antérieur à la puissance, et à
tout principe de changement.

9

< Le Bien en puissance et le Bien en acte.
La démonstration géométrique >

Que l'acte du Bien soit aussi meilleur et plus estimable que
la puissance du Bien, en voici la preuve. Chez tous les êtres, en
effet, qui sont dits « pouvoir », le même être est puissance des 5
contraires ; par exemple, celui qui est dit pouvoir être en bonne
santé est le même que celui qui peut aussi être malade, et il a les
deux puissances en même temps. La même puissance, en effet,
est puissance de se bien porter et d'être malade, d'être en repos
et de se mouvoir, de construire et de détruire, d'être construit
et d'être démoli. La capacité de recevoir les contraires réside 10
donc simultanément dans les êtres, mais les contraires ne
peuvent exister simultanément, et il est impossible aussi qu'il
y ait simultanéité des actes, par exemple la santé et la maladie.
C'est pourquoi, tandis qu'il est nécessaire que le Bien en acte
soit l'un des contraires, la puissance est également l'un et

---

1. Les Idées, en tant qu'universelles, sont de simples puissances qui se
réalisent dans les individus, et les individus sont plus réels qu'elles, puisqu'ils
sont actes et formes. Cf. Robin, *La Théorie Platonicienne*, p. 63.

l'autre, ou ni l'un ni l'autre. Donc l'acte du Bien est meilleur.
15 – Quant au Mal, sa fin et son acte sont nécessairement pires que
sa puissance, car l'être en puissance est le même être à la fois
pour les deux contraires. Il est donc évident que le Mal n'est pas
indépendant des objets sensibles, car le Mal est, de sa nature,
postérieur à la puissance. Il n'existe donc non plus, dans les
20 réalités primordiales et éternelles, ni mal, ni péché, ni corruption, car la corruption compte, elle aussi, au nombre des maux [1].

C'est aussi par l'acte que les constructions géométriques
[διαγράμματα] [2] sont découvertes, car c'est par une division
des figures données que nous les trouvons. Si les figures
étaient données divisées, les constructions sauteraient aux
yeux ; mais, en fait, elles ne sont présentes qu'en puissance.
Pourquoi la somme des trois angles d'un triangle est-elle égale
à deux droits [3] ? Parce que les angles formés sur une même
25 droite, autour d'un même point, sont égaux à deux angles
droits. Si donc on avait tiré une ligne parallèle au côté du
triangle, à qui voit la figure, la raison serait immédiatement

1. A partir du début du chapitre, l'argumentation d'Aristote est la suivante.
La puissance est ce qui peut être bon ou mauvais ; l'acte est, ou bon, et il est alors
meilleur que la puissance, ou mauvais, et il est alors moins mauvais que la
puissance, puisque la puissance enveloppe aussi le Bien. D'autre part, le Mal
n'existe pas en soi, indépendamment des objets sensibles, car il n'existe pas en
acte par lui-même, étant seulement l'actualisation d'un des contraires de la
puissance. Il n'est pas non plus une réalité primordiale, un principe, car le
principe ne peut être qu'en acte, soustrait par conséquent à la corruption, à
l'erreur et au mal, qui ne se trouvent que dans la puissance. Le raisonnement
d'Aristote est dirigé contre la conception platonicienne de l'Idée du Mal, érigée
en substance séparée (*Théét.*, 176 *e*), et contre celle de la Dyade indéfinie posée
comme principe du Mal (*infra*, N, 4, 1091 *b* 30-35).

2. Sur le sens de ce terme, cf. *supra*, B, 3, 998 *a* 25.

3. Euclide, I, 32.

évidente. – Pourquoi l'angle inscrit dans un demi-cercle est-il, dans tous les cas, un angle droit[1]? Parce que, s'il y a égalité entre ces trois lignes : les deux moitiés de la base et la perpendiculaire menée du centre au sommet de l'angle opposé, alors la conclusion est évidente, dès qu'il voit la figure, à qui connaît la première proposition[2]. Il est donc clair que les constructions géométriques en puissance sont découvertes quand on les fait passer à l'acte[3]; et la cause en est que la conception même du géomètre est un acte [ἡ νόησις ἐνέργεια][4]. Donc, c'est de l'acte que vient la puissance; et c'est pourquoi c'est en faisant les constructions géométriques qu'on les connaît. Toutefois, l'actualité particulière de la figure géométrique est postérieure, dans l'ordre de la génération, à la puissance particulière de cette figure[5].

---

1. Euclide, III, 31.

2. Savoir que les angles d'un triangle valent deux droits. Cf. Ross, II, 271.

3. εἰς ἐνέργειαν ἀγόμενα, *perducta ad actum potentia*. Nous lisons ἀγόμενα avec le Ps. Alex. (597, 16 Hd), et Ross (II, 272), et non ἀναγόμενα (Bonitz, Christ et la plupart des manuscrits), dont le sens est moins satisfaisant.

4. Leçon de Ross, II, 272, au lieu de νόησις ἡ ἐνέργεια.

5. Aristote veut dire sans doute que la puissance de la construction géométrique présuppose l'activité de la pensée, mais précède l'actualité de la construction. – Bonitz, *Metaph.*, 409, a renoncé à expliquer cette dernière phrase, qui, en effet, manque de clarté. – Pour tout le détail de la démonstration d'Aristote, depuis l. 21, nous ne pouvons que renvoyer au commentaire de Ross, II, 268 *sq.*

10

< La vérité et l'erreur[1] >

L'Être et le Non-Être se disent d'abord selon les
35 différentes formes des catégories ; ils se disent ensuite selon la
puissance ou l'acte de ces catégories, ou selon leurs contraires ;
1051 b et enfin, dans le sens de vrai et de faux, au sens le plus propre de
ces termes[2]. La vérité ou la fausseté des choses dépend, du côté
des objets, de leur union ou de leur séparation. Par conséquent,
être dans le vrai, c'est penser que ce qui est séparé est séparé,
et que ce qui est uni est uni ; être dans le faux, c'est penser
5 contrairement à la nature des objets. Quand donc y a-t-il ou n'y
a-t-il pas ce qu'on appelle vrai ou faux ? Il faut, en effet, considérer la signification de ces termes. Ce n'est pas parce que

1. La doctrine aristotélicienne de la vérité a déjà été exposée dans E, 4, mais
avec moins de précision : Aristote se contentait de présenter la vérité comme
une pure affection de la pensée, ce qui aboutissait à exclure de la Métaphysique
la notion de vérité, qui relevait alors de la seule Logique, et à rendre son application impossible aux formes pures, aux ἁπλᾶ. Dans le présent chapitre,
Aristote maintient que la vérité n'est que dans la pensée, mais il ajoute que la
liaison dans la pensée doit correspondre à une liaison ontologique ; quant aux
ἁπλᾶ qui sont appréhendés par l'intuition, ils peuvent être des objets
d'ignorance, mais non d'erreur.

Cette conception, devenue classique, a été reprise par Thomas, *Sum. theol.*,
I[a], quaest. XVI, art. 1 (*Utrum veritas sit tantum in intellectu*), qui conclut : *licet
veri-tas intellectus nostri a re causatur, non tamen oportet quod in re per primo
inveniatur ratio veritatis... Esse rei, non veritas ejus, causat veritatem
intellectus.*

2. τὸ δὲ <κυριώτατα ὂν> ἀληθὲς ἢ ψεῦδος. Ross, II, 274, avec raison
peut-être, place κυριώτατα ὂν entre crochets et n'en tient pas compte. En tout
cas, si on maintient ces mots, on ne peut les rattacher qu'à ἀληθὲς ἢ ψεῦδος, et
non à τὸ δέ, car Aristote n'a pas pu vouloir dire que l'Être par excellence est le
vrai et le faux, alors que, dans sa doctrine (affirmée notamment E, 4, 1027 *b* 34),
l'être en tant que vrai n'est qu'une affection de la pensée.

nous pensons d'une manière vraie que tu es blanc, que tu es blanc, mais c'est parce que tu es blanc, qu'en disant que tu l'es, nous disons la vérité. – Si donc[1] il existe des choses qui sont toujours unies et qu'il soit impossible de distinguer; s'il en est d'autres qui sont toujours distinctes et qu'il soit impossible 10 d'unir; si d'autres enfin admettent union et distinction, être, c'est être uni, c'est être un; n'être pas, c'est ne pas être uni, c'est être multiple. Ainsi donc, quand il s'agit des choses contingentes [τὰ ἐνδεχόμενα][2] la même opinion ou la même proposition devient fausse et vraie, et il est possible qu'elle soit tantôt dans le vrai, tantôt dans le faux. Mais quand il s'agit des 15 choses qui ne sauraient être autres qu'elles ne sont, la même opinion n'est pas tantôt vraie et tantôt fausse, mais les mêmes opinions sont éternellement vraies ou fausses.

Pour les êtres incomposés [τὰ ἀσύνθετα], qu'est-ce qu'être ou n'être pas, qu'est-ce que le vrai et le faux ? Un être de cette sorte, en effet, n'est pas composé, de telle sorte qu'il serait quand il est composé et qu'il ne serait pas quand il est distingué, tel que le bois est blanc, ou la diagonale, 20

---

1. Aristote examine d'abord le cas des choses composées (σύνθετα) : il faut entendre par là, ainsi que l'observe Bonitz (*Metaph.*, 409), non pas les choses, *quae ex pluribus elementis coaluerunt*, mais *in quibus cum substantia conjungitur accidens aliquod, veluti homo albus, homo sedens, diagonalis irrationalis ac similia*. Les ἀσύνθετα (ou ἁπλᾶ, ou ἀδιαίρετα) sont étudiées ensuite (l. 17).

2. L. 11-13, conformément à la suggestion de Ross (II, 275) et contrairement au sentiment de Bonitz (*Metaph.*, 411) et de Christ, nous considérons, l. 11, τὸ μὲν... comme l'apodose. Nous supprimons, en conséquence, la parenthèse mise par Christ. – Aristote entend ici par choses contingentes, les choses composées formées d'une substance et d'attributs purement accidentels qui *modo adhærent, modo non adhærent*.

incommensurable. Le vrai et le faux ne sont pas non plus ici ce qu'ils sont dans les autres êtres; en fait, de même que le vrai n'est pas le même dans ces cas, de même aussi l'Être n'est pas le même. Voici ce qu'est alors le vrai ou le faux[1] : le vrai, c'est saisir [θιγεῖν] et énoncer ce qu'on saisit (affirmation et énon-
25 ciation n'étant pas identiques); ignorer, c'est ne pas saisir. En effet, on ne peut se tromper au sujet de la nature d'une chose, sinon par accident[2]. De même aussi pour les substances non composées : il n'est pas possible d'être dans le faux à leur égard. Et toutes sont en acte et non en puissance, car alors elles seraient générables et corruptibles; or; en réalité, il n'y a, pour l'Être en soi[3], ni génération, ni corruption, sans quoi il procé-
30 derait d'un autre être. Pour tout ce qui est précisément une essence et qui existe en acte, il ne peut donc y avoir erreur ; seulement il y a, ou il n'y a pas, connaissance de ces êtres. Toutefois on doit rechercher, en ce qui les concerne, ce qu'ils sont, et si certaines déterminations leur appartiennent ou non. – En ce qui concerne l'Être considéré comme le vrai et le Non-Être considéré comme le faux, dans un cas, le vrai,

1. Aristote va définir successivement le vrai et le faux considérés dans l'esprit (l. 23-33) puis le vrai et le faux, considérés dans l'objet, et qui répondent objectivement aux précédents (33-1052 *a* 1). – L. 23-24, nous suivons Christ, qui lit : ἀλλ᾽ ἔστι τὸ μὲν ἀληθὲς [ἢ ψεῦδος, τὸ μὲν] θιγεῖν καὶ φάναι [ἀληθές].

2. ἀλλ᾽ ἢ κατὰ συμβεβηκός. – Bonitz (*Metaph.*, 411) interprète cette expression comme signifiant : *nisi forte per abusum quemdam vocabuli* (*id.* ἀπάτη) *ignorantiam dixeris erronem*. L'explication de Ross (II, 277) est bien meilleure : l'ἀσύνθετον est simple en tant que terme d'une proposition complexe; mais, en lui-même, c'est un élément composé du genre et de la différence. L'erreur commise à son sujet sera par accident, quand il sera considéré à ce dernier point de vue.

3. La forme. Cf. Z, 8, 1033 *b* 17.

c'est quand il y a union réelle du sujet et de l'attribut, et le
faux, quand il n'y a pas union ; mais, dans l'autre cas, si l'objet 35
existe, il existe d'une manière déterminée, et s'il n'existe pas
de cette façon déterminée, il n'existe pas du tout[1]. Pour les 1052 a
incomposés, la vérité c'est seulement connaître ces êtres ; il
n'y a à leur sujet ni faux, ni vrai, mais seulement ignorance
[ἄγνοια], ignorance qui n'est pas d'ailleurs telle que la cécité,
car la cécité ce serait de n'avoir absolument pas la faculté de
penser.

Il est évident, d'ailleurs, pour en revenir aux êtres
immobiles[2], qu'ils ne peuvent être objets d'une erreur relative
au temps, si nous admettons qu'ils sont immobiles. Si, par 5
exemple, on ne conçoit pas le triangle comme soumis au changement, on ne pourra penser que la somme de ses angles vaut
tantôt deux droits et tantôt ne vaut pas deux droits (sinon, il
serait sujet au changement). Cependant on peut concevoir que
telle classe d'êtres immobiles possède tel attribut, et que telle
autre classe ne l'a pas. Par exemple, on peut penser qu'il n'y a
aucun nombre pair qui soit premier, ou que les uns sont

---

1. Il faut lire avec Ross (II, 278), l. 35, εἴπερ ὄν, οὕτως ἐστι, et non pas, à
l'exemple de Christ, mettre la virgule après οὕτως ce qui ne donne pas un sens
satisfaisant. – Pour l'explication de ce passage, qui est obscur, cf. Ross, II, 278.
Aristote traite du vrai et du faux considéré dans l'objet, autrement dit de l'Être
qui correspond aux sens dans lesquels les choses composées et les choses
incomposées sont dites vraies. Pour les choses composées, elles sont, si elles
sont composées, et elles ne sont pas si elles ne sont pas composées ; pour les
choses incomposées (« dans l'autre cas », l. 35) elles sont à envisager en elles-
mêmes, abstraction faite de toute relation à une autre chose ; elles sont ou ne
sont pas ; A est A, ou n'est rien du tout.

2. Les ἀκίνητα rentrent dans les σύνθετα : ce sont les choses qui gardent
éternellement leur attribut.

premiers, les autres non. Mais s'agit-il d'un simple être immobile, numériquement un, cette erreur même n'est plus possible, car alors on ne peut plus penser qu'une chose a un
10 attribut et qu'une autre ne l'a pas, mais notre jugement sera ou vrai, ou faux, en tant qu'énonçant à son propos une manière d'être permanente.

LIVRE I (X)

1

< Les acceptions de l'Un >

L'Un se prend en plusieurs acceptions : nous l'avons 15
exposé précédemment dans le livre des *différentes acceptions*[1]. Mais ces modes nombreux se peuvent ramener, en
somme, sous quatre chefs principaux[2], qui embrassent tout ce
qui est dit un primitivement et en soi, et non par accident. – Il y
a d'abord le continu [συνεχές], soit en général, soit, surtout, le
continu naturel et qui ne résulte pas d'un contact ni d'un lien
extérieur. Et parmi les êtres continus, celui-là a plus d'unité et 20
est antérieur, dont le mouvement est plus indivisible et plus
simple. – Il y a encore unité, et plus d'unité, dans ce qui est
un tout et qui a une configuration et une forme, surtout si le
tout est tel naturellement, et non le résultat de la contrainte, à

1. Cf. Δ, 6.
2. Cf. l. 34.

l'exemple de tout ce qui est joint par la colle, par un clou, par un lien; autrement dit, si le tout porte en lui-même la cause de
25 sa propre continuité : une chose est telle, parce que son mouvement est un et indivisible dans le lieu et dans le temps. Manifestement donc, s'il y a quelque être qui ait, par nature, un principe de mouvement qui soit du premier genre[1], et le premier de ce premier genre, je veux dire la translation circulaire [κυκλοφορία], cet être est la première entre les grandeurs qui soient unes[2]. – Ainsi, l'Un est, en ce sens, ou le continu ou le tout; c'est aussi ce dont la notion est une, telles les choses
30 dont il y a unité de pensée c'est-à-dire les choses dont la pensée est indivisible. Or la pensée indivisible est la pensée de ce qui est indivisible spécifiquement ou numériquement. – Numériquement donc, l'individu est indivisible; spécifiquement, c'est ce qui est indivisible sous le rapport de la connaissance et de la science, de sorte que doit être un au sens premier ce qui est la cause de l'unité des substances[3]. Telles sont donc les différentes significations de l'Un : le continu naturel, le tout,
35 l'individu et l'universel. Ce qui constitue l'unité pour tous ces
1052 b êtres, c'est l'indivisibilité du mouvement pour les uns, et, pour les autres, l'indivisibilité de la pensée ou de la notion.

On doit remarquer qu'il ne faut pas confondre la question de savoir quelles sortes de choses sont dites unes avec celle de savoir quelle est l'essence de l'Un et sa notion[4]. L'Un reçoit, en effet, toutes les acceptions que nous avons vues, et chacune

1. C'est-à-dire la translation (φορά), ou mouvement local.
2. Par exemple, une Sphère céleste.
3. A savoir, l'essence. C'est évidemment l'unité primordiale.
4. Distinction de l'extension et de la compréhension de l'Un.

des choses sera une, à laquelle appartiendra un des modes de 5
l'Un. Mais l'unité sera tantôt l'unité des choses que nous avons
indiquées, tantôt signifiera quelque autre unité plus voisine
du sens littéral du mot « un », tandis que les premiers modes
de l'Un [ἐκεῖνα] ont seulement l'unité en puissance[1]. Même
observation pour l'élément et la cause, si nous avons à déterminer, d'une part, les objets qui sont dits éléments ou causes,
et, d'autre part, à rendre la définition du mot « élément » ou
« cause ». En effet, en un sens, le Feu est un élément (et, peut- 10
être aussi, l'Infini[2], ou quelque autre chose analogue, est-il par
soi élément), mais, en un autre sens, il n'est pas élément : la
quiddité du Feu et celle de l'Élément ne sont pas identiques,
mais tandis que le Feu est un élément parce qu'il est une chose
déterminée et une nature propre, le nom d'élément signifie
qu'il lui arrive de posséder cette propriété d'entrer comme
principe immanent dans la constitution d'un être. Cette distinction s'applique aussi à la cause, à l'Un, à tous les termes 15
de cette sorte. Pour cette raison également, l'essence de l'Un
consiste dans l'indivisibilité, le fait d'être essentiellement une
chose déterminée et particulière, séparable selon le lieu ou la
forme, ou par la pensée[3] ; ou encore, c'est être un tout et un

---

1. Interprétation du Ps. Alex., 605, 1 *sq.* Hd. L'autre unité plus voisine du
sens du terme « un » est la mesure (τὸ μέτρον, l. 18). Quant au mot ἐκεῖνα, l. 7,
il se réfère aux quatre modes de l'unité indiqués précédemment (le continu, le
tout, l'individu et l'universel), qui sont un en un sens évidemment moins rigoureux que l'unité-mesure. Cf. Bonitz, *Metaph.*, 416.

2. Allusion à l'ἄπειρον d'Anaximandre.

3. Cf. Bonitz, *Metaph.*, 417, dont nous suivons le texte et l'interprétation :
*unitas notio in individua cernitur natura ; sed non ipsa unitas natura et essentia
est ejus quod dicitur unum, sed subjecta ei certa ac definita substantia, hoc
aliquid,* ὅπερ τῷδε ὄντι.

indivisible; mais c'est surtout être la mesure première de
chaque genre, et, tout spécialement, la mesure première de la
quantité car c'est de la quantité que l'Un a été étendu aux
20 autres catégories. La mesure, en effet, c'est ce par quoi la quantité est connue; c'est par l'Un ou par le nombre qu'est connue
la quantité en tant que quantité, et tout nombre est connu par
l'Un. Ainsi, toute quantité, en tant que quantité, est connue par
l'Un, et ce par quoi les quantités sont primitivement connues
est l'Un lui-même, et, par le fait, l'Un est le principe du
nombre en tant que nombre. De là vient que, pour les autres
25 catégories aussi, on appelle mesure ce par quoi primitivement
chaque chose est connue, et que la mesure des divers genres
d'êtres est l'unité, unité pour la longueur, pour la largeur, pour
la profondeur, pour la pesanteur, pour la vitesse. C'est que la
pesanteur et la vitesse sont quelque chose de commun à chacun
des deux contraires[1], car l'une et l'autre sont prises en un
double sens : par exemple, il y a la pesanteur de ce qui a un
poids quelconque et la pesanteur de ce qui a un excès de poids;
il y a la vitesse de ce qui a un mouvement quelconque, et la
30 vitesse de ce qui a un excès de mouvement, car même le lent a
une certaine vitesse, et le léger, un certain poids. – Dans tous
ces cas, il y a une mesure et un principe qui sont quelque chose
d'un et d'indivisible, puisque, même dans la mesure des
lignes, on considère le pied comme insécable; dans tous les
cas, en effet, la mesure cherchée, c'est quelque chose d'un et
d'indivisible. Or cette mesure, c'est le simple selon l'ordre de
35 la qualité ou de la quantité. Une chose à laquelle il ne

---

1. Le lourd et le léger, pour la pesanteur, par exemple.

semble pas pouvoir être rien ajouté ou retranché, telle est la
mesure qui est précise. C'est pourquoi la mesure du nombre est
la plus exacte : l'unité est, en effet, posée comme l'indivisible **1053 a**
absolu ; toutes les autres mesures n'en sont que des imitations.
Car si l'on ajoutait ou si l'on retranchait quelque chose au stade
ou au talent, et, en général, à une grande mesure, cette addition
ou cette soustraction nous échapperait plus aisément que si
on opérait sur une quantité plus petite, de telle sorte que la
première chose dont il n'est possible de rien retrancher d'une **5**
manière appréciable à la sensation, on en fait généralement
la mesure, soit des liquides ou des solides, soit de la pesanteur
ou de l'étendue, et l'on croit connaître la quantité quand on la
connaît au moyen de cette mesure. Et aussi la mesure du
mouvement, c'est le mouvement simple et le plus rapide, car
ce mouvement occupe le temps le plus court. C'est pourquoi,
en Astronomie, un Un de ce genre est principe et mesure : on **10**
admet que le mouvement du Ciel, auquel on rapporte tous les
autres, est un mouvement uniforme [κ . ὁμαλή] et le plus
rapide de tous. Et en Musique, l'unité est le demi-ton, car c'est
le plus petit intervalle, et, dans le mot, c'est la lettre. Tous ces
uns sont un en ce sens : non pas que l'Un soit quelque chose
de commun à tous, mais au sens qui a été indiqué. – Mais la
mesure n'est pas toujours numériquement une, il y a parfois **15**
multiplicité. Ainsi, le demi-ton, non pas le demi-ton perçu par
l'oreille, mais le demi-ton rationnel, est de deux sortes[1] ; de
même les sons articulés, par lesquels nous mesurons les

---

1. Selon Bonitz, *Metaph.*, 418, les deux διέσεις sont le demi-ton majeur
(ἀποτομή) et le demi-ton mineur (λεῖμμα).

paroles, sont multiples[1]; enfin la diagonale du carré et
son côté sont mesurés par deux quantités; et pour toutes les
grandeurs, il en est ainsi[2]. L'Un est donc la mesure de toutes
choses, en ce que nous connaissons les éléments qui consti-
20 tuent la substance, au moyen d'une division selon la quantité
ou selon la forme. Et l'Un est indivisible par ce fait que l'élément premier de chaque genre d'êtres est indivisible. Mais tout
n'est pas indivisible de la même manière, par exemple le pied
et l'unité : l'unité est absolument indivisible; par contre, le
pied, comme nous l'avons dit déjà, doit être placé[3] parmi les
choses qui sont indivisibles pour la perception, mais seulement pour elle, car tout continu est probablement divisible.
– D'ailleurs la mesure est toujours du même genre que l'objet
25 mesuré; les grandeurs se mesurent par la grandeur, et, en particulier, la longueur se mesure par la longueur, la largeur, par la
largeur, les sons, par le son, la pesanteur, par la pesanteur, les
unités, par l'unité : c'est bien ainsi qu'il le faut entendre, et ne
pas dire que la mesure des nombres est un nombre; on devrait
le dire, s'il s'agissait d'expressions correspondantes[4], mais en
réalité elles ne le sont pas; c'est comme si l'on prétendait que

---

1. « There is no one letter which is the measure of speech more than the
others. *A, e, i, o, u,* and again *b, c, d,* etc., are equally units of speech and not ne-
cessarily of equal length » (Ross, II, 283).

2. Une ligne, explique le Ps. Alex. (610, 4 Hd), est mesurée, ou par une mesure idéale, ou par une mesure concrète. Ross observe (trad. *ad. loc.*) que le con-
texte indique plutôt que les grandeurs incommensurables doivent être mesurées
par différentes unités (cf. aussi son *Commentaire*, II, 283).

3. Nous lisons ici, avec Ross (II, 283) θετέον, au lieu de ἐθέλει.

4. καίτοι ἔδει, εἰ ὁμοίως, *h. e.* καίτοι ἔδει λαμβάνειν τὸν ἀριθμὸν
μέτρον τῶν ἀριθμῶν, εἰ ὁμοίως ἐπὶ τούτω τε εἶχε καὶ ἐπ' ἐκείνοις
(Bonitz, *Metaph.*, 419).

la mesure des unités sont des unités et non une unité, puisque le 30
nombre est une pluralité d'unités. – Nous disons pareillement
que la science est la mesure des choses, ainsi que la sensation ;
c'est pour la même raison que tout à l'heure : notre connaissance des objets en dérive. En réalité, science et perception
sont plutôt mesurées que mesures. Il en est d'elles, à notre
égard, comme dans le cas où nous sommes mesurés par un
autre : nous savons quelle est notre taille, parce que la coudée a
été appliquée tant de fois sur nous. Mais Protagoras dit que 35
« l'homme est la mesure de toutes choses »[1], entendant par là
l'homme qui sait ou l'homme qui sent, c'est-à-dire l'homme 1053 b
qui a la connaissance sensible et l'homme qui a la science,
science et connaissance que nous disons précisément constituer la mesure des objets. Il n'y a donc rien à retenir de cette
doctrine, qui n'est remarquable qu'en apparence.

Il est donc clair que l'unité au sens strict, en donnant à ce
mot sa signification littérale, est une mesure, qu'elle est par
dessus tout la mesure de la quantité, et ensuite celle de la 5
qualité. Telle chose sera une, si elle est indivisible quantitativement, et telle autre, si elle est indivisible qualitativement.
Par conséquent, l'Un est indivisible, soit absolument, soit en
tant qu'un.

---

1. Platon, *Théét.*, fragment 1, 152 *a*.

2

< L'Un est un universel, coextensif à l'Être >

En ce qui concerne la substance et la nature de l'Un, il faut rechercher de quelle façon il existe. La question a été 10 posée dans notre livre des *Problèmes*[1]. Qu'est-ce que l'Un, et comment devons-nous le concevoir ? Considèrerons-nous l'Un lui-même comme une substance, suivant l'opinion des Pythagoriciens, en premier lieu, et de Platon ensuite ? Ou bien n'y a-t-il pas plutôt quelque réalité qui sert de sujet à l'Un, et ne faut-il pas ramener l'Un à un terme plus connu, et adopter de 15 préférence l'opinion des physiciens, qui prétendent, celui-ci[2] que l'Un, c'est l'Amitié, celui-là[3], que c'est l'Air, tel autre[4], que c'est l'Infini ?

S'il n'est pas possible que rien de ce qui est universel soit substance, comme nous l'avons dit dans nos livres de la substance et de l'Être[5], et si l'Être lui-même [αὐτὸ τοῦτο][6] ne peut pas être une substance comme une chose une et détermi-née, en dehors de la multiplicité sensible (car il est commun à

1. Cf. B, 4, 1001 *a* 4.

2. Empédocle.

3. Anaximène.

4. Anaximandre.

5. Cf. Z, 13, et H.

6. αὐτὸ τοῦτο se rapporte à τὸ ὄν (περὶ τοῦ ὄντος, l. 17). Cf. Ross II, 285. – Pour tout ce passage, jusqu'à la fin du chapitre, cf. Robin, *La Théorie Platonicienne*, p. 144 *sq.* et n. 168. Aristote veut démontrer, contre les Plato-niciens, que l'Être et l'Un, qui ailleurs se réciproquent, ne sont nullement le principe transcendant de l'unité et de l'existence, mais qu'ils sont, au contraire, exprimés immédiatement par les diverses catégories et qu'ils se déterminent par leurs attributions.

cette multiplicité), mais s'il est seulement un simple prédicat, il est évident que l'Un ne peut pas non plus être une substance, 20 car l'Être et l'Un sont les plus universels de tous les prédicats. Ainsi donc, d'un côté, les genres ne sont pas des réalités, ni des substances séparées des choses sensibles, et, d'un autre côté, l'Un ne peut être un genre, pour les mêmes raisons que l'Être et la substance ne peuvent pas être des genres. – De plus, il en est nécessairement ainsi si on envisage l'Un dans toutes les catégories, car l'Un et l'Être reçoivent les mêmes acceptions. Si 25 donc il y a dans les qualités quelque chose qui soit un, une nature déterminée, et s'il en est de même pour les quantités, il faut évidemment se poser, pour toutes les catégories, la question de la nature de l'Un, comme on se demande ce qu'est l'Être, étant donné qu'il ne suffit pas de répondre que la nature de l'Un est d'être un. Dans les couleurs, certes, l'Un est une couleur, à savoir le blanc, puisque les autres couleurs semblent bien venir du blanc et du noir, et que le noir n'est que la priva- 30 tion du blanc, comme l'obscurité est la privation de la lumière, car l'obscurité n'est réellement qu'une privation de lumière [1]. Si donc les êtres étaient des couleurs, les êtres seraient un nombre déterminé, mais de quelle espèce? Évidemment ce serait un nombre de couleurs, et l'Un serait un Un déterminé, à savoir le blanc. De même aussi, si les êtres étaient des sons 35 musicaux, ils seraient un nombre, mais un nombre de demi-tons, mais ce ne serait pas d'être nombre qui constituerait leur substance, et l'Un serait une chose déterminée dont la substance est, non pas l'Un, mais le demi-ton. De même encore, si 1054 a

---

1. La suppression de ce dernier membre de phrase, considéré comme une glose par Jaeger et Ross, ne s'impose pas.

les êtres étaient des sons articulés, ils seraient un nombre de lettres et l'Un serait la voyelle. Si enfin, les êtres étaient un nombre de figures rectilignes, ils formeraient un nombre de figures, et l'Un serait le triangle. Le même raisonnement s'applique à tous les autres genres de l'Être. Si donc, dans les
5 déterminations, dans les qualités, dans les quantités, dans le mouvement, il y a des nombres et une unité, si, dans toutes les catégories autres que la substance, le nombre est un nombre de choses particulières, et l'Un, un objet un déterminé, et que le fait d'être un n'est pas la substance de l'Un, dans les substances aussi il en est nécessairement de même, car l'Un se comporte de la même façon dans toutes les catégories.

Que donc l'Un soit, dans chaque genre, une nature
10 définie, et que jamais la nature de l'Un ne soit l'Un en soi, c'est ce qui est évident ; mais, de même que, dans les couleurs, il faut rechercher ce qu'est l'Un en soi, à savoir une couleur, de même il faut le rechercher dans les substances, et prendre une substance pour constituer l'Un en soi. Que l'Un et l'Être signifient, en un sens, une seule et même chose, cela résulte clairement de ce que l'Un est lié également à l'une quelconque des catégories et ne réside spécialement en aucune d'elles, par
15 exemple, ni dans la substance, ni dans la qualité, mais il se comporte de la même façon que l'Être envers les catégories ; cela résulte aussi de ce qu'on n'affirme rien de plus quand on dit « un homme » que quand on dit « homme », tout comme l'Être ne signifie rien, en dehors de la substance, de la qualité ou de la quantité ; c'est qu'enfin être un, c'est posséder l'existence individuelle.

3

< Unité et pluralité. Notions dérivées >

L'opposition de l'Un et du Multiple a lieu de plusieurs 20
manières : l'une d'elles, c'est l'opposition de l'Un et de la
pluralité, comme l'indivisible et le divisible, car le divisé ou
le divisible est appelé une pluralité, et l'indivisible ou le non-
divisé est appelé Un. Étant donné que les oppositions se font
de quatre manières, et que l'un des deux termes, « divisible » et
« indivisible », se dit selon la privation, il ne peut s'agir que
d'une opposition de contrariété, et non d'une opposition de
contradiction ou de relation[1]. L'Un s'exprime et s'explique 25
par son contraire, et l'indivisible, par le divisible, parce que
la pluralité et le divisible sont plus perceptibles aux sens que
l'indivisible, de sorte que la pluralité est logiquement antérieure à l'indivisible, à raison des conditions de la perception.

A l'Un, appartiennent, ainsi que nous l'avons décrit dans
notre division des contraires[2], le même, le semblable et l'égal, 30
et à la pluralité, l'autre, le dissemblable et l'inégal. – Le
« même » a différents sens ; dans un premier sens, nous le dési-
gnons parfois par l'expression « identité numérique » ; dans un
second sens, c'est quand il y a unité, tant dans la définition que
dans le nombre : par exemple, tu es un avec toi-même par la

---

1. Cf. Δ, 9, 1018 *a* 20. Sur ce passage difficile, Ross, II, 287. L'opposition
(ἀντίθεσις) comprend la contradiction (ἀντίφρασις), la contrariété (ἐναντιότης), la relation (πρὸς τι), la privation et la possession (στέρησις, ἕξις).
– La contradiction et la relation étant exclues, il reste la privation et la contrariété, mais la contrariété est la forme extrême de la privation.

2. Cf. Γ, 2, 1004 *a* 2.

35 forme et par la matière ; enfin, s'il y a unité de la définition de la
1054 b substance première : ainsi les lignes droites égales sont les
mêmes, comme aussi les quadrilatères égaux et équiangles [1] ; il
y a bien pluralité d'objets, mais, dans ces cas, égalité est unité.

Sont semblables les êtres qui, n'étant pas absolument les
mêmes, ni sans différence selon leur substance concrète, sont
5 identiques selon la forme. Par exemple, un quadrilatère plus
grand est semblable à un plus petit, des droites inégales sont
semblables, elles sont semblables et non absolument les
mêmes. – Sont encore semblables les êtres qui, ayant la même
forme, mais étant susceptibles de plus ou de moins, n'ont
cependant ni plus, ni moins. – De même, les êtres dont la qua-
10 lité est, par la forme, une et la même, par exemple le blanc,
mais est affectée du plus ou du moins, sont appelés semblables
à raison de l'unité de leur forme. – On nomme enfin semblables les êtres qui offrent plus de ressemblances que de différences, qu'il s'agisse soit des qualités en général, soit des qualités apparentes ; ainsi l'étain ressemble à l'agent en tant que
blanc [2], et l'or ressemble au feu en tant que jaune et rougeâtre.

D'après cela, il est évident que l'autre et le dissemblable se
prennent aussi en plusieurs acceptions. L'autre, en un sens, est
15 l'opposé du même, de sorte que tout, relativement à tout, est
identique ou différent. – Dans un autre sens, il y a altérité, s'il
n'y a pas à la fois unité de matière et de notion : tu es autre que

---

1. Contrairement à Christ, mais conformément à l'interprétation du
Ps. Alex. (615, 30 Hd), et de Bonitz (*Metaph.*, 425), nous supprimons τὰ devant
ἰσογώνια, l. 2.

2. Nous acceptons l'heureuse correction de Ross (II, 287), lequel, l. 13, lit ἢ
λευκόν, au lieu de ἢ χρυσῷ. Le Ps. Alex. passe d'ailleurs sous silence cette
dernière expression, que Bonitz et Christ placent entre crochets.

ton voisin. – Dans un troisième sens, l'altérité est comme dans les choses mathématiques. Aussi[1], l'autre ou le même peuvent-ils être affirmés de tout relativement à tout, pourvu qu'il y ait Un et Être. « Autre » n'est pas, en effet, le contradictoire de « même »; c'est pourquoi l'autre et le même ne sont 20 pas prédicats des choses non-existantes (« pas le même » peut être seulement prédicat dans ce cas), mais c'est toujours de choses existantes que l'autre et le même sont prédicats, car tout ce qui est Être et Un est, par sa nature, un ou non-un avec quelque autre chose[2].

Telle est l'opposition de l'autre et du même. Mais la différence et l'altérité sont des notions distinctes. Pour deux êtres qui sont autres, en effet, il n'est pas nécessaire que l'altérité porte sur quelque caractère défini, car tout ce qui est exis- 25 tant est autre ou le même; mais ce qui est différent doit différer d'une chose particulière par quelque endroit particulier, de sorte qu'il faut nécessairement qu'il y ait un élément identique par lequel les choses diffèrent. Cet élément identique, c'est le genre ou l'espèce, car tout ce qui diffère, diffère en genre ou en espèce : en genre, s'il n'y a pas matière commune ou génération réciproque, comme sont les choses qui appartiennent à des catégories différentes; en espèce, s'il y a identité de genre, 30 le genre étant défini l'élément identique, essentiellement affirmé de deux choses différentes.

---

1. διὰ τοῦτο, l. 18, que nous traduisons par « aussi » doit être compris comme rattachant la présente phrase à la l. 15, et signifie : « parce que l'autre est l'opposé du même » (Ross, II, 288).

2. *Quae contradictorie opposita sunt, veluti* ταὐτό et μὴ ταὐτό, *ea ad omnia pertinent et entia et non-entia et ubique discernunt verum et falsum; at* ταὐτό et ἕτερον *non pertinent nisi ad entia.* (Bonitz, *Metaph.*, 427).

Les contraires sont différents, et la contrariété est une sorte de différence. L'exactitude de cette hypothèse est démontrée par l'induction. Dans tous les contraires[1], il y a, en effet, visiblement, différence véritable et non pas pure altérité ; mais les uns sont autres par le genre, tandis que d'autres sont compris dans la même série de catégories, de sorte qu'ils appartiennent au même genre et qu'ils sont identiques par le genre. Nous avons déterminé ailleurs[2] quelles choses sont génériquement identiques, ou génériquement autres.

4

< La contrariété >

Il est possible que les choses qui diffèrent les unes des autres diffèrent plus ou moins ; il y a donc aussi une différence maxima [μεγίστη διαφορά], et je l'appelle contrariété. Que la contrariété soit la différence maxima, on peut le voir par induction. En effet, les êtres qui diffèrent en genre sont incommunicables, mais ils sont trop éloignés les uns des autres et incombinables [ἀσύμβλητα], tandis que pour les êtres qui diffèrent en espèce, c'est à partir des contraires, considérés comme extrêmes, que se fait la génération, et la distance des extrêmes, et, par conséquent aussi des contraires, est la distance maxima. – Mais, assurément, ce qu'il y a de plus grand dans chaque genre est achevé, parfait, car le plus grand est ce qui n'est pas susceptible d'être dépassé, et le parfait est ce au delà de quoi il

1. Nous lisons, l. 34, ταῦτα et non ταὐτά.
2. Cf. Δ, 28, 1024 b 9-16.

n'est pas possible de rien concevoir. La différence parfaite, en effet, est une fin, au même titre qu'on nomme parfait tout ce qui a pour caractère d'avoir atteint une fin, et, au delà de la fin, il n'y a rien, car, en toute chose, elle est le dernier terme et elle contient tout le reste ; c'est pour cela qu'il n'existe rien en 15 dehors de la fin, et que le parfait ne manque de rien. Dès lors il est évident que la contrariété est différence parfaite. Et, comme les contraires sont ainsi appelés en des sens divers[1], leur caractère de parfait correspondra aux différents modes de contrariété qui appartiennent aux contraires. – Cela étant, il est manifeste qu'il ne peut y avoir, pour une seule chose, plusieurs 20 contraires : d'abord il ne peut rien exister de plus extrême que l'extrême, et, pour une seule distance, il ne peut y avoir plus de deux extrémités ; ensuite, d'une façon générale, cela est évident, si la contrariété est une différence, et si la différence, et donc aussi la différence parfaite, existe entre deux termes. – Par suite, il est nécessaire aussi que les autres définitions des contraires[2] soient vraies, car non seulement la différence parfaite est la différence maxima (en effet, en dehors des choses différant par le genre, il n'est pas possible d'établir de diffé- 25 rence, et il en est de même pour les choses qui diffèrent par l'espèce ; car il a été démontré qu'entre une chose et les choses hors de son genre, il n'y a pas de différence concevable, tandis que, entre une chose et les autres choses rentrant dans le même genre[3], la différence parfaite est la différence maxima), mais

1. Cf. *infra*, 24-33.

2. Cf. Δ, 10, 1018 *a* 25.

3. Autrement dit : entre les choses de même espèce. – Tout ce passage est confus, et il semble d'ailleurs en contradiction avec ce qu'Aristote a dit plus

aussi les choses qui diffèrent le plus dans le même genre sont des contraires, car la différence parfaite est la différence maxima entre les espèces d'un même genre. De même aussi les choses qui diffèrent le plus dans un même sujet matériel qui les 30 reçoit, sont des contraires, car la matière est la même pour les contraires ; de même encore sont des contraires les choses qui diffèrent le plus sous la même puissance[1] ; en effet, il y a une science une pour un seul genre de choses, et c'est là que la différence parfaite est la différence maxima.

La contrariété première est la possession et la privation, non pas toute privation (car la privation se prend en plusieurs 35 acceptions), mais celle qui est privation parfaite. Tous les autres contraires sont ainsi nommés parce qu'ils dérivent de cette contrariété première, les uns, parce qu'ils la possèdent, d'autres, parce qu'ils la produisent ou sont en puissance de la produire, d'autres enfin, parce qu'ils sont acquisitions ou suppressions de ces contraires ou d'autres contraires. – Si l'oppo-1055 b sition comprend la contradiction, la privation, la contrariété, la relation, si l'opposition première est la contradiction, et si la contradiction n'admet aucun intermédiaire, tandis que pour les contraires il peut en exister, il est clair qu'il n'y a pas identité entre la contradiction et la contrariété. La privation, elle, est une sorte de contradiction. En effet, l'impossibilité absolue 5 de posséder, ou le fait de ne pas posséder ce qu'il est dans sa nature de posséder, telle est, pour un être, la privation absolue

haut (3, 1054 b 27) de la différence. Sur les conciliations proposées, cf. Ross, II, 291, dont nous suivons le texte et l'interprétation.

1. ὑπὸ τὴν αὐτὴν δύναμιν. «*Sub eadem potentia*», id est arte vel *scientia, nam scientia est potentia rationalis, ut in nono dictum est.* (Thomas, *Comm.*, 578, n. 2035).

ou la privation d'une manière déterminée. Car la privation se prend en plusieurs sens, nous l'avons déjà établi ailleurs[1]. La privation est donc bien une sorte de contradiction : c'est, ou bien une impuissance déterminée, ou bien une impuissance comprise et reçue dans un sujet. De là vient que la contradiction n'admet pas d'intermédiaire, tandis qu'il peut y en avoir pour la privation. Tout, en effet, est égal, ou tout est non-égal, mais tout n'est pas égal ou inégal, sinon seulement dans des 10 sujets qui reçoivent l'égalité. Si donc la génération, au sein de la matière, se fait à partir des contraires, et procède, soit de la forme et de la possession de la forme, soit de quelque privation de la forme et de la figure, il est évident que toute contrariété sera une privation, quoique toute privation ne soit probablement pas une contrariété (la cause en est que l'être qui est privé 15 peut être privé de plusieurs manières) ; en effet, seuls les termes extrêmes dont provient le changement sont des contraires. – On peut, du reste, s'en rendre compte par induction. En effet, toute contrariété est constituée par la privation d'un des contraires. Mais cette privation n'est pas toujours de même nature : l'inégalité est la privation de l'égalité, la dissemblance, de la ressemblance, et le vice, de la vertu. Mais la privation 20 est, comme nous l'avons dit, de différentes sortes. Tantôt elle est un simple manque, tantôt elle est relative au temps ou à quelque partie (par exemple, s'il y a privation à une certaine époque ou dans une partie essentielle), tantôt enfin elle est absolue. C'est pourquoi il peut exister un intermédiaire dans certaines espèces de privation (il y a, par exemple, l'homme

1. Cf. Δ, 22.

qui n'est ni bon, ni méchant), mais non dans d'autres : tout
nombre est nécessairement pair ou impair. Enfin des contraires
25 ont leur sujet déterminé, d'autres ne l'ont pas. Il est donc évident que toujours l'un des contraires est désigné comme étant
la privation de l'autre. Il suffira, du reste, que cela soit vrai
pour les premiers contraires, c'est-à-dire les genres des autres
contraires, tels que l'Un et le Multiple, car tous les autres s'y
ramènent.

5

< L'égal opposé au grand et au petit [1] >

30   Puisque une seule chose n'a qu'un seul contraire, on
pourrait se demander comment l'Un est opposé au Multiple,
et l'égal, au grand et au petit. L'interrogation disjonctive [τὸ
πότερον], en effet, procède toujours par opposition de deux
termes, comme quand nous demandons « est-ce blanc ou
noir ? », et « est-ce blanc ou non blanc ? », tandis que nous ne
disons pas « est-ce homme ou blanc ? », à moins d'établir, par
supposition, une incompatibilité de fait et de demander, par
35 exemple, « lequel des deux est venu, Cléon ou Socrate ? ».
Mais cette alternative, entre des choses qui ne sont pas opposées, n'a lieu, d'une façon nécessaire [2], dans aucun genre, et,
même alors, elle dérive de l'interrogation proprement dite où

---

1. L'objet de ce chapitre est de démontrer que l'opposition de l'égal au
grand et au petit n'est pas une opposition de contrariété et qu'elle doit être (1056
a 15) soit une contradiction, soit une privation.

2. Mais seulement par l'hypothèse.

les deux termes sont des opposés[1] : seuls, en effet, les opposés ne peuvent exister simultanément, et c'est cette incompatibilité qu'on affirme ici également quand on demande lequel des deux est venu, car s'il avait pu arriver à Cléon et à Socrate 1056 a de venir tous les deux ensemble, la question[2] serait ridicule ; mais, même dans ce cas[3], la question posée n'en tomberait pas moins sous une autre opposition, celle de l'Un ou du Multiple, savoir « sont-ils venus tous les deux, ou bien l'un des deux ? ». Si donc l'interrogation disjonctive est toujours relative aux opposés, et si l'on peut demander lequel des deux est plus 5 grand ou plus petit ou égal, quelle est l'opposition de l'égal au plus grand et au plus petit ? L'égal ne peut être, en effet, le contraire de l'un des deux seulement, ni de tous les deux ensemble ; car pourquoi serait-il le contraire plutôt du plus grand que du plus petit ? D'ailleurs l'égal est le contraire de l'inégal, de sorte qu'il serait le contraire de plus d'une chose. Mais si l'inégal signifie la même chose que le grand et le petit pris ensemble, l'égal sera opposé à tous les deux, et alors cette difficulté vient à l'appui de ceux[4] qui prétendent que l'inégal 10 est une dyade indivisible ; mais il résulte de là qu'une chose serait le contraire de deux autres, ce qui est impossible. En outre, l'égal est manifestement intermédiaire entre le grand et le petit, mais il paraît bien qu'aucune contrariété ne soit intermédiaire, ou, en vertu de sa définition, ne puisse l'être : la contrariété ne serait pas une différence parfaite si elle était un

1. Nous paraphrasons, pour faire saisir la pensée d'Aristote. Cf. sur ce passage, Thomas, *Comm.*, p. 586, n. 2060, et surtout Bonitz, *Metaph.*, 435.

2. Savoir : Si c'est Cléon ou Socrate qui est venu.

3. C'est-à-dire si Cléon et Socrate peuvent venir ensemble.

4. Les Platoniciens. Cf. N, 1, 1087 *b* 7.

intermédiaire, mais elle a plutôt toujours un intermédiaire
15 entre ses propres termes. – Il reste donc que l'égal est opposé
au grand et au petit, soit comme négation, soit comme privation[1]. Mais il ne peut pas être la négation ou la privation de
l'un des deux seulement, car pourquoi plutôt du grand que du
petit? Il est donc la négation privative [ἀπόφασις στερητική]
de tous les deux. Aussi est-ce relativement aux deux termes
que l'interrogation doit se poser et non pas seulement avec l'un
des deux. Par exemple, on ne dira pas : est-il plus grand ou
égal?, ou : est-il égal ou plus petit? Il y a toujours trois termes.
20 Mais il n'y a pas privation d'une manière nécessaire, car tout
ce qui n'est ni plus grand, ni plus petit, n'est pas égal, mais
seulement les êtres qui sont d'une nature telle qu'ils possèdent
ces attributs. – L'égal est ainsi ce qui n'est ni grand, ni petit,
tout en ayant, par sa nature, la propriété d'être grand ou petit. Il
est opposé au grand et au petit comme négation privative, et
c'est pour cela qu'il est aussi un intermédiaire. Et ce qui n'est
25 ni bon, ni mauvais est opposé au bon et au mauvais, mais ne
reçoit pas de nom; cela vient de ce que le Bien et le Mal présentent un sens variable selon les catégories, et de ce que le sujet
qui les reçoit n'est pas un. – Il y aurait plutôt un sujet un pour ce
qui n'est ni blanc, ni noir; et pourtant, même dans ce cas, il n'y
a pas de nom, bien que les couleurs, dont la négation est priva-
tivement affirmée, soient, en quelque sorte, limitées : il est
nécessaire, en effet, que la couleur soit ou brune, ou jaune,

---

1. Aristote ne parle pas de la relation, *quoniam tanquam* πρός τι *par pari
oppositum esse constat.* Bonitz, *Metaph.*, 436. Dans tout ce passage, «négation» a le sens de «contradiction». – L. 17, ἀπόφασις στερητική signifie, non
pas la contradiction pure et simple, mais celle qui est contenue *intra illud genus
rerum, quod recipiendae vel magnitudini vel exilitati idoneum est*.

ou de quelque autre teinte de cette nature. – N'est donc pas 30
fondée l'objection de ceux qui pensent qu'on peut s'exprimer
de la même façon dans tous les cas, de sorte qu'il y aurait alors,
entre une chaussure et une main, un intermédiaire, qui ne serait
ni chaussure, ni main, sous prétexte que ce qui n'est ni bon,
ni mauvais est intermédiaire entre le bon et le mauvais :
comme s'il existait un intermédiaire dans tous les cas ! Mais
cette conséquence n'est pas nécessaire. Dans le premier cas, il 35
y a négation jointe [συναπόφασις] de deux opposés entre des
choses qui admettent quelque intermédiaire et quelque intervalle naturel. Mais, entre les autres termes, il n'y a pas de 1056 b
différence possible[1], car les deux choses opposées qui font
l'objet d'une négation combinée appartiennent à des genres
différents, de sorte qu'il n'y a pas unité de sujet.

6

< L'Un et le Multiple >

Le même problème pourrait se poser au sujet de
l'opposition de l'Un et du Multiple. En effet, si le Multiple est
absolument opposé à l'Un, il en résulte des impossibilités[2]. 5

---

1. Ni par suite d'intermédiaire et d'intervalle. Cf. *supra*, 4, 1055 *a* 26. – La
συναπόφασις dont il est parlé est, dans le premier cas, ce qui n'est ni grand ni
petit, ou ni bon ni mauvais, et, dans le second cas, ce qui n'est ni chaussure ni
main. Pour l'interprétation de tout ce passage, cf. Bonitz, *Metaph.*, 437, dont
nous nous sommes inspiré.

2. Ces ἀδύνατα sont au nombre de trois. Aristote y répond *infra*, l. 14 *sq* :

1ʳᵉ obj. : (l. 5, 6). Si le Multiple est opposé à l'Un, comme il est aussi opposé
à ὀλίγον, l'Un sera ὀλίγον. – Rép. : Il faut distinguer le Multiple comme opposé
à ὀλίγον, et le Multiple au sens de nombre, lequel seul est opposé à l'Un ;

L'Un sera alors le peu nombreux [ὀλίγον] ou le petit nombre
[ὀλίγα][1], puisque le Multiple est opposé aussi au petit nombre.
De plus, le deux sera multiple, puisque le double est un multiple et que le double est nommé d'après le deux ; l'Un sera donc
le peu nombreux, car relativement à quoi le deux serait-il
multiple, si ce n'est à l'Un, qui est aussi le peu nombreux ? En
effet, rien n'est plus petit. Ensuite, il en sera du beaucoup
10 [πολύ] et du peu nombreux, dans la Multiplicité, comme du
long et du court dans la longueur, et ce qui est beaucoup est
aussi multiple, et le multiple est beaucoup (à moins, en vérité,
qu'il n'y ait une différence dans le cas d'un continu facile
à déterminer [ἐν συνεχεῖ εὑορίστῳ][2]), de sorte que le peu
nombreux sera une multiplicité, et c'est pourquoi l'Un sera
une multiplicité, s'il est aussi le peu nombreux ; conséquence
nécessaire si le deux est multiple. – En réalité[3], si l'on peut dire
15 que le Multiple est aussi, en un certain sens, le beaucoup, c'est
avec une différence : ainsi l'eau est beaucoup, mais elle n'est
pas un multiple. Mais le Multiple se dit de tout ce qui est

2ᵉ obj. : (l. 6-10). Le deux sera multiple et l'Un sera ὀλίγον, car c'est seulement comme opposé à l'Un que le deux est multiple. – Rép. : L'Un n'est pas
ὀλίγον, car le Multiple est opposé à l'Un dans un sens différent de celui où il est
opposé à ὀλίγον ;

3ᵉ obj. : (l. 10-14). Le beaucoup est multiple et *vice versa* ; donc l'ὀλίγον,
et par suite l'Un, sera une pluralité. – Rép. : Le deux n'est pas le beaucoup, au
sens où le beaucoup est opposé à ὀλίγον, mais seulement au sens où le Multiple
est opposé à l'Un.

1. ὀλίγον a le même sens que ὀλίγα. Le singulier s'explique parce que ἕν
est au singulier. Nous avons, en conséquence, traduit ὀλίγον par « peu nombreux » et ὀλίγα par « petit nombre ».

2. Par exemple, un fluide. Nous lisons εὑορίστῳ et non, avec le Ps. Alex.,
ἀορίστῳ.

3. Aristote va répondre aux trois difficultés soulevées. Cf. Ross, II, 296

divisible; en un sens, il signifie une multiplicité en excès, absolument ou relativement, tandis que le peu nombreux est, corrélativement, une multiplicité par défaut; en un autre sens, le Multiple signifie le nombre, et c'est en ce sens seulement qu'il est opposé à l'Un. On dit, en effet, Un ou Multiple, au **20** sens où l'on dirait un et uns, ou blanc et blancs, ou les choses mesurées par rapport à la mesure[1]. C'est en ce sens aussi que les multiples sont ainsi nommés. Chaque nombre, en effet, est dit multiple parce qu'il est composé d'uns et que chaque nombre est mesurable par l'Un, et il est multiple comme ce qui est opposé à l'Un et non au peu nombreux. De cette manière, **25** alors, le deux même est multiple, mais ce n'est pas en tant que multiplicité par excès, soit relativement, soit absolument: le deux est la première multiplicité. Mais le deux est le petit nombre d'une façon absolue, car c'est la première multiplicité par défaut (Anaxagore a donc eu tort[2] et s'est égaré, en disant que toutes choses étaient ensemble infinies en multiplicité et en petitesse [ἄπειρα καὶ πλήθει καὶ μικρότητι]; il aurait dû dire, au lieu de «en petitesse», «en petit nombre» **30** [ὀλιγότητι]; or les choses ne peuvent avoir été infinies en petit nombre[3]), puisque le peu nombreux n'est pas constitué

---

1. Nous lisons, avec Jaeger et Ross τὰ μεμετρημένα πρὸς τὸ μέτρον, – καὶ τὸ μετρητόν étant vraisemblablement une glose. Cf. Ross, II, 296.

2. Il faut lire, l. 28, οὐκ ὀρθῶς, la suppression de οὐκ (Christ) ne paraissant pas justifiée.

3. Anaxagore, fragment 1, qu'Aristote, à sa coutume, cite d'ailleurs inexactement. – L'argumentation de ce passage est subtile et Bonitz (*Metaph.*, 440) a renoncé à l'expliquer. Ce qu'Aristote reproche à Anaxagore, c'est d'avoir opposé la petitesse à la Multiplicité, car c'est le Petit nombre qui, en fait,

par l'Un, comme le prétendent certains philosophes, mais par le deux.

L'Un et le Multiple sont opposés dans les nombres, comme la mesure au mesurable. Ces notions sont opposées comme les relations qui ne sont pas des relations par soi. Nous avons vu
35 ailleurs[1] que les relatifs se prennent en deux sens : les relations comme celles des contraires entre eux, et les relations comme celle de la science à son objet, une chose étant dite alors rela-
1057 a tive par le fait que quelque autre chose est relative à elle. Rien n'empêche que l'Un ne soit plus petit que quelque chose, par exemple que le deux, car, s'il est plus petit, il n'est pas pour cela peu nombreux. La Multiplicité est comme le genre du nombre, car le nombre est une multiplicité mesurable par l'Un, et l'Un et le nombre sont, en un sens, opposés, non pas
5 comme contraires, mais comme nous avons dit que l'étaient certaines relations : c'est en tant que l'un est mesure et l'autre mesurable, que l'Un et le nombre sont opposés. C'est pourquoi tout ce qui est un n'est pas nombre, par exemple si c'est une chose indivisible[2]. Quoique la science soit dite, de la même manière, relative à son objet, la relation ne s'effectue pas de la même manière. La science paraîtrait, en effet, être la mesure, et le connaissable, le mesuré. Ce qui arrive en réalité, c'est que
10 toute science est connaissable, mais tout connaissable n'est pas science, parce que, en un sens, la science est mesurée par le

s'oppose à la Multiplicité. Et si Anaxagore avait dit que les choses sont infinies, en petit nombre, son erreur aurait été évidente : les choses ne peuvent par être infinies en petit nombre, puisque le deux est le petit nombre ἁπλῶς.

1. Δ, 15, 1021 *a* 2630.

2. Tel le point. Cf. Thomas, *Comm.*, p. 592, n. 2094, Christ met à tort ἀριθμός ἐστιν, l. 7, entre crochets.

connaissable. – Quant à la Multiplicité, elle n'est pas le contraire du peu nombreux : c'est le Beaucoup, qui est le contraire du peu nombreux, comme la multiplicité par excès est le contraire de la multiplicité par défaut. Elle n'est pas non plus absolument le contraire de l'Un ; mais, ainsi que nous l'avons dit, en un sens la Multiplicité et l'Un sont contraires, parce que la Multiplicité est divisible, et l'Un, indivisible ; en 15 un autre sens, ils sont relatifs, comme la science est relative au connaissable, si la Multiplicité est un nombre et si l'Un est la mesure du nombre.

7

< Les intermédiaires [1] >

Puisqu'entre les contraires il est possible qu'il existe un intermédiaire, et qu'en beaucoup de cas il en existe

---

1. Ce chapitre est passablement obscur. Voici le plan général, tel qu'il est présenté par Ross, II, 299. Aristote veut prouver que les μεταξύ sont composés de contraires. En effet :

1) Tous les μεταξύ sont dans le même genre que leurs extrêmes (l. 19-29), car : *a)* Le μεταξύ, c'est ce en quoi change d'abord ce qui change (l. 21) ; *b)* Impossibilité d'un changement d'un genre à un autre (l. 26) ;

2) Tous les μεταξύ sont entre des contraires (l. 30 *b* 2) car : *a)* Les μεταξύ sont entre des opposés (l. 0) ; *b)* Et seulement entre les contraires, à l'exclusion des autres opposés (l. 33 *b* 1) ;

3) Tous les intermédiaires entre des espèces contraires (c'est-à-dire rentrant dans le même genre) présupposent des intermédiaires entre des différences contraires, ne rentrant pas dans le même genre (*b* 4-22) ; et puisqu'il y a une différence intermédiaire composée de différences contraires, et que si un seul intermédiaire est composé de contraires, tous doivent l'être, il en résulte que tous les intermédiaires sont composés de contraires (*b* 22-32). Les chapitres 7 à 10 du livre I ne sont pas commentés par le Ps. Alex.

effectivement, les intermédiaires sont nécessairement composés de contraires.

En effet, tous les intermédiaires sont dans le même genre
20 que les êtres dont ils sont les intermédiaires. – Car nous appelons intermédiaires ce en quoi doit nécessairement d'abord se changer ce qui change : par exemple, si on veut passer graduellement de la corde la plus grave de la lyre à la plus haute, on passera d'abord par les tons intermédiaires ; dans les couleurs,
25 si l'on veut aller du blanc au noir, on passera par le rouge et le brun, avant d'arriver au noir ; de même pour tout le reste. – Et, d'autre part, il n'est pas possible qu'il y ait changement d'un genre à un autre genre, sinon par accident, comme, par exemple, de la couleur à la figure [1]. Il faut donc que les intermédiaires soient dans le même genre les uns que les autres, et dans le même genre que les êtres dont ils sont les intermédiaires.

30   Mais, d'un autre côté, tous les intermédiaires sont intermédiaires entre des opposés, car c'est seulement entre les opposés pris en soi que le changement peut s'opérer. C'est pourquoi un intermédiaire est impossible entre des choses qui ne sont pas opposées, sinon il y aurait un changement qui ne serait pas à partir des opposés. – Parmi les opposés, les contradictoires n'admettent pas de moyen terme. La contradiction consiste, en
35 effet, en une opposition dont l'un ou l'autre membre est nécessairement vrai d'un sujet quelconque, c'est-à-dire sans aucun intermédiaire. Les autres oppositions sont la relation, la privation, la contrariété. Des termes relatifs, ceux qui ne sont pas contraires n'admettent pas d'intermédiaire : la cause en est

---

1. Le blanc peut devenir carré, non en tant que blanc, mais en tant qu'étant autre que carré.

qu'ils ne sont pas dans le même genre. Quel serait, en effet, l'intermédiaire entre la science et le connaissable ? Mais il y en a un entre le grand et le petit.   1057 b

Si les intermédiaires sont dans le même genre, comme nous l'avons montré, et s'ils sont intermédiaires entre des contraires, il faut nécessairement qu'ils soient composés de ces contraires. En effet, ou les contraires tomberont sous un même genre, ou ils ne tomberont pas sous un même genre. – S'ils tombent sous 5 un même genre, de telle sorte qu'il y ait quelque chose d'antérieur aux contraires, les différences qui constituent les espèces contraires rentrant dans le genre seront des contraires antérieurs aux espèces, car les espèces sont composées du genre et des différences. Par exemple, si le blanc et le noir sont des contraires, et si le premier est une couleur dissociante [διακριτικὸν χρῶμα], et l'autre une couleur comprimante [συγκριτικὸν χρῶμα][1], ces différences, le dissociant et le comprimant, seront antérieures au blanc et au noir ; les 10 contraires qu'elles sont seront donc antérieurs l'un à l'autre. Mais, de plus, les différences contraires doivent être même plus contraires que les espèces contraires[2]. Les autres espèces, c'est-à-dire les espèces intermédiaires, seront composées de leur genre et de leurs différences ; par exemple, toutes les couleurs qui sont intermédiaires entre le blanc et le noir devront être dites composées du genre (le genre étant la

---

1. Sur le sens des termes διακριτικὸν (disgregativus) et συγκριτικὸν (congregativus), cf. Timée, 67 d et e.
2. Très douteux. Cf. Ross, II, 300. Nous adoptons la leçon de Bonitz, Metaph., 443. Aristote veut dire sans doute que les différences contraires sont plus contraires que les espèces contraires, comme étant les causes de la contrariété dans les espèces. Cf. aussi Thomas, Comm., p. 596, n. 2106.

15 couleur) et de certaines différences, mais ces différences ne
seront pas les premiers contraires [τὰ πρῶτα ἐναντία]¹, sinon
toute couleur serait ou blanche ou noire. Elles seront donc différentes des premiers contraires, et c'est pourquoi elles seront
intermédiaires entre les premiers contraires ; les premières différences sont le dissociant et le comprimant². Aussi convient-
il, en ce qui concerne ces contraires qui ne tombent pas sous un
20 même genre³, de rechercher d'abord de quoi sont composés
leurs intermédiaires. (Tous les contraires, en effet, rentrant
dans un même genre, doivent être composés de termes incomposés avec le genre, ou bien être eux-mêmes incomposés⁴).
Maintenant, les contraires, n'étant pas composés les uns des
autres, sont donc des principes⁵ ; mais les intermédiaires, ou
bien sont tous composés de contraires, ou bien aucun ne l'est⁶.
Mais il y a quelque chose composé de contraires, d'une nature
telle qu'il y aura changement d'un contraire à ce quelque chose

---

1. τὰ πρῶτα ἐναντία, *c'est-à-dire* τὸ διακριτικὸν καὶ τὸ
συγκριτικόν.

2. Thomas, *Comm.*, p. 597, n. 2108 expose clairement l'idée d'Aristote : *Et
quia, sicut se habent species ad species, ita se habent differentiae ad differentias : oportet quod sicut medii colores sunt species mediae inter species
contrarias, ita differentiae constitutivae earum sint mediae inter differentias
contrarias quae dicuntur prima contraria.* Cf. aussi Bonitz, *Metaph.*, 444.

3. Il s'agit toujours des πρῶτα ἐναντία, lesquels, en effet, n'appartiennent
pas au même genre mais le définissent.

4. Cette proposition (qui est une simple parenthèse), signifie que les espèces d'un même genre doivent être, ou bien composées du genre et de la différence spécifique, laquelle ne contient pas le genre, ou bien incomposées, ce qui est
incompatible avec la notion même d'espèce.

5. *Principia mutationis*, explique Bonitz, *Metaph.*, 444.

6. « Aucun ne l'est », *quia eadem ratio videtur de omnibus*. Et Thomas
(*Comm.*, p. 597, n. 2110) ajoute, pour enchaîner les deux propositions : *sed non
potest dici quod nullum, quia aliquod est medium...*

avant qu'il y en ait à l'autre contraire, car ce quelque chose doit être plus que l'un des contraires et moins que l'autre; 25 il sera donc, lui aussi[1], intermédiaire entre les contraires. Tous les autres intermédiaires seront donc aussi composés de contraires. En effet, être plus que l'un et moins que l'autre, c'est être composé, en quelque façon, des choses dont on est dit être plus ou être moins. Et puisqu'il n'y a rien d'autre antérieur aux contraires et de même genre, tous les intermédiaires seront composés des contraires. C'est pourquoi aussi, tous les termes 30 inférieurs [κάτω], que ce soient des contraires ou des intermédiaires, seront composés des premiers contraires[2]. Donc, que tous les intermédiaires appartiennent au même genre, qu'ils soient intermédiaires entre des contraires et qu'ils soient, absolument tous, composés des contraires, c'est ce qui est évident.

8

< L'altérité spécifique >

L'altérité spécifique est l'altérité d'une chose avec une 35 autre chose, dans quelque chose qui soit commune aux deux. Par exemple, si c'est un animal autre selon l'espèce, les deux êtres sont des animaux. Il est donc nécessaire que les êtres

---

1. Comme les espèces intermédiaires.
2. Interprétation difficile. « La signification probable est que chaque espèce extrême contient une seule différence comme élément logique, l'autre élément étant le genre, tandis que chaque espèce intermédiaire contient à la fois les deux différences (pour les couleurs, par exemple, le dissociant et le comprimant) », Ross, II, 300.

autres en espèce rentrent dans le même genre. J'appelle genre, en effet, ce qui constitue l'unité et l'identité de deux êtres, et qui est différencié dans ces êtres d'une façon qui 1058a n'est pas simplement accidentelle, soit qu'on le conçoive comme matière, ou autrement. Non seulement, en effet, il faut communauté entre deux êtres (ainsi, qu'ils soient tous deux des animaux), mais encore il faut que cela même, l'Animal, soit différent en chacun de ces deux êtres : ce sera, par exemple, pour l'un, le Cheval, et, pour l'autre, l'Homme. Par conséquent, ce genre commun à des êtres qui diffèrent spéci-
5 fiquement, est divers lui-même dans les diverses espèces. Dans un cas, on aura ainsi, par soi, telle espèce d'animal, et, dans un autre cas, telle autre : par exemple, tantôt un cheval, et tantôt un homme. La différence spécifique est donc néces-sairement une altérité du genre, car j'appelle différence dans le genre, l'altérité qui fait le genre lui-même autre.

Cette altérité sera donc une contrariété[1]. On peut le montrer aussi par induction. Toute division se fait par les
10 opposés, et il a été démontré que les contraires rentrent dans le même genre, puisque la contrariété est la différence parfaite et que la différence spécifique est toujours une différence de quelque chose en quelque chose, laquelle est ainsi la même pour les deux termes dont elle constitue le genre. De là vient aussi que tous les contraires qui sont différents selon l'espèce et non selon le genre, appartiennent à la même série de caté-
15 gories, ont entre eux une différence maxima, puisque la

---

1. Sur les difficultés que soulève le raisonnement d'Aristote, cf. Bonitz, *Metaph.*, 446. On voit mal, notamment, comment, de ce qui précède, Aristote peut conclure que l'altérité est une contrariété.

différence est parfaite, et s'excluent réciproquement. La différence est donc une contrariété. – L'altérité spécifique entre les êtres consistera donc en ce que, rentrant dans le même genre et étant indivisibles [ἄτομα][1], ils ont une contrariété; seront identiques spécifiquement, au contraire, les êtres qui, étant indivisibles, n'ont pas de contrariété. Nous disons «indivisibles», car, au cours de la division, on rencontre aussi des contrariétés dans les classes intermédiaires, avant d'arriver aux indivisibles[2]. Il est alors évident qu'en ce qui concerne ce 20 que nous appelons le genre, aucune des espèces du genre n'est, spécifiquement, soit la même que lui, soit autre que lui. (Cela s'explique : la matière, en effet, est connue par la négation de la forme, et le genre est la matière de ce dont il est dit le genre, non pas le genre pris au sens de «race», ainsi qu'on dit «les Héraclides», mais au sens d'élément constituant la nature d'un être). L'espèce du genre ne se comporte pas autrement qu'avec le genre, en ce qui concerne les êtres qui ne rentrent pas dans le même genre : il y aura alors différence de genre 25 avec ces êtres, et différence d'espèce avec les êtres rentrant dans le même genre. Il faut, en effet, que la différence de ce qui diffère spécifiquement soit une contrariété, et la contrariété ne peut exister qu'entre des êtres rentrant dans le même genre.

1. Soit les individus, soit les *infimae species* [τὰ ἄτομα εἴδη].
2. L'altérité spécifique n'existe qu'entre les ἄτομα εἴδη; s'il s'agit des classes intermédiaires plus hautes que les espèces, les contrariétés obtenues par la division du genre constituent plutôt une altérité générique.

9

< La différence spécifique est constituée par la contrariété dans l'essence >

On pourrait se demander pourquoi la femme ne diffère
30 pas spécifiquement de l'homme, femelle et mâle étant des
contraires, et leur différence spécifique, une contrariété; et
pourquoi un animal femelle et un animal mâle ne diffèrent pas
non plus spécifiquement, bien que cette différence soit une
différence essentielle de l'animal, et non comme la couleur
blanche ou noire, car c'est à l'animal en tant qu'animal que
« mâle » et « femelle » appartiennent. Cette difficulté revient
35 à peu près à celle-ci : pourquoi telle contrariété produit-elle
une différence spécifique, et telle autre, non? Par exemple, le
pédestre et l'ailé font des espèces différentes, mais non la
couleur blanche et la couleur noire. Ne serait-ce pas que les
premiers de ces caractères sont des modifications propres
au genre, tandis que les autres le sont moins? Et puisqu'il
y a, d'une part, la forme, et, de l'autre, la matière, les contra-
1058 b riétés qui résident dans la forme engendrent des différences
d'espèce, tandis que celles qui n'existent que dans l'être
considéré en tant que joint à sa matière [1], n'en engendrent pas.
C'est pourquoi, ni la blancheur de l'homme, ni sa couleur
noire ne constituent des différences spécifiques, et il n'y a pas
de différence spécifique entre l'homme blanc et l'homme noir,
quand même on leur donnerait un nom distinct. L'homme est,

---

1. Autrement dit, le σύνολον, l'être concret, composé de matière et de forme.

en effet, considéré ici comme matière, et la matière ne produit 5
pas de différence, car elle ne fait pas, des individus hommes,
des espèces de l'homme, bien qu'il y ait différence entre les
chairs et les os dont se compose tel ou tel homme ; le composé,
différent il est vrai, n'est pas différent spécifiquement, parce
que, dans l'essence, il n'y a pas contrariété, l'homme étant la
dernière et indivisible espèce[1]. Callias, c'est la forme avec la 10
matière ; et l'homme blanc est aussi forme et matière, parce
que Callias est blanc ; donc c'est seulement par accident que
l'homme est blanc[2]. Un cercle d'airain et un cercle de bois ne
diffèrent pas non plus en espèce[3], et si un triangle d'airain et un
cercle de bois diffèrent en espèce, ce n'est pas le fait de la
matière, mais c'est parce que, dans l'essence, il y a contrariété.
– Mais, demandera-t-on, la matière est-elle incapable de
produire des différences spécifiques dans les êtres, quand elle 15
est autre en quelque manière, ou bien y a-t-il un sens dans
lequel elle peut le faire[4] ? Pourquoi, en effet, tel cheval est-il

1. Cf. Thomas, *Comm.*, p. 605, n. 2132 : *sed hoc* [= τοῦτο, l. 9], *scilicet homo, est ultimum individuum secundum speciem, quia non dividitur ulterius divisione formali.* – Plus précisément, l. 9, τοῦτο = ὁ τοῦ ἀνθρώ που λόγος ou τὸ τοῦ ἀνθρώπου εἶδος (Bonitz, *Metaph.*, 448).

2. L'homme blanc est forme et matière parce que l'individu Callias est blanc ; le blanc est affirmé de l'homme, parce que tel ou tel homme est blanc. L'homme est donc blanc par accident, c'est-à-dire κατὰ τὸ σύνολον, et non selon l'essence et la forme, et c'est la raison pour laquelle le blanc n'entraîne pas une diversité spécifique (Bonitz, *Metaph.*, 449).

3. Nous lisons, avec Ross, l. 13, ξύλινος.

4. Thomas (*Comm.*, p. 606, n. 2133) a parfaitement expliqué tout ce passage. Il semblerait que la matière engendrât, d'une certaine façon, les différences spécifiques des êtres ; tel cheval est spécifiquement distinct de tel homme, et pourtant il est clair que la forme de l'un et de l'autre est liée à une matière indivi-

spécifiquement distinct de tel homme? La matière est pourtant
unie avec la forme de ces êtres. Mais, en réalité, ne serait-ce
pas parce qu'il y a contrariété dans leur forme? Il y a
contrariété aussi entre homme blanc et cheval noir, et c'est là
une contrariété spécifique, et non pas en tant que l'un est blanc,
20 et l'autre, noir, puisque, même si l'un et l'autre étaient blancs,
ils eussent différé cependant par l'espèce. Mais mâle et
femelle sont des modifications propres à l'animal, non pas
substantielles, mais matérielles et corporelles. Aussi la même
semence, subissant telle ou telle modification, devient-elle
mâle ou femelle.

Nous venons ainsi d'établir ce que c'est qu'être autre en
25 espèce, et pourquoi certains êtres seulement diffèrent spécifiquement, et non d'autres.

10

< Le corruptible et l'incorruptible diffèrent génériquement >

Les contraires étant différents spécifiquement, et le corruptible et l'incorruptible étant des contraires (car la privation est
une puissance déterminée[1]), le corruptible et l'incorruptible
sont nécessairement différents par le genre[2].

---

duelle. En réalité, répond Aristote, la cause de cette altérité spécifique réside
non dans la diversité de la matière, mais dans la contradiction formelle.

1. L. 27, nous lisons, avec Bekker, Bonitz et Ross, ἀδυναμία διωρισμένη,
au nominatif.

2. La conclusion est surprenante, et on attend plutôt εἴδει que γένει. Aussi
Bonitz (*Metaph.*, 449) lit-il εἴδει, mais il est obligé d'apporter la même
correction plus loin (1054 *a* 10). Ross (II, 305) préfère donner un sens spécial,
non technique, à γένος et à εἶδος, qu'il traduit respectivement par *espèce* et
forme. Mais, de toute façon, on doit bien admettre que le sens habituel de γένος

Mais nous n'avons parlé jusqu'ici que des termes universels eux-mêmes[1], et on pourrait en conséquence penser qu'il **30**
n'y a pas nécessairement de différence spécifique entre un être
corruptible quelconque et un être incorruptible quelconque, de
même qu'il n'en existe pas entre une chose blanche et une chose
noire. En effet, le même être peut posséder simultanément des
caractères contraires, s'il rentre dans les universaux : ainsi
l'homme peut être en même temps blanc et noir. Par contre, si
l'être est un individu, il peut encore les posséder, mais non
simultanément : le même homme peut être blanc, puis noir.
Pourtant le blanc est le contraire du noir. – Nous répondons **35**
que, parmi les contraires, les uns appartiennent par accident à
certains êtres : tels sont ceux dont nous parlions à l'instant, et

et d'εἶδος doit être respecté *in fine*, 1059 *a* 14. Ross est amené à supposer que le
dernier paragraphe du chapitre (l. 10-14), dirigé contre les Platoniciens, est
d'une rédaction postérieure : Aristote aurait utilisé, pour les besoins de sa polémique, une discussion sur le corruptible et l'incorruptible, qui était loin de
conduire d'abord à une pareille conclusion.

L'argument final d'Aristote nous semble, au contraire, rigoureusement lié
avec ce qui précède, et il est difficile d'admettre des sens différents, dans un
même chapitre, pour γένος et εἶδος. Il est plus prudent d'accepter le raisonnement d'Aristote et de conclure à une différence générique entre le corruptible
et l'incorruptible. Thomas (*Comm.*, p. 607, n° 2137[2]) a tenté l'explication
suivante : *Cum... concludendum quod corruptibile et incorruptibile differunt
specie, concludit quod sunt diversa genere. – Et hoc ideo, quia sicut forma et
actus pertinent ad speciem, ita materia et potentia pertinent ad genus. Unde
sicut contrarietas quae est secundum formas et actus, facit differentiam secundum sepciem, ita contrarietas quae est secundum potentiam* [*nam corruptibile
et incorruptibile opponuntur diversimode secundum potentiam et impotentiam,
ut demonst. supra* 2137], *facit generis diversitatem.*

1. *Notiones* τοῦ φθαρτοῦ *et* τοῦ ἀφθάρτου (Bonitz, *Metaph.*, 449).
– De ce que les *notions* de corruptible et d'incorruptible sont contraires, il ne
s'ensuit pas que dans tous les cas, une *chose* corruptible soit spécifiquement
différente d'une *chose* incorruptible.

bien d'autres encore ; pour d'autres, c'est impossible, et c'est
le cas du corruptible et de l'incorruptible, car rien n'est corruptible par accident : en effet, l'accident peut ne pas exister dans
les êtres, et le corruptible est un des attributs qui appartiennent
nécessairement aux choses auxquelles ils appartiennent, sinon

1059 a un seul et même être serait à la fois corruptible et incorruptible,
puisqu'il serait possible que le corruptible ne lui appartînt pas.
Le corruptible est donc nécessairement la substance de chacun
des êtres corruptibles, ou bien réside dans leur substance. Le
raisonnement serait le même pour l'incorruptible, car le corrup-

5 tible et l'incorruptible existent, l'un comme l'autre, nécessairement dans les êtres. Donc, ce en vertu de quoi et par quoi
immédiatement[1] une chose est corruptible et telle autre incorruptible renferme une opposition ; il en résulte que ces choses
sont nécessairement différentes par le genre.

Il est évident, d'après cela, qu'il ne peut y avoir d'Idées,
au sens où les admettent certains philosophes, car alors il y
aura l'homme sensible corruptible et l'Homme en soi incor-

10 ruptible ; et pourtant les Idées, affirment-ils, sont identiques
spécifiquement avec les individus, et non pas seulement homonymes ; or, il y a plus de distance entre les êtres qui diffèrent
par le genre qu'entre ceux qui diffèrent par l'espèce[2].

---

1. καθ' ὅ πρῶτον, c'est-à-dire *per quod tanquam principium* (Bonitz,
Metaph., 450).

2. Certains contraires (le blanc et le noir, par exemple) ne produisent même
pas de différence spécifique, tandis que d'autres (le corruptible et l'incorruptible) introduisent une différence plus profonde, qui est celle du genre. La doctrine des Idées se trouve ruinée par le fait même, puisque, entre l'Homme-en-soi
incorruptible et l'homme corruptible, il y a une différence non pas même spécifique, mais générique. Cf. Robin, *La Théorie Platonicienne*, p. 608, n. 26.

LIVRE K (XI)

Des doutes ont été élevés sur l'authenticité du livre K, notamment par Spengel et Christ. Ces doutes ont été causés surtout par des particularités stylistiques (par exemple la présence de γε μήν qui ne se trouve nulle part ailleurs dans Aristote), mais ils ne sont pas justifiés, et l'on s'accorde aujourd'hui à reconnaître l'authenticité générale du livre.

Quoi qu'il en soit, K comprend deux parties bien tranchées. La première moitié (chapitres 1-7) est une répétition de ΒΓΕ. Jaeger estime même que la rédaction de K est antérieure, comme se ressentant davantage de l'influence de Platon. La deuxième partie (8-12) est une compilation de la *Physique*. Ces extraits, faits avec beaucoup de maladresse et sans aucun soin, paraissent être l'œuvre d'un élève d'Aristote ; mais ils peuvent bien être aussi d'Aristote lui-même. Cette seconde partie, qui est rattachée assez artificiellement à la première, peut être considérée comme une introduction à la *Métaphysique*. [N.d.T.]

15 *titul.* 1

< *Récapitulation de B, 2-3* >

Que la Philosophie [σοφία] soit une science des principes,
c'est ce qui résulte avec évidence de la discussion que nous
avons instituée au début[1], relativement aux opinions des autres
20 philosophes sur les principes. Mais on pourrait se poser la
question de savoir s'il faut considérer la Philosophie comme
une science une ou multiple. Si c'est une science une, on peut
objecter qu'une seule science embrasse toujours les contraires; or les principes[2] ne sont pas contraires. Si elle n'est pas
une, quelle sorte de sciences faut-il admettre comme étant la
Philosophie? – En outre, appartient-il à une seule science, ou à
plusieurs, d'étudier les principes de la démonstration? Si c'est
25 le privilège d'une seule science, pourquoi plutôt de celle-ci
que de n'importe quelle autre? Si c'est le privilège de plusieurs
sciences, quelles sortes de sciences faut-il donc admettre?
De plus, la Philosophie a-t-elle, ou non, pour objet toutes les
substances? Si elle ne s'occupe pas de toutes les substances,
il est difficile de déterminer celles qui rentrent dans son
domaine. Mais si, étant une seule science, elle les étudie
toutes, on ne voit pas comment la même science peut embrasser plusieurs sujets. – En outre, porte-t-elle seulement sur les
substances, ou porte-t-elle aussi sur les accidents? S'il y a une
30 démonstration des accidents[3], il n'y en a pas des substances. Si

---

1. Cf. A, 3-10.
2. C'est-à-dire les quatre causes.
3. On doit lire ἀπόδειξίς ἐστιν, l. 31 et non l. 30, où tous les commentateurs modernes en opèrent la suppression.

substances et accidents sont les objets de deux sciences différentes, quelle est chacune d'elles, et laquelle est la Philosophie? Si nous la définissons comme démonstrative, la
science des accidents sera la Philosophie, mais si elle a pour
objets les réalités primordiales, c'est la science des substances
qui sera la Philosophie. – Ce n'est pas non plus sur les quatre
causes, dont nous avons parlé dans la *Physique*[1], que devra
porter la science que nous cherchons. Car, d'abord, elle ne 35
s'occupe pas de la cause finale : la fin, c'est la nature du Bien,
et le Bien ne se rencontre que dans le champ de la pratique et
dans les êtres en mouvement ; la fin (tel est son caractère) est le
premier moteur ; or il n'y a pas de premier moteur dans le cas
où il s'agit d'êtres immobiles. D'autre part, en général, le
problème se pose de savoir si, enfin, la science que nous
sommes en train de chercher est la science des substances
sensibles, ou non, mais si elle porte sur d'autres substances. Si 1059 b
elle porte sur d'autres substances, ce sera ou sur les Idées, ou
sur les Choses mathématiques. Pour les Idées, il est évident
qu'elles n'existent pas, et il resterait encore une difficulté,
même si on admet leur existence : pourquoi n'en est-il pas pour
tous les êtres dont il y a des Idées, comme pour les Choses
mathématiques? Je m'explique : les Platoniciens font des 5
Choses mathématiques quelque chose d'intermédiaire entre
les choses mathématiques sensibles et leurs Idées, et comme
une troisième classe d'êtres s'ajoutant aux Idées et aux choses
d'ici-bas, alors qu'il n'y a pas < pour eux > un troisième
homme, ni un troisième cheval, en dehors de l'Homme en soi

1. *Phys.*, II, 3.

et de l'homme individuel, ou du Cheval en soi et du cheval individuel[1]. Que si, à leur tour, ces Choses mathématiques intermédiaires, dont ces philosophes parlent, n'existent 10 elles-mêmes pas, de quelles choses faut-il dire que s'occupe le mathématicien? Ce n'est assurément pas des objets sensibles, car aucun d'eux ne possède les propriétés requises par les sciences mathématiques. Pas davantage, la science que nous cherchons présentement ne porte sur les Choses mathématiques, car aucune d'elles n'est un être séparé, et elle ne porte pas non plus sur les substances sensibles, puisque celles-ci sont corruptibles.

D'une manière générale, on pourrait se demander à quelle 15 science appartient l'étude des difficultés sur la matière des Choses mathématiques[2]. Ce n'est pas à la Physique, car toutes les spéculations du physicien ont pour objet des êtres qui ont en eux-mêmes le principe du mouvement ou du repos; ce n'est pas non plus à la science qui traite de la démonstration et de la science, car la démonstration et la science sont précisément ce 20 qui fait l'objet de son investigation[3]. – Il reste que c'est notre science, la Philosophie première, qui s'occupe de cette étude. – Autre problème : faut-il poser la science que nous cherchons comme relative aux principes, appelés éléments par quelques philosophes[4]? Tout le monde admet que les éléments sont

---

1. Pour ce difficile passage, nous avons suivi l'interprétation de Robin, *La Théorie Platonicienne*, p. 611, n. 51-V.

2. C'est-à-dire la ὕλη νοητή (la matière intelligible, l'espace).

3. C'est-à-dire la Logique; la Logique ne peut avoir pour objet la matière intelligible des mathématiques, car elle est tout entière absorbée par l'étude de la démonstration et de la science.

4. Allusion aux physiologues.

immanents aux composés. Mais la science que nous cherchons paraîtrait plutôt être la science des universaux, 25 car il n'y a de définition et de science que de l'universel et non pas des individus [τὰ ἔσχατα][1]. Elle serait donc la science des genres suprêmes ; ces genres seront l'Être et l'Un, car ce sont eux qu'on peut surtout regarder comme embrassant tous les êtres, et comme ayant le plus le caractère de principes, parce qu'ils sont premiers par leur nature : l'Être et l'Un, en effet, une fois supprimés, tout le reste 30 disparaît en même temps, car toute chose est être et un. D'un autre côté, si on pose l'Être et l'Un comme des genres, les différences participeront nécessairement de l'Être et de l'Un, alors qu'en fait, aucune différence ne participe de son genre ; pour cette raison, l'Être et l'Un ne sembleraient pas devoir être posés comme genres, ni comme principes[2]. Ensuite le plus simple est plus principe que ce qui est moins simple ; or les espèces dernières comprises dans le genre étant plus simples que leur genre (car elles sont indivisibles, tandis que le genre peut se diviser en une multitude

---

1. Cf. Thomas, *Comm.*, p. 617 : « *extremorum* », *id est particularium*; Bonitz, *Metaph.*, 454.

2. Cf. note *ad* A, 3, 998 *b* 25. – Que l'Être et l'Un ne soient pas des genres, Aristote le démontre de la façon suivante : aucune différence ne participe du genre. « Raisonnable », différence spécifique de l'espèce « homme », ne participe pas du genre « animal », c'est l'espèce « homme » qui participe du genre « animal »; autrement, les différences deviendraient des sujets dont les genres seraient attributs, tandis qu'elles ne sont que de simples qualités. D'autre part, il n'est pas niable que les différences participent de l'Être et de l'Un, car une différence est, comme toute chose, être et un. Donc l'Être et l'Un ne sont pas des genres.

d'espèces différentes), les espèces seront, semble-t-il bien,
plus principes que les genres. Mais, en tant que la suppression
du genre entraîne celle de l'espèce, les genres ont plutôt le
1060 a caractère de principes, car est principe ce qui, étant supprimé,
entraîne tout avec soi. – Telles sont donc les difficultés que
l'on peut se poser, et bien d'autres semblables.

2

< Récapitulation de B, 4-6 >

De plus, faut-il poser, ou non, quelque chose en dehors des
individus ? Est-ce des individus que traite la science que nous
5 cherchons ? Mais ces individus sont en nombre infini. D'un
autre côté, ce qui est en dehors des individus, ce sont les genres
ou les espèces ; or ni les uns, ni les autres ne sont l'objet de la
science présentement cherchée. Nous avons dit pourquoi
c'était impossible. D'une façon générale, en effet, le problème
est de savoir s'il faut, ou non, admettre l'existence d'une
substance séparée, en dehors des substances sensibles, c'est-
à-dire des substances de ce monde, ou bien admettre que ces
10 dernières sont les seuls êtres et qu'elles sont l'objet de la philosophie. Car nous cherchons sans doute quelque autre substance, et notre but c'est de voir s'il y a quelque chose de séparé
par soi, et non immanent aux êtres sensibles. Ensuite, s'il existe
quelque autre substance en dehors des substances sensibles, en
dehors de quelles substances sensibles correspondantes faut-il
admettre qu'elle existe ? Pourquoi, en effet, dirait-on que cette
15 substance séparée existe plutôt en dehors des hommes ou des
chevaux que des autres animaux, ou des êtres inanimés en

général? Et, d'autre part, constituer des substances autres et éternelles en nombre égal aux substances sensibles et corruptibles, semblerait dépasser les bornes du vraisemblable. Mais si le principe, que nous sommes en train de chercher, n'est pas séparé des corps, quel principe pourrait-on poser qui 20 fût préférable à la matière? La matière, cependant, n'existe pas en acte, elle n'existe qu'en puissance. D'après cela, la forme et la figure sembleraient bien posséder plus de droits au titre de principe que la matière. Mais la forme est, <dans l'opinion commune>, corruptible, de sorte qu'il n'y a absolument aucune substance éternelle, séparée et par soi. Or cela est absurde ; il y en a évidemment quelqu'une : presque tous les esprits les plus distingués se sont occupés de cette recherche, 25 convaincus de l'existence d'un principe et d'une substance de ce genre. Comment, en effet, l'ordre existerait-il sans quelque Être éternel, séparé et permanent?

En outre, s'il y a une substance ou un principe tel par nature que celui que nous cherchons présentement, et s'il est unique pour toutes choses, aussi bien pour les êtres éternels que pour les êtres corruptibles, la question se pose de savoir pourquoi, enfin, si le principe est le même, certains êtres qui tombent 30 sous ce principe sont éternels, tandis que d'autres ne sont pas éternels? C'est là, en effet, une anomalie. Mais s'il existe un principe des êtres corruptibles, et, d'autre part, un principe des êtres éternels, la difficulté sera la même si le principe des êtres corruptibles, aussi bien que celui de êtres éternels, est éternel : pourquoi, en effet, si le principe est éternel, les choses qui tombent sous le principe ne sont-elles pas aussi éternelles? Mais s'il est corruptible, il procède d'un autre principe, 35

celui-ci, d'un autre, et on ira ainsi à l'infini. – Si, d'un autre
côté, on admet pour principes les choses qui paraissent les
principes les plus immobiles, à savoir l'Être et l'Un; d'abord si
ni l'un ni l'autre de ces deux principes ne signifient ni une
1060 b réalité individuelle, ni une substance, comment existeront-ils à
l'état séparé et par soi? Or tels sont les caractères que nous
cherchons dans les principes éternels et primordiaux. Mais si
l'Un et l'Être expriment une réalité déterminée et une substance, tous les êtres seront des substances, car l'Être est
5 affirmé de tous les êtres, et l'Un d'un certain nombre d'êtres[1].
Or il est faux que tous les êtres soient des substances. En outre,
les philosophes[2] qui prétendent que le premier principe c'est
l'Un, et que l'Un est substance; qui, de l'Un et de la matière,
engendrent le Nombre premier[3] et qui disent que ce nombre
premier est substance, comment peuvent-ils être dans le vrai?
10 Comment comprendre, en effet, l'unité de la Dyade et de
chacun des autres nombres composés? Sur ce sujet on reste
muet, et il n'est d'ailleurs pas facile de répondre. Mais si l'on
pose comme principes les lignes ou ce qui en dérive (je veux
dire les surfaces premières[4]), ces choses-là, du moins, ne sont
pas des substances séparées, ce sont des sections, des divi-
15 sions, les premières, des surfaces, les autres, des corps, et les
points, des lignes; et, en outre, elles sont les limites de ces
mêmes corps; et tous ces êtres existent dans d'autres êtres, et
aucun d'eux n'est séparé. Ensuite, comment concevoir une

---

1. En réalité l'Être et l'Un se réciproquent, et la restriction d'Aristote en ce
qui concerne l'Un est injustifiable.
2. Les Pythagoriciens et Platon.
3. Savoir, le Nombre idéal.
4. Les Surfaces idéales.

substance de l'Un et du point? De toute substance, il y a
processus de génération, mais non pas du point, car le point est
une simple division. – Une autre difficulté se présente : c'est 20
que toute science a pour objet l'universel et telle qualité de la
chose, tandis que la substance n'est pas l'universel, mais plutôt
l'être individuel et séparé; si donc la science traite des principes, comment faut-il concevoir que le principe soit une substance? – De plus, existe-t-il, ou non, quelque chose distincte
du composé? J'entends par composé la matière et ce qui est uni 25
à elle. S'il n'y a rien, on dira que tout ce qui est matériel est
corruptible; s'il y a quelque chose, ce sera la forme et la figure.
Mais dans quels cas la forme est indépendante, et dans quel cas
elle ne l'est pas, c'est ce qu'il est difficile de déterminer, car,
dans certains cas, la forme n'est évidemment pas séparée, par
exemple pour une maison[1]. – Enfin les principes sont-ils
identiques spécifiquement ou numériquement? S'ils sont
identiques numériquement, toutes choses seront identiques.   30

3

< Détermination de l'objet de la Philosophie première[2] >

La science du philosophe est celle de l'Être en tant qu'être,
pris universellement et non dans l'une de ses parties; et l'Être
s'entend de plusieurs manières, car il n'a pas une signification
unique. Si donc il n'y a qu'homonymie, et s'il n'y a pas quelque
chose de réellement commun entre les divers sens du terme

1. Pas plus d'ailleurs que pour les négations ou les relatifs.
2. Cf. Γ, 1 et 2.

« être », l'Être ne tombe pas sous une seule science (puisqu'il
n'y a pas unité de genre entre les diverses significations d'un
terme homonyme). Mais s'il y a quelque chose de commun,
35 alors l'étude de l'Être appartiendra à une seule science. Or ce
terme est employé, semble-t-il, au sens que nous avons indiqué, de la même façon que le médical et le sain. Médical et sain
se prennent, en effet, sous plusieurs acceptions, et chacune des
1061 a acceptions de ces termes a quelque rapport, soit à la science
médicale, soit à la santé, soit à quelque autre chose, mais, en
chaque cas, à une notion identique. Médical se dit en effet du
raisonnement et du scalpel, parce que l'un vient de la science
5 médicale, et que l'autre est utile à cette science. De même pour
le sain : tel objet est sain, parce qu'il est le signe de la santé, et
tel autre parce qu'il la produit. Il en est ainsi pour tout le reste.
De la même façon alors est dit Être tout ce qui est ; chaque
chose qui est, est dite être, parce qu'elle est, de l'Être en tant
qu'être, soit une affection, soit un état, soit une disposition,
soit un mouvement, soit enfin quelque autre chose de ce genre.
10 Et tout ce qui est pouvant se rapporter à une notion utile et
commune, chacune des contrariétés peut se ramener aussi
aux premières différences et contrariétés de l'Être, soit qu'on
regarde comme premières différences de l'Être la multiplicité
et l'unité, ou la ressemblance et la dissemblance, ou bien quelques autres différences : question que nous pouvons consi-
15 dérer comme déjà examinée [1]. Peu importe que l'on réduise ce
qui est à l'Être ou à l'Un. Même, en effet, si l'Être et l'Un ne

---

1. Dans le *De Bono*, suivant le Ps. Alex., 643, 2 Hd.

sont pas identiques mais autres, ils se réciproquent tout au moins, car l'Un est aussi l'Être, en un sens, et l'Être, l'Un.

Puisque tous les couples de contraires relèvent de l'étude d'une seule et même science, et que, dans chaque couple, un terme est la privation de l'autre, on pourrait se demander 20 comment, pour certains contraires, il y a relation selon la privation, quand, par exemple, il existe un moyen terme [μέσον τι] entre les contraires, comme l'injuste et le juste. Dans tous les cas de ce genre, il faut répondre qu'il n'y a pas privation de tous les éléments compris dans la définition, mais seulement de la dernière différence. Par exemple, si le juste est celui qui se conforme aux lois en vertu de quelque disposition permanente [ἕξις][1], le non-juste[2] pourra ne pas être abso- 25 lument privé de tout ce qui est compris dans la définition du juste, mais il peut être simplement celui qui manque, sous quelque rapport, à l'obéissance due aux lois, et c'est seulement sous ce rapport qu'il y aura en lui privation de la Justice[3]. Il en sera de même pour tout le reste.

Nous voyons le mathématicien faire porter ses investiga- tions sur des abstractions [τὰ ἐξ ἀφαιρέσεως][4]; il considère, en effet, son objet en faisant abstraction de tous ses caractères 30

---

1. *Éth. Nicom.*, V, 1, 1129 *b* 11.

2. L. 22, ἄδικος est l'injuste, l. 25 c'est seulement le non-juste, celui qui n'est pas absolument injuste.

3. Sur tout ce passage, cf. Thomas, *Comm.*, p. 626, n. 2200-2201 et Ross, II, 313.

4. Ce terme désigne *eae notiones cujusque partes quae cogitatione sepa- rari possunt* (Bonitz, *Ind. arist.*, 441 *a* 49 et 126 *b* 16). Ce sont des abstractions ou des produits d'abstraction, par opposition aux êtres physiques, qui sont des résultats d'addition (τὰ ἐκ προσθέσεως). Cf. sur cette terminologie, Hamelin, *Physique* II, p. 64, Mansion, *Intr. à la Physique*, p. 73.

sensibles, tels que la pesanteur et la légèreté, la dureté et son
contraire, ainsi que la chaleur et le froid et tous autres couples
contraires d'ordre sensible; il conserve seulement la quantité
et le continu à une, à deux ou à trois dimensions, avec les attributs de ces objets tant qu'ils sont affectés de quantité et de
35 continu, et il ne les étudie point sous d'autres rapports; de
certains de ces objets, il considère les positions relatives et les
déterminations de celles-ci; pour d'autres, il examine leurs
1061 b rapports de commensurabilité et d'incommensurabilité; pour
d'autres, enfin, ce sont les proportions; et cependant, de tous
ces objets nous ne posons qu'une seule et même science, la
Géométrie. Il en est de même pour l'Être. En effet, les accidents de l'Être, en tant qu'il est être, et les contrariétés de l'Être
5 en tant qu'être, il n'appartient pas à une autre science qu'à la
Philosophie de les étudier. En ce qui concerne la Physique, en
effet, c'est, non pas en tant qu'être, mais plutôt en tant que
l'Être participe du mouvement, qu'on pourrait lui assigner
l'étude de l'Être. Quant à la Dialectique et à la Sophistique,
elles s'occupent des accidents des êtres, et non pas des êtres en
tant qu'êtres, ni de l'Être par soi en tant qu'être. Il reste donc
10 que c'est le philosophe qui traite des objets dont nous avons
parlé, en tant qu'ils sont des êtres. Puisque tout ce qui est, est
dit être, en vertu de quelque chose d'un et de commun, quoique
en des sens multiples; que les contraires sont dans le même cas
(car ils se ramènent aux premières contrariétés et différences
de l'Être), et puisqu'enfin une seule science peut embrasser
15 tous ces objets, ainsi se trouve résolue la difficulté que nous
avions posée au début, je veux dire la difficulté savoir

comment des êtres multiples et différents par le genre peuvent être l'objet d'une seule science.

4

< La Philosophie est distincte des Mathématiques et de la Physique >

Puisque le mathématicien se sert de principes communs [κοινά][1] mais appliqués d'une manière spéciale, les principes des mathématiques doivent rentrer aussi dans le domaine de la Philosophie première. L'axiome suivant lequel « si de choses égales, on retranche des choses égales, les restes sont égaux », **20** est commun à toutes les quantités, mais la Mathématique, considérant à part une certaine partie de son propre sujet, en fait l'objet de son étude, par exemple les lignes, ou les angles, ou les nombres, ou quelque autre espèce de quantité, non pas en tant qu'êtres, mais en tant que chacune de ces espèces est un continu à une, deux ou trois dimensions. Au contraire, la Philo- **25** sophie ne s'occupe point des objets particuliers en tant que chacun d'eux a quelque accident, mais elle traite de l'Être, en tant que chacun de ces objets particuliers est un être[2]. Il en est de la science physique comme de la science mathématique : la Physique étudie les accidents et les principes des êtres, en tant que mus et non en tant qu'êtres, au lieu que la Science première, ainsi que nous l'avons dit, étudie les choses seulement en tant **30** que les substrats sont des êtres et non sous quelque autre

---

1. τὰ κοινά = τὰ ἀξιώματα. Sur ce chapitre, cf. Γ, 3.
2. Sur la construction pénible de cette phrase, cf. Ross, II, 314.

rapport. C'est pourquoi la Physique et les Mathématiques ne doivent être regardées que comme des parties de la Philosophie[1].

5

< Le principe de contradiction >

Il y a, dans les êtres, un principe au sujet duquel on ne peut pas se tromper, mais dont, au contraire, nous devons toujours
35 reconnaître la vérité. C'est le suivant : « Il n'est pas possible que la même chose soit et ne soit pas, en un seul et même
1062 a temps », et il en est de même pour tout autre couple semblable d'opposés[2]. De telles vérités ne comportent pas de démonstration proprement dite, mais seulement une preuve *ad hominem* [πρὸς τόνδε]. Il n'y a pas, en effet, de principe plus certain que celui-là, et duquel on puisse déduire cette vérité ; pourtant il le faudrait, pour qu'il y eût démonstration au sens propre.
5 Mais à celui qui prétend que les assertions contradictoires sont également vraies, si l'on veut démontrer qu'il est dans le faux, il faut lui faire admettre quelque proposition, qui soit identique avec le principe que la même chose ne peut pas, à la fois, être et ne pas être dans un seul et même temps, mais qui cependant ne lui paraisse pas identique. C'est la seule manière de réfuter
10 celui qui prétend qu'il est possible que des propositions contradictoires, portant sur un même objet, soient vraies en même temps. Ceux donc qui veulent entrer en discussion l'un

---

1. « Philosophie » est pris ici au sens large.
2. C'est-à-dire « *A* est *B* » et « *A* n'est pas *B* », dont « *A* est » et « *A* n'est pas » est seulement une espèce.

avec l'autre, doivent se rencontrer entre eux sur quelque point ;
sans la réalisation de cette condition, comment pourraient-ils
entrer en discussion l'un avec l'autre ? Il faut ainsi que chaque
mot soit intelligible, et qu'il exprime une chose, non pas
plusieurs, mais une seule, et, si en fait il signifie plusieurs 15
choses, on doit indiquer clairement à laquelle de ces choses
s'applique le mot. – Donc, celui qui dit que telle chose est et
n'est pas, ce qu'il dit, il ne le dit pas, et, par conséquent, ce que
le mot signifie, il dit qu'il ne le signifie pas, ce qui est
impossible. Si donc l'expression « telle chose est » a un sens, il
est impossible d'affirmer la vérité de sa contradictoire. – De 20
plus, si le mot signifie quelque chose et si cette signification est
affirmée comme vraie d'un sujet, le sujet doit nécessairement
posséder ce caractère ; or il n'est pas possible que ce qui est
nécessairement puisse jamais ne pas être. Des affirmations et
des négations opposées ne peuvent donc pas être vraies du
même sujet[1]. – Ensuite, si l'affirmation n'est pas plus vraie
que la négation, dire « homme, ou « non-homme » ne sera pas
plus exprimer la vérité dans un cas que dans l'autre. Il semble- 25
rait aussi que dire que l'homme n'est pas un cheval, ce serait
être plus dans le vrai, en tout cas n'être pas moins dans le vrai,
que de dire qu'il n'est pas un homme ; de sorte qu'on serait
aussi dans le vrai en disant que le même homme est un cheval,
puisqu'on affirmait que les contradictoires peuvent être également vraies. Il en résulte que le même être est un homme et un
cheval, ou tout autre animal.   30

1. Cf. Γ, 4, 1006 *b* 28, où le même argument est exposé plus clairement.
Cf. aussi Ps. Alex., 650, 9 Hd.

Ainsi donc, il n'y a aucune démonstration proprement dite de ces vérités; il existe cependant une démonstration suffisante contre celui qui utilise de tels arguments. Et peut-être qu'en interrogeant Héraclite lui-même en ce sens, on l'eût réduit à confesser qu'il n'est jamais possible que des propositions contradictoires soient vraies, en même temps, pour les 35 mêmes choses. En réalité, c'est pour n'avoir pas bien compris ce qu'il voulait dire qu'Héraclite a professé cette opinion. 1062 b Mais, en tout cas, si ce qui a été dit par lui est vrai, cela même ne sera pas vrai, à savoir que la même chose peut, en un seul et même temps, être et n'être pas [1]. En effet, de même, que si les propositions sont séparées, l'affirmation n'est pas plus vraie que la négation, de la même manière aussi, si l'affirmation et la 5 négation sont couplées et réunies pour former comme une seule affirmation, l'ensemble de l'affirmation et de la négation pris comme une affirmation, ne sera pas plus vrai que la négation totale correspondante [2]. – Enfin, si rien ne peut être affirmé avec vérité, cela même sera faux de dire qu'aucune affirmation n'est vraie. Mais si une affirmation vraie existe, alors se trouve 10 réfuté le système de ceux qui soulèvent de telles objections et qui ruinent absolument tout raisonnement.

---

1. Autrement dit, la négation du principe de contradiction entraîne la négation de cette négation même, qui n'est pas plus vraie que l'affirmation du principe.

2. Cf. Thomas, *Comm.*, p. 634, n. 2222. Le raisonnement d'Aristote est le suivant : si «*A* est *B*» n'est pas plus vrai que «*A* est non-*B*», il est clair que la copulative affirmative «*A* est *B* et non-*B*» ne sera pas plus vraie que la copulative négative «*A* n'est ni *B*, ni non-*B*». – L. 6, nous avons adopté la légère correction de Ross (II, 317) qui donne un sens plus satisfaisant que le texte traditionnel.

6

< *Le principe de contradiction, suite* >

La doctrine, de Protagoras ne diffère guère de ce qui vient d'être discuté. Ce philosophe prétendait en effet que l'homme est la mesure de toutes choses, ce qui revient à dire que ce qui paraît à chacun est la réalité même. S'il en est ainsi, il en résulte 15 que la même chose est et n'est pas, est à la fois bonne et mauvaise, et que toutes autres affirmations opposées sont également vraies, puisque souvent la même chose paraît belle à ceux-ci, et tout le contraire à ceux-là, et que ce qui paraît à chacun est la mesure des choses. – Cette difficulté peut être 20 résolue en examinant quelle a été l'origine de cette croyance. Pour les uns, elle semble avoir pris naissance dans le système des physiologues ; pour les autres, elle viendrait de cette observation que tous les hommes ne reçoivent pas les mêmes impressions des mêmes objets, et que telle chose qui paraît douce aux uns, paraît aux autres le contraire du doux [1].

Rien ne vient du Non-Être, tout vient de l'Être : telle est l'opinion commune de presque tous les philosophes de 25 la nature. Puisque donc le blanc ne peut pas devenir blanc, si le blanc absolu et qui n'est d'aucune manière non-blanc existait d'abord, ce qui devient blanc doit venir de ce qui n'est pas blanc, de sorte que, dans ce système, le blanc viendrait du non-être, à moins que le même objet ne fût d'abord à la fois

---

1. Le plan est nettement indiqué. La première raison est développée l. 24-33, et la seconde, l. 33-1063 *b* 7.

30 blanc et non-blanc [1]. – Mais il est aisé de résoudre cette difficulté. Nous avons dit, en effet, dans nos ouvrages de physique [2], en quel sens ce qui devient vient du Non-Être, et, en quel
sens, de l'Être.

Mais s'attacher également aux opinions et aux imagi-
nations de ceux qui sont en désaccord sur les mêmes objets,
35 c'est une niaiserie. Évidemment, les uns ou les autres sont
nécessairement dans l'erreur : vérité manifeste, si l'on considère ce qui se passe dans la connaissance sensible. Jamais, en
1063 a effet, la même chose ne paraît, aux uns, douce, et, aux autres, le
contraire du doux, à moins que, pour les uns, l'organe sensoriel
qui juge des saveurs en question, ne soit vicié et altéré. Mais,
s'il en est ainsi, il faut prendre les uns comme la mesure des
5 choses, et ne pas prendre les autres. Je le dis également pour
le Bien et le Mal, le beau et le laid, et les autres qualités de
ce genre. Professer, en effet, l'opinion dont il s'agit revient à
croire que les choses sont telles qu'elles apparaissent à ceux
qui pressent la partie inférieure du globe de l'œil avec le doigt,
et donnent ainsi à un seul objet l'apparence d'être double ; c'est
croire qu'il existe deux objets, parce qu'on en voit deux, et
qu'ensuite il n'y en a plus qu'un seul, car, pour ceux qui ne

1. Pour ce passage difficile, nous suivons le texte et l'interprétation proposés par Ross, II, 318, l. 27, les mots νῦν δὲ γεγενημένον μὴ λευκόν, doivent,
conformément à une suggestion de Bonitz, *Metaph.*, 461, acceptée par Christ,
être considérés comme une glose ; l. 29, Bonitz, avec raison également, supprime μὴ après γιγνόμενον. L'argument sophistique, tel que l'expose Aristote, est
le suivant : l'Être ne peut venir du non-Être ; le blanc vient de ce qui n'est pas
blanc (puisqu'une chose ne peut devenir blanche si elle était déjà parfaitement
blanche) ; le non-blanc doit donc aussi avoir été blanc.

2. *Phys.*, I, 7-9, *de Gen. et Corrupt.*, I, 3, 317 *b* 14-319 *b* 5. – Aristote a en
vue la distinction de la puissance et de l'acte.

font pas mouvoir le globe de l'œil, l'objet un paraît un. – D'une manière générale, il est absurde de s'appuyer sur des 10 choses sensibles, toujours changeantes et ne persistant jamais dans le même état, pour porter un jugement sur la vérité. C'est à partir des êtres qui restent toujours les mêmes et qui ne sont passibles d'aucun changement qu'il faut poursuivre la vérité. Tels sont, par exemple, les Corps célestes; ils ne paraissent 15 pas, tantôt avec tels caractères, tantôt avec tels autres, mais ils sont toujours les mêmes et ne participent d'aucun changement. – De plus, s'il y a mouvement, il y a aussi quelque chose qui est mû, et toute chose est mue à partir de quelque chose vers quelques chose; il faut donc que ce qui est mû soit d'abord en ce à partir de quoi il sera mû, et ensuite n'y soit plus; que, d'autre part, il se meuve vers l'autre chose, et qu'à un moment donné il 20 y soit, et qu'ainsi les propositions contradictoires ne soient pas vraies en même temps, comme nos philosophes le prétendent[1].– Ensuite, si, sous le rapport de la quantité, les choses sensibles sont dans un flux et dans un mouvement continuels, si on le concède du moins (bien que cela ne soit pas vrai[2]), pour

_____

1. Tout ce paragraphe est difficile. L. 19, les mots καὶ οὐκ εἶναι ἐν αὐτῷ sont placés entre crochets par Christ, qui les considère mais à tort, comme interpolés. – D'autre part, certains commentateurs, Bonitz, par exemple (*Metaph.*, 462, cf. aussi Thomas, *Comm.*, p. 638, n. 2234), rapportent αὐτῷ l. 20, à εἰς τοδί, ce qui donne un sens satisfaisant; mais il est certain que, grammaticalement, αὐτῷ ne peut se rapporter qu'à ἐκεινῷ, l. 19. – Le sens général du passage est le suivant : le mobile, qui est dans la chose dont il vient, n'est pas dans celle où il va; il en résulte que des attributs contraires ne peuvent être affirmés d'une chose en mouvement qu'à des temps différents. Cf. Thomas, *loc. cit.*

2. L'accroissement et la diminution ne peuvent pas être continus, ἀλλ' ἐστι καὶ τὸ μέσιν (*Phys.*, VIII, 3, 253 *b* 13).

quelle raison ne persisteraient-elles pas, sous le rapport de la
qualité? Il semble, en effet, que la raison principale qui a fait
admettre que des propositions contradictoires sont vraies de la
25 même chose, vient de ce qu'on croit que la quantité ne persiste
pas dans les corps, ce qui permettrait de soutenir que le même
corps est, et n'est pas, long de quatre coudées. Or l'essence
relève de la qualité, c'est-à-dire d'une nature déterminée,
tandis que la quantité se rattache à une nature indéterminée.
– En outre, pourquoi, quand le médecin ordonne de prendre
30 telle nourriture, prend-on cette nourriture? Quelle raison y
a-t-il pour que ceci soit du pain, plutôt qu'autre chose? Ainsi, il
serait indifférent de manger ou de ne pas manger. Mais, en réalité, on prend la nourriture ordonnée [1], dans la conviction que
l'on connaît la vérité à son sujet et que c'est bien là du pain. Et
pourtant on ne devrait pas le faire, s'il est vrai que nulle nature
ne demeure réellement invariable dans les êtres sensibles,
mais que toutes sont dans un mouvement et dans un flux per-
35 pétuels. – Si d'ailleurs nous changeons sans cesse et si nous ne
restons jamais les mêmes, qu'y a-t-il d'étonnant si les objets
sensibles ne nous paraissent jamais identiques, comme il
arrive pour les malades? En effet, pour ceux-ci également,
1063 b c'est parce qu'ils ne se trouvent pas dans le même état qu'au
temps de la santé, que les qualités sensibles ne leur semblent
pas les mêmes; mais les objets sensibles eux-mêmes n'ont
pour cela participé à aucun changement; ils donnent seulement des sensations différentes aux malades, et non pas les
5 mêmes sensations; et il est sans doute nécessaire qu'il en soit

---

1. L. 32, il faut lire προσταχθέντος, et non, avec Christ, προσαχθέντος,
terme qu'en note il juge lui-même *spurium*.

de la sorte dans le changement dont nous parlions plus haut[1]. Mais si nous ne changeons pas et si nous restons les mêmes, il y aura quelque chose de permanent.

Pour ceux qui en sont venus, par le raisonnement dialectique, à se poser les difficultés précédentes, il n'est pas facile de leur présenter une solution satisfaisante, s'ils n'admettent pas quelque principe dont ils ne demandent pas de raison, car c'est seulement de cette façon que toute preuve, toute démons- 10 tration s'accomplit. Ne rien admettre, c'est supprimer la discussion et, d'une manière générale, toute raison. A l'égard de tels adversaires, il n'y a donc pas de raisonnement possible. Mais pour ceux qui sont seulement dans le doute à raison des difficultés traditionnelles, il est facile de leur répondre et de dissiper ce qui fait naître le doute en eux-mêmes. Cela est évident d'après ce qui a été dit plus haut. – Il résulte clairement de ces arguments que des propositions contradictoires, portant 15 sur le même objet et en un même temps, ne peuvent pas être vraies; que les contraires ne peuvent pas non plus être vrais, puisque toute contrariété suppose une privation: cela est évident si l'on réduit à leur principe les définitions des contraires[2]. – De même aussi, aucun terme moyen entre des contraires ne peut être affirmé d'un seul et même sujet dont l'un des 20 contraires est affirmé. Supposons que le sujet soit blanc; en disant qu'il n'est ni blanc, ni noir, nous serons dans le faux, car il en résulte que le même sujet est blanc et n'est pas blanc; en effet, le second des deux termes, compris dans l'expression totale « ni blanc, ni noir », sera vrai du sujet, et ce terme est le contradictoire du blanc [1].

On ne peut donc pas être dans le vrai en adoptant les
25 doctrines d'Héraclite ou d'Anaxagore ; sans cela, on pourrait affirmer les contraires du même être. Quand, en effet, Anaxagore dit que dans tout, il y a une partie du tout, il dit que rien n'est doux plutôt qu'amer, et ainsi pour tous les autres couples de contraires, puisque tout est dans tout, non pas seulement en puissance, mais en acte et distinctement. – De
30 même, il n'est pas possible que les propositions soient toutes vraies ou toutes fausses, d'abord à cause des nombreuses autres difficultés qu'entraînent cette thèse, et ensuite parce que, si tout est faux, on ne sera pas dans le vrai, en disant que
35 tout est faux, on ne sera pas dans le faux.

7

< Théologie, Mathématiques et Physique [2] >

Toute science recherche certains principes et certaines causes pour chacun des objets qu'elle connaît ; ainsi procèdent la Médecine, la Gymnastique et chacune des autres sciences
1064 a poétiques et mathématiques. Chacune d'elles, en effet, embrassant et s'appropriant un genre déterminé, l'étudie comme

---

1. Voici le raisonnement d'Aristote : un moyen entre deux contraires ne peut être affirmé du sujet dont l'un des extrêmes est attribut. En effet, si la même chose est blanche et si elle a aussi une couleur intermédiaire qui n'est ni le blanc, ni le noir, elle est à la fois blanche et non blanche, ce qui est la violation du principe de contradiction.

2. Cf. E, 1.

réalité et comme être, mais non pas en tant qu'être, car, l'être en tant qu'être, c'est une autre science que toutes celles-là qui l'étudie. Des sciences que nous venons de mentionner, chacune prend, en quelque sorte, pour sujet dans chaque genre, 5 l'essence, et s'efforce de donner sur tout le reste des démonstrations plus ou moins précises. Les unes saisissent l'essence par le moyen de la sensation, les autres l'assument par hypothèse[1]. Aussi résulte-t-il clairement d'une induction de cette sorte, qu'il n'y a pas de démonstration de la substance et de l'essence.

Puisqu'il y a une science de la nature, elle sera évidemment 10 différente, et d'une science pratique, et d'une science poétique. Pour les sciences poétiques, en effet, c'est dans l'artiste, et non dans le patient, que réside le principe de la création, et ce principe, c'est, ou bien un art, ou bien quelque autre puissance. De même, pour les sciences pratiques, ce n'est pas dans l'objet de l'action, mais plutôt dans les agents, que réside le mouvement. Mais la science du physicien traite des êtres qui ont en 15 eux-mêmes un principe de mouvement. On voit, dès lors, que la science physique n'est ni une science pratique, ni une science poétique, mais qu'elle est nécessairement une science théorétique, car il faut bien qu'elle rentre dans l'un de ces trois genres. Puisqu'il est nécessaire que chaque science connaisse, d'une façon ou d'une autre, l'essence, et s'en serve comme 20 d'un principe, il ne faut pas manquer d'observer comment le physicien définira les choses, et comment il établira la définition de l'essence, si c'est comme le camus ou plutôt

1. Respectivement, la Physique et la Mathématique. Cf. Ps. Alex., 659, 16, Hd.

comme le concave. De ces deux notions, en effet, celle de
camus implique la matière de l'objet, celle du concave est
25 séparée de la matière. En effet, la forme camarde se produit
dans le nez, de telle sorte que sa notion est envisagée avec celle
du nez : le camus, c'est un nez concave. Il est donc évident
aussi que, dans la définition de la chair, de l'œil et des autres
parties du corps, la matière doit toujours entrer. – Puisqu'il
existe, d'autre part, une science de l'Être en tant qu'être et
séparé, nous devons examiner s'il faut admettre que cette
30 science est la même que la Physique ou si elle n'est pas plutôt
différente. La Physique traite des êtres qui ont en eux-mêmes
leur principe de mouvement ; la Mathématique est une science
théorétique, et qui traite d'êtres immuables, mais non séparés.
L'Être séparé et immobile est donc l'objet d'une science toute
différente de ces deux sciences, s'il est vrai qu'il existe une
35 substance de cette nature, j'entends une substance séparée et
immobile, comme nous nous efforcerons de le démontrer. Et
s'il existe une nature de cette sorte parmi les êtres, ce sera ici,
en quelque manière, le divin [τὸ θεῖον], et ce sera le premier et
1064 b souverain Principe. – On voit donc qu'il y a trois genres de
sciences théorétiques, la Physique, la Mathématique, la Théologie. Or le genre des sciences théorétiques est le meilleur, et,
des sciences théorétiques elles-mêmes, la dernière que nous
avons nommée est la meilleure, car elle a pour objet l'Être le
5 plus excellent de tous les êtres, la supériorité ou l'infériorité de
chaque science étant déterminée par son objet propre.

On pourrait se demander si la science de l'Être en tant
qu'être doit être considérée, ou non, comme une science
universelle. Il y a les sciences mathématiques, qui traitent

chacune d'un genre d'être déterminé; la science universelle, au contraire, embrasse tous les êtres. Maintenant, si les substances naturelles sont les premières entre tous les êtres, alors 10 la Physique doit être la première de toutes les sciences. Mais s'il existe une autre réalité, une substance séparée et immobile, il faut bien qu'une autre science soit la science de cette nature, une science antérieure à la Physique, et universelle par son antériorité même.

8

< Analyse de l'Être par accident et de l'Être comme Vrai >

L'Être en général s'entend de plusieurs manières; l'une est 15 celle de l'Être dit par accident. Commençons donc par étudier l'Être pris en ce sens. Il est évident qu'aucune des sciences traditionnelles ne traite de l'accident. L'art de bâtir, en effet, ne s'occupe nullement de ce qui arrivera à ceux qui se serviront de la maison; par exemple, de savoir s'ils y mèneront, ou non, 20 une vie pénible. De même pour l'art du tisserand, du cordonnier ou du cuisinier : chacune de ces disciplines s'intéresse exclusivement à son objet propre, c'est-à-dire à sa fin particulière. Quant à des raisonnements tels que « l'homme musicien qui devient grammairien sera en même temps l'un et l'autre, n'ayant pas été l'un et l'autre auparavant; mais ce qui est, sans avoir toujours été, doit être devenu; c'est pourquoi un tel 25 homme doit être devenu en même temps musicien et

grammairien » [1], de pareils raisonnements ne sont jamais ce
que cherche une science reconnue unanimement comme telle ;
il n'y a que la Sophistique qui en fasse son objet, car elle seule
traite de l'accident. Aussi le mot de Platon [2] n'est-il pas sans
justesse : la Sophistique, dit-il, vit dans le Non-Être [περὶ τὸ
30 μὴ ὂν διατρίβειν]. – Qu'une science de l'accident ne soit
même pas possible, c'est ce qu'on apercevra clairement, si
l'on s'efforce de voir la nature même de l'accident. Tout être,
disons-nous, ou bien existe toujours et nécessairement (il ne
s'agit pas de la nécessité au sens de contrainte, mais de la
nécessité à laquelle nous faisons appel dans nos démonstra-
35 tions), ou bien est ce qui arrive le plus souvent, ou bien n'est ni
ce qui arrive le plus souvent, ni ce qui est toujours et nécessairement, mais ce qui arrive seulement n'importe comment. Que
par exemple, il fasse froid pendant la canicule, c'est ce qui
n'arrive ni toujours et nécessairement, ni le plus souvent, c'est
1065 a ce qui peut seulement arriver quelquefois. L'accident est donc
ce qui arrive, mais ni toujours et nécessairement, ni le plus
souvent. Telle est donc, selon nous, la nature de l'accident ;
l'impossibilité d'une science d'un tel être en découle de toute
évidence : toute science, en effet, s'occupe, ou de ce qui est
5 éternellement, ou de ce qui arrive le plus souvent ; or l'accident
n'est ni l'un, ni l'autre. – Que les causes et les principes de
l'Être par accident ne soient pas de même nature que les causes
et les principes de l'Être par soi, c'est évident ; sans quoi,
toutes choses seraient nécessaires. En effet, si telle chose est,

1. Conclusion sophistique contraire à l'hypothèse que l'homme était déjà
musicien. Cf. E, 2, 1026 b 18.
2. *Sophiste*, 254 a.

quand telle autre chose est; si cette autre chose est, quand une
troisième chose est; et si cette troisième chose existe, non par
hasard mais nécessairement; cela aussi dont cette troisième 10
chose était cause sera nécessaire, et on arrivera ainsi jusqu'au
dernier effet, ainsi qu'on l'appelle; et pourtant ce dernier effet
était supposé être par accident. Tout sera donc nécessaire, et
tout hasard, toute possibilité de devenir et de ne pas devenir, se
trouvent ainsi absolument exclus des événements. Même si on
supposait que la cause est, non pas un être, mais un événement,
les conséquences seraient les mêmes, car alors tout deviendra 15
nécessairement. Il y aura, en effet, demain une éclipse si telle
chose arrive, et telle chose arrivera, si telle autre chose arrive
elle-même, et cette autre chose enfin arrivera, si une troisième
chose arrive aussi; de cette façon, si, du temps limité qui sépare
l'instant actuel de demain, on retranche du temps, on finira par
arriver à la condition existant déjà. Par conséquent l'existence
de celle-ci entraînera nécessairement tout ce qui suivra, de 20
sorte que tout devient nécessairement [1].

En ce qui concerne l'Être pris au sens du vrai et l'Être par
accident, le premier consiste uniquement dans la liaison de la
pensée [ἐν συμπλοκῇ τῆς διανοίας], c'est une modification
dans la pensée; aussi, de l'Être ainsi conçu, ne recherche-t-on

---

1. Thomas (*Comm.*, p. 650, n. 2282) explique fort clairement le raisonnement d'Aristote : *Si ergo eclipsis… sit futura cras, et omne quod fit, fit ex aliqua
causa, oportet quod ipsa causa eclipsis, quae est futura cras, fiat « sic hoc
fuerit » idest propter aliquid praeexistens, et hoc iterum propter aliud; et sic
semper propter anticipationem, vel ablationem causarum, auferetur aliquid a
tempore, quod est inter praesens nunc et eclipsim futuram. Unde, cum illud
tempus sit finitum, et omne finitum consumatur ablato quodam, quandoque erit
devenire ad aliquam causam nunc existentem.*

pas les principes, mais seulement ceux de l'Être extérieur à
l'âme et séparé. Quant à l'autre Être, je veux dire l'Être par
25 accident, il n'est pas nécessaire, mais indéterminé, et d'un tel
être les causes sont inordonnées et en nombre infini.

Il y a finalité dans ce qui devient par nature ou provient de
la pensée. Il y a fortune [τύχη] quand l'un de ces événements se
produit par accident. De même, en effet, que l'Être peut être
30 par soi ou par accident, il en est ainsi de la cause. La fortune est
une cause par accident de ce qui arrive normalement, selon le
choix réfléchi, en vue d'une fin [1]. Ainsi la fortune et la pensée
ont rapport aux mêmes choses, car le choix n'existe pas séparé
de la pensée. Mais les causes qui produisent ce qui peut venir
de la fortune sont indéterminées, d'où il suit que la fortune
est impénétrable au calcul de l'homme, qu'elle n'est qu'une
cause par accident, et, absolument parlant, qu'elle n'est cause
35 de rien. Il y a bonne ou mauvaise fortune, quand le résultat
1065 b est bon ou mauvais ; la prospérité et l'adversité se disent des
grands biens ou des grands maux. – Puisque nul être par accident n'est antérieur à un être par soi, nulle cause accidentelle
n'est antérieure à une cause essentielle. Si donc la fortune ou le
hasard est la cause du Ciel, il y a encore une cause qui lui est
antérieure : c'est l'Intelligence [νοῦς] et la nature.

---

1. Cf. *Phys.* II, 5 et 6, et notamment 196 *b* 21. – Est ἀπὸ τύχης ce qui est
normalement *secundum electionem* (cf. Thomas, *Comm.*, p. 651, n. 2284 : *Si
aliquis eligat fodere in agro ut plantet arborem, et invenit thesaurum*) ; est ἀπὸ
ταὐτομάτου ce qui est normalement produit *a natura*.

9

< *Analyse du Mouvement* [1] >

Il y a ce qui est en acte seulement, ce qui est en puissance, 5
et ce qui est en puissance et en acte ; et cela, soit dans la substance, soit dans la quantité ; soit dans les autres catégories [2].
Ensuite, il n'existe pas de mouvement en dehors des choses [3],
car le changement s'effectue toujours selon les catégories de
l'Être, et il n'y a pas de genre commun à ces sujets de changement qui ne soit dans une catégorie déterminée [4]. Mais chaque
catégorie se réalise dans tous les êtres, d'une double façon : 10
pour la substance, par exemple, il y a sa forme et la privation ;
pour la qualité aussi, le blanc et le noir ; pour la quantité aussi,
l'achevé et l'inachevé ; enfin dans le mouvement de translation, le haut et le bas, le léger et le grave. Le mouvement et le
changement ont donc autant d'espèces que l'Être. Etant donnée
la distinction, en chaque genre, de ce qui est en puissance et de 15
ce qui est en entéléchie, l'acte de ce qui est en puissance

---

1. La première partie de ce chapitre, jusqu'à 1066 *a* 7, est un extrait de la
Physique III, 1, la seconde partie (1066 *a* 8-27), un extrait de III, 2, et la fin
(1066 *a* 27-31), un extrait de III, 3. Il y a cependant de légères variantes que nous
avons cru inutile de signaler.

2. Ce qui est en acte seulement : Dieu. Ce qui est en puissance : par exemple
l'Infini et le Vide. Ce qui est en puissance et en acte : tous les êtres ayant matière
et forme. – Pour les différentes espèces de changement, cf. *Phys.*, III, 1, 200 *b*
32. Le changement κατ᾽ οὐσίαν est la génération ἁπλῶς ; le changement κατὰ
ποσόν, l'accroissement et le décroissement ; κατὰ ποιόν, l'altération ; κατὰ
τόπον, la translation. – L. 6, τόδε τι ὄν = οὐσία.

3. Cf. *Phys.*, III, 1, 200 *b* 3, qui précise.

4. Cf. Platon, *Parm.*, 138 *b*, *Soph.*, 248 *e*.

en tant que tel, je l'appelle mouvement[1]. Cette définition est
la vraie et en voici la preuve. Quand le constructible [τὸ
οἰκοδομητόν], en tant que nous le disons être tel, est en acte,
il se construit [οἰκοδομεῖται], et c'est là le processus de
construction [οἰκοδόμησις]. De même pour l'apprentissage, la
20 guérison, la rotation, la marche, le saut, le vieillissement, la
croissance. Il arrive donc qu'il y a mouvement quand cette
entéléchie existe, et ni avant, ni après. L'entéléchie de la chose
en puissance, quand on prend celle-ci dans l'entéléchie qu'elle
possède une fois en acte, non en tant qu'elle-même, mais en
tant que mobile, est le mouvement. Voici ce que j'entends par
« en tant que tel ». L'airain est, en puissance, statue ; toutefois
25 l'entéléchie de l'airain, en tant qu'airain, n'est pas mouvement, car l'essence de l'airain et l'essence de l'être qui était en
telle puissance ne se confondent pas ; si elles se confondaient
absolument dans leurs définitions, l'entéléchie de l'airain
serait un mouvement. Mais il n'y a pas identité. C'est ce que
prouve aussi l'examen des contraires. En effet, le fait de pouvoir être sain et le fait de pouvoir être malade ne sont pas une
30 même chose, sinon le fait d'être sain et le fait d'être malade
seraient identiques. Mais le sujet dont on affirme le sain et le
malade, qu'il soit eau ou sang, est une seule et même chose. Il
n'y a donc pas identité entre le sujet et ses attributs, de même

---

1. La théorie du mouvement est une des plus célèbres thèses de la physique
aristotélicienne. Nous ne pouvons que renvoyer aux nombreuses études dont
elle a été l'objet. On consultera notamment Hamelin, *Le Système d'Aristote*,
p. 309 *sq.*, Robin, *La Pensée grecque*, p. 334, et d'une manière générale, tous les
exposés de la philosophie d'Aristote.

que la couleur n'est pas non plus identique au visible[1]; il en résulte que c'est l'entéléchie de l'être en puissance, en tant qu'il est en puissance, qui constitue le mouvement. Que tel soit le mouvement et que le fait d'être mû n'arrive qu'aux êtres dont cette sorte d'entéléchie existe, et ni avant, ni après, c'est 35 ce qui est évident. Chaque chose, en effet, peut tantôt être, 1066a tantôt n'être pas en acte, comme le constructible, en tant que constructible; et l'acte du constructible, en tant que constructible, est construction. En effet, l'acte du constructible est ou la construction, ou la maison. Mais quand la maison existe, ce n'est plus le constructible, et, d'un autre côté, ce qui se cons- 5 truit, c'est le constructible. Il est donc nécessaire que la construction en soit l'acte, et la construction est un mouvement. Le raisonnement est le même pour les autres mouvements.

L'exactitude de notre thèse est mise en lumière par les opinions des autres philosophes au sujet du mouvement, et par la difficulté d'en donner une autre définition. Il serait, en effet, impossible de le placer dans un autre genre : cela résulte claire- 10 ment de leurs paroles. Pour les uns, le mouvement est altérité, inégalité, non-être[2], toutes notions qui n'impliquent pas nécessairement le mouvement, et, de plus, ces termes ne sont pas plus la fin et l'origine du changement que leurs opposés[3]. La cause pour laquelle ces philosophes rangent le mouvement dans cette série, c'est que le mouvement semble être quelque

---

1. La visibilité est un accident de la couleur, laquelle ne devient visible que sous l'influence de la lumière.

2. Pythagoriciens et Platoniciens.

3. Le mouvement se faisant entre les opposés, les opposés de ces notions ont autant de titre que les notions elles-mêmes à entrer dans la définition du mouvement.

chose d'indéterminé, et que les principes de la seconde série
15 sont indéterminés comme principes de privation ; aucun d'eux
n'est, en effet, ni substance, ni qualité, ni aucune des autres
catégories. La cause pour laquelle le mouvement semble indéterminé, c'est qu'on ne peut le ranger ni parmi les êtres en puissance, ni parmi les êtres en acte, car ni la quantité en puissance
ne se meut nécessairement, ni la quantité en acte. Le mouve-
20 ment paraît donc bien être un certain acte, mais incomplet
[ἐνέργεια ἀτελής]. La cause en est que la chose en puissance,
dont le mouvement est l'acte, est incomplète. Voilà pourquoi il
est difficile de saisir la nature du mouvement. On ne pourrait,
en effet, le placer que dans la privation, ou dans la puissance,
ou dans l'acte pur ; or rien de tout cela n'est manifestement
25 admissible. Reste donc notre façon de le comprendre ; savoir
que le mouvement est un acte, et de l'espèce d'acte que nous
avons décrite[1], chose difficile à concevoir, mais qui peut
exister.

Il est clair, d'ailleurs, que le mouvement est dans le mobile,
car il est l'entéléchie du mobile sous l'action du moteur, et
l'acte du moteur n'est pas une autre chose, car il faut une enté-
30 léchie à l'un et à l'autre : or celui-ci, considéré en puissance est
moteur, en acte, est mouvement ; mais ce qu'il actualise, c'est
le mobile[2], si bien que l'acte est unique, pour l'un comme pour
l'autre également : c'est comme un même intervalle de un à

1. Avec Bonitz et Ross nous supprimons la négation μή de la l. 25 ; la leçon
ainsi obtenue est plus conforme au texte correspondant de *Phys.*, III, 2, 202 *a* 1
(δ'ἐνέργειαν οἵαν εἴπαμεν).

2. Le moteur a comme acte de mouvoir, et par cet acte, le mobile se trouve
lui-même en acte : l'actualisation du moteur et celle du mobile est donc une
seule et même actualisation.

deux et de deux à un, de ceux qui montent et de ceux qui descendent, sans que pourtant il y ait unité d'être entre ces choses. Il en est de même dans le rapport du moteur et du mû.

10

< Analyse de l'Infini [1] >

L'infini [ἄπειρον] est, ou bien ce qu'il est impossible de 35 parcourir, parce qu'il n'est pas dans sa nature d'être parcouru, comme la voix est invisible, ou bien ce qu'on peut parcourir et qui est sans fin, ou bien ce qu'on peut à peine parcourir, ou bien ce qu'on peut, par nature, parcourir, mais qui ne se laisse pas parcourir ou n'a pas de fin. Il y a encore l'infini par composition [προσθέσει], ou par division [ἀφαιρέσει][2], ou par les 1066 b deux à la fois.

Que l'infini soit séparé, chose en soi, ce n'est pas possible[3]. En effet, s'il n'est ni étendue, ni multiplicité, si

---

1. Le présent chapitre est formé d'extraits du livre III de la *Physique* :
    1066 *a* 35-1066 *b* 21 = III, 4, 204 *a* 3-5, 204 *a* 35.
    1066 *b* 23-1067 *a* 7 = III, 5, 204 *b* 5-205 *a* 7.
    1067 *a* 7-23 = III, 5, 205 *a* 10-32.
    1067 *a* 23-33 = III, 5, 205 *b* 24-206 *a* 7.
    1067 *a* 33-37 = III, 7, 207 *b* 21-25.

2. Littéralement : par *addition* ou par *abstraction*. Mais ἀφαίρεσις a ici le sens de διαίρεσις. L'infinité de composition est, par exemple, celle du nombre ; l'infinité par division, celle de l'espace ; l'infinité de composition *et* de division, celle du temps : le temps est infini par composition, en ce qu'il est un nombre, et par division, en ce qu'il est continu (cf. Thomas, *Comm.*, p. 661, n. 2319).

3. L. 2, nous supprimons, avec Christ et Ross, αἰσθητον δ'. – La théologie visée par Aristote est celle des Pythagoriciens et de Platon. Cf. *Phys.*, III, 4, 203 *a* 4, Bonitz, *Ind. arist.*, 659 *b* 53. – Aristote prouve d'abord que l'infini n'existe pas comme entité séparée (1066 *b* 1-21), puis qu'il n'existe pas non plus dans

l'infini même est sa substance et non un accident, il sera
indivisible, car le divisible est étendue ou multiplicité. Mais
5 s'il est indivisible, il n'est pas infini, sinon comme la voix est
invisible. Or ce n'est pas cet infini dont nous parlons et que
nous recherchons, mais l'infini en tant qu'il ne peut être parcouru. – Comment d'ailleurs est-il possible que l'infini existe
par soi, si le nombre et la grandeur, dont l'infini n'est qu'un
attribut, n'existent pas par eux-mêmes ? – De plus, si l'infini
existe par accident, il ne saurait être l'élément des êtres en tant
10 qu'infini, pas plus que l'invisible n'est l'élément du langage,
bien que la voix soit invisible. – Que l'infini, enfin, ne puisse
exister en acte, c'est l'évidence, car alors toute partie quelconque de l'infini, prise à part, sera infinie : la quiddité de
l'infini et l'infini sont, en effet, identiques, si l'infini est une
substance et non l'attribut d'un sujet. L'infini sera donc, ou
bien indivisible, ou bien divisible en parties toujours divi-
15 sibles, s'il est partageable. Mais la même chose ne peut être
plusieurs infinis, car, de même qu'une partie de l'air est air,
une partie de l'infini sera infinie, si l'infini est substance et
principe. L'infini est donc impartageable et indivisible. Mais
c'est impossible pour un infini en acte ; nécessairement il sera
une certaine quantité. L'infini appartient donc à son sujet
20 seulement par accident. Mais s'il est tel, nous avons dit[1] qu'il
ne pouvait être principe, que le principe, c'est ce dont l'infini
est accident, l'Air ou le nombre pair[2].

les choses (*b* 22 *ad finem*). Pour toute cette démonstration, cf. Hamelin,
Le Système d'Aristote, p. 281 *sq*.
    1. L. 9.
    2. Allusion à Anaximène et aux Pythagoriciens.

Mais c'est là une recherche d'ordre général. Il nous reste à montrer que l'infini ne rentre pas dans les choses sensibles. Si un corps se définit « ce qui est limité par des surfaces », il n'y aura pas de corps infini, soit sensible, soit intelligible ; le nombre, en tant que séparé, ne sera pas non plus infini, car 25 le nombre, ou tout ce qui a nombre, est nombrable. – Si nous envisageons maintenant les choses au point de vue physique [φυσικῶς], voici nos preuves. L'infini ne peut être ni composé, ni simple. Il ne sera pas un corps composé, puisque les éléments composants sont limités en nombre. Il faut, en effet, qu'il y ait égalité entre les contraires, et qu'aucun d'eux ne soit infini, car, si d'une quantité quelconque, la puissance d'un des corps est dépassée, le fini sera détruit par l'infini. Que, d'autre 30 part, chacun des éléments composants soit infini, c'est impossible, car le corps est ce qui a étendue de toutes parts, et l'infini, ce qui s'étend sans limite, de sorte que si l'infini est un corps, il aura, de toutes parts, extension à l'infini. L'infini ne peut davantage être un corps un et simple, ni, comme certains philosophes[1] le prétendent, quelque chose en dehors des élé- 35 ments, d'où ces philosophes les engendrent. Il n'existe pas, en effet, un tel corps en dehors des éléments, car toutes choses se résolvent dans les éléments d'où elles viennent, mais il n'y a manifestement rien de tel au delà des corps simples[2]. D'autre 1067 a part, ni le Feu, ni aucun des autres éléments, ne peut être infini. En effet, sans parler de la difficulté de comprendre comment

---

1. Anaximandre et sa théorie du Noῦς.

2. C'est-à-dire des quatre éléments, qui sont les éléments ultimes en lesquels se résolvent les choses. Si l'infini existait à part des éléments c'est en lui que se résoudraient les êtres, ce qui manifestement n'est pas.

l'un d'entre eux serait infini, il est impossible que le Tout,
même s'il est fini, soit ou devienne l'un d'entre eux, comme
Héraclite[1] prétend qu'à un moment donné, tout devient Feu.
5 La raison est la même que pour l'Un, que les physiciens posent
en dehors des éléments[2]. En effet, tout changement se fait de
contraire à contraire, par exemple du chaud au froid. – En
outre[3], le corps sensible occupe un lieu déterminé, et c'est le
même lieu pour le tout et pour la partie, pour la Terre par
exemple[4]. Si donc le corps infini est homogène, il sera ou bien
immobile, ou bien en perpétuelle translation ; mais c'est impossible, car pourquoi son mouvement ou son repos aurait-il
10 lieu vers le bas ou vers le haut, ou dans une direction quelconque ? Ainsi, soit une motte de terre[5] ; où sera-t-elle transportée,
ou bien où restera-t-elle en repos ? Le lieu propre du corps,
lequel est homogène avec elle, est infini. Elle le remplirait
donc tout entier ? Mais comment cela serait-il possible ? Quel
sera donc autrement son repos et son mouvement ? Restera-
t-elle partout en repos ? Il n'y aura donc plus de mouvement. Y
aura-t-il, au contraire, mouvement partout ? Il n'y a donc

1. Fragment 63-66, Diels.

2. Ce passage se réfère à ce qui précède 1066 *b* 35-1067 *a* 1. Peu importe,
dit Aristote, que l'on envisage l'infini comme l'un des éléments ou comme un
« un » (le Noῦς d'Anaximandre, par exemple), en dehors des éléments.

3. Aristote va établir qu'à raison des difficultés soulevées par la position
dans le lieu, il ne peut y avoir de corps infini. Il examine d'abord l'hypothèse
d'un corps infini homogène (l. 9-15) : sur le détail de l'argumentation, qui est
très subtile, cf. Ross, II, 333. Aristote passe ensuite, l. 15, à la seconde hypothèse, celle d'un corps infini hétérogène.

4. Le lieu naturel du Tout est le lieu naturel de chacune de ses parties : une
motte de terre tend à tomber vers le centre, lieu naturel de la terre prise comme
un tout (cf. Ross, II, 332).

5. Motte de terre, qui serait partie d'un corps infini.

jamais plus d'arrêt. D'autre part, si le Tout est hétérogène, les 15
lieux des parties le seront aussi ; d'abord, il n'y aura d'autre
unité dans le corps du Tout que l'unité de contact ; en second
lieu, les parties seront ou limitées, ou illimitées en espèces. Or,
il n'est pas possible que leur nombre soit fini, sans quoi
certaines parties seraient infinies en quantité, et les autres ne le
seraient pas, si le Tout est infini ; par exemple, le Feu ou l'Eau
serait infini, mais un tel élément infini serait la destruction des
éléments contraires. Mais si, d'autre part, les parties sont infi- 20
nies et simples, les lieux seront aussi infinis, et infini aussi sera
le nombre des éléments ; or, si c'est impossible, si le nombre
des lieux est limité[1], le Tout aussi est nécessairement limité[2].
– En général, il ne peut y avoir un corps infini ni, en même
temps, un lieu pour les corps, s'il est vrai que tout corps sensible a pesanteur ou légèreté ; car il aura un mouvement soit vers 25
le centre, soit vers le haut, et il est impossible que l'infini, soit
l'infini entier, soit la moitié de l'infini, se meuve dans l'un ou
l'autre de ces sens. Comment, en effet, le diviserez-vous ? Ou
bien, comment déterminera-t-on, dans l'infini, le bas et le haut,
l'extrémité et le centre ? – En outre, tout corps sensible est dans
un lieu, et il y a six espèces de lieux[3] qu'il est impossible de
reconnaître dans un corps infini. En général, s'il est impossible

1. Les lieux sont au nombre de six. Cf. *infra*.

2. Il faut comprendre ainsi la pensée d'Aristote : s'il est impossible que le nombre des éléments soit infini, et si les lieux naturels sont eux-mêmes en nombre fini, l'Univers doit contenir une quantité finie d'espèces de parties et, par suite, être lui-même fini.

3. Aristote énumère ces six espèces de lieux dans le passage correspondant de la *Physique*, III, 5, 205 *b* 32 : haut et bas, avant et arrière, droite et gauche [ἄνω, κάτω – ἔμπροσθεν, ὄπισθεν – δεξιόν, ἀριστερόν].

30 que le lieu soit infini, il est impossible également qu'il y ait un corps infini. Ce qui est dans un lieu est, en effet, quelque part, et cela signifie le haut ou le bas, ou l'une des autres directions, et chacune d'elles constitue une limite. – L'infini, d'autre part, n'est pas le même dans l'étendue, le mouvement et le temps, comme constituant une nature unique, mais seulement, de ces différentes notions, celle qui est postérieure se détermine

35 d'après celle qui est antérieure : par exemple un mouvement est infini par l'intermédiaire de l'étendue selon laquelle il y a mouvement, ou altération, ou accroissement, et le temps est infini par le mouvement.

11

< Changement et Mouvement [1] *>*

1067 b   Ce qui change, change soit par accident, comme quand on dit que le musicien se promène, ou bien a quelque chose en lui qui change : c'est ce qu'on appelle le changement proprement dit, et tel est le cas du changement partiel : le corps est guéri, parce que l'œil est guéri. Il y a enfin ce dont le mouvement est

5 essentiel et premier, c'est-à-dire ce qui est mobile par soi. Mêmes distinctions du côté du moteur : il meut, ou par accident, ou partiellement, ou par soi. Il y a, dans tout mouvement, le moteur prochain, et aussi une chose mue, un certain temps dans lequel elle est mue, un point de départ et un point

---

1. Extrait de la *Physique*, V, 1.

d'arrivée. Mais les formes, les affections et le lieu[1], qui sont la
fin du mouvement des choses mues, sont immobiles; ainsi la 10
science, la chaleur : ce n'est pas la chaleur qui est un mouvement, mais, l'échauffement. – Ce changement non accidentel
ne se rencontre pas dans tous les êtres, mais entre les contraires, entre leurs intermédiaires, et entre les contradictoires.
L'induction va nous en convaincre.

Ce qui change, change, ou d'un sujet à un sujet, ou d'un 15
non-sujet à un non-sujet, ou d'un sujet à un non-sujet, ou d'un
non-sujet à un sujet[2]. J'appelle sujet ce qui est exprimé par un
terme positif. – Il existe donc nécessairement trois espèces de
changement, car le changement d'un non-sujet à un non-sujet
n'est pas un changement, étant donné que les termes n'étant ni 20
contraires, ni contradictoires, il n'y a pas d'opposition. – Le
changement d'un non-sujet à un sujet, qui est son contradictoire, est la génération [γενεσίς], pour le changement absolu,
génération absolue [γ. ἀπ. ῇ], et, pour le changement relatif,
génération relative [γ. τίς]. – Le changement d'un sujet à un
non-sujet est la corruption [φθορά], pour le changement
absolu, corruption absolue, et, pour le changement relatif,
corruption relative[3]. Si donc le Non-Être se prend en plusieurs 25

1. Cf. Thomas, *Comm.*, p. 669, n. 2362 : *Dicit* [Aristote] *species propter
generationem et corruptionem, passiones, propter alterationes, et locum,
propter loci mutationem.*

2. Ainsi qu'Aristote le fait remarquer dans la phrase suivante, le terme
ὑποκείμενον est pris dans le sens, non pas de substrat, mais de terme positif.
Cf. Thomas, *Comm.*, p. 669, n. 2364, qui expose clairement l'idée d'Aristote.

3. La génération et la corruption *simpliciter* (ἁπλῶς) se font respectivement du non-être à l'être et de l'être au non-être, κατ'οὐσίαν; la génération et la
corruption *secundum quid* (τις) sont celles, par exemple, de l'ἀλλοίωσις, ou
altération qualitative, du non-blanc au blanc et du blanc au non-blanc.

acceptions, et si le Non-Être qui consiste dans l'union ou la séparation du sujet et du prédicat, <non conformes à la réalité[1]> ne peut être mû, et s'il en est de même du Non-Être au sens de ce qui est en puissance et qui est opposé à l'Être proprement dit (en vérité, il peut y avoir mouvement par accident du non-blanc ou du non-bon, puisque le non-blanc peut être un homme ; mais ce qui n'a absolument pas d'existence détermi-
30 née, ne saurait, en aucun cas, être mû), il est impossible que le Non-Être soit en mouvement. S'il en est bien ainsi, il est impossible aussi que la génération soit un mouvement, puisque c'est le Non-Être qui est le point de départ de la génération. Quand bien même nous admettrions complètement que la génération à partir du Non-Être se fait par accident, il serait cependant vrai de dire que le Non-Être doit être attribué, comme point de départ, à ce qui est engendré au sens absolu[2]. De même le Non-Être ne peut être en repos. – Ces conséquences sont difficiles à
35 admettre. Une autre difficulté, c'est que tout ce qui est mû est dans un lieu, et que le Non-Être n'est pas dans un lieu, sinon il serait quelque part. La corruption n'est pas non plus un mouvement. En effet, le contraire d'un mouvement, c'est un mouvement ou le repos ; or le contraire de la corruption est la
1068 a génération. Puisque tout mouvement est un changement, que

---

1. Il s'agit du Non-Être défini comme le faux (cf. E, 2, 1026 a 33, N, 2, 1089 a 28, etc.). Le τὸ μὴ ὄν τὸ κατὰ σύνθεσιν est une proposition *affirmative* fausse, le τὸ μὴ ὄν τὸ κατὰ διαίρεσιν est une proposition *négative* fausse. Aristote veut dire, en bref, qu'une proposition fausse qui devient vraie, ou réciproquement, ne *change* pas véritablement.

2. Cf. Thomas, *Comm.*, p. 670, n. 2371 et 2372, et la note de Ross, trad. *ad loc.* – La génération pourrait être par accident à raison de la *materia prima*, qui accompagne la privation.

les espèces de changement sont au nombre de trois, comme nous l'avons dit, et que, de ces trois espèces, le changement par génération et le changement par corruption ne sont pas des mouvements, mais des changements de contradictoire à contradictoire, il résulte nécessairement que, seul, le changement de sujet à sujet est mouvement. Les sujets sont ou des contraires, ou des intermédiaires, car la privation elle-même 5 peut être considérée comme étant aussi un contraire, et qui s'exprime par un terme positif, comme nu, édenté, noir.

12

< Impossibilité du Changement de Changement [1] >

Si les catégories se divisent en substance, qualité, lieu, action ou passion, relation, quantité, il existe nécessairement trois espèces de mouvements : mouvements de la qualité, de la 10 quantité, selon le lieu. Relativement à la substance, il n'y a pas de mouvements[2], parce que la substance n'a pas de contraire ; il n'y en a pas non plus de la relation : il est possible, en effet, que si l'un des deux relatifs change, l'autre cesse d'être vrai, bien que n'ayant changé en rien, de sorte que leur mouvement est seulement par accident. Pas de mouvement non plus pour l'agent et le patient, ni pour le moteur et le mû, car il n'y a pas mouvement de mouvement, ni génération de génération, ni 15

---

1. Le chapitre 12 est également composé d'extraits du livre V de la *Physique* :

        1068 *a* 8-1068 *b* 25 = V, 1, 225 *b* 5-2, 226 *b* 16.
        1068 *b* 26-1069 *a* 14 = V, 3, 226 *b* 21-227 *a* 31.

2. Mais seulement changement (μεταβολή).

d'une manière générale, changement de changement[1]. – Il y aurait, en effet, deux manières d'admettre le mouvement de mouvement : ce serait comme le mouvement d'un sujet mû, comme, par exemple, l'homme est en mouvement, parce que de blanc, il se change en noir; il arriverait ainsi que le mouvement aussi subirait lui-même l'échauffement, le refroidis-
20 sement, le déplacement ou l'accroissement, chose impossible, le changement n'étant pas un sujet. Ce pourrait être, en second lieu, un autre sujet qui serait supposé changer d'un changement à une autre forme de changement[2] : tel est, pour l'homme, le passage de « tomber malade » à « devenir bien portant ». Mais cela non plus n'est pas possible, sinon par accident, car tout mouvement est un changement d'un état à un autre état. La génération et la corruption sont dans le même
25 cas; seulement ce sont des changements entre des choses opposées d'une certaine façon, tandis que le mouvement existe entre des choses opposées d'une autre façon[3]. Il y aurait

---

1. L'idée d'une cinématique est étrangère à Aristote : tout changement est dans un sujet et non un sujet. Sur ce point, cf. Carteron, *La notion de force dans le système d'Aristote*, p. 1 *sq.*

2. Nous traduisons, avec Simplicius ἄλλο εἶδος, l. 22, par « une autre forme *de changement* », et non pas « une autre forme d'existence ». Ross (II, 340) qui soutient cette dernière interprétation comme plus conforme au sens littéral, admet lui-même que νόσος et ὑγίεια., l. 22, signifient, non pas « disease » et « health », mais « falling ill » et « becoming well ». Il s'agit donc bien de deux termes qui sont, l'un et l'autre, des changements.

3. Dans la génération et la corruption les choses sont opposées « d'une certaine façon », c'est-à-dire comme des *contradictoires;* dans le mouvement, les choses sont opposées « d'une autre façon », c'est-à-dire comme des *contraires.* – Ce passage, et, d'une manière générale, la plus grande partie de ce chapitre, sont très corrompus. Sauf indication contraire, nous suivons le texte et l'interprétation de Ross (II, 340 *sq.*).

donc changement, en même temps que de la santé à la maladie,
de ce changement lui-même à un autre changement. Il est clair,
alors, que si on est tombé malade, on doit avoir changé aussi en
quelque autre changement (quoiqu'on puisse demeurer dans le
même état[1]), et, de plus, en un changement qui n'est pas
toujours le premier venu; et ce nouveau changement aura
lieu à partir d'une chose définie vers une autre chose définie; 30
ce sera, par conséquent, le changement opposé, la guérison.
– Nous répondons que c'est seulement un changement par
accident, comme il y a changement du processus du souvenir à
celui de l'oubli, seulement parce que le sujet dont le processus
dépend est changeant, passe tantôt dans l'état de science,
tantôt dans l'état d'ignorance[2].

Enfin, il faudra aller à l'infini, s'il y a changement de
changement et génération de génération. Ce qui est vrai de la
dernière génération est nécessairement vrai de la précédente[3].
Par exemple, si la génération proprement dite [γ. ἁπλῆ][4] était 35
elle-même engendrée à un moment donné, de même aussi
l'engendré s'engendrait comme engendré. Par conséquent 1068 b
l'engendré n'existait pas encore absolument comme engendré, mais comme un engendré déjà en train de s'engendrer[5].

1. Parenthèse difficile. Aristote veut peut-être dire qu'en fait, et
contrairement à la théorie qu'il combat, ce qui change de « tomber malade » à
« recouvrer la santé » peut aussi rester dans l'état de maladie.

2. L. 33, nous lisons, avec Ross (II, 342) ἄγνοιαν au lieu de ὑγίειαν.

3. Il y aura alors génération de génération *ad infinitum*.

4. Il ne s'agit pas de la génération substantielle, mais de la génération
simple, opposée à la génération du second degré (ou génération de génération).
– L. 1068 *b* 1, nous supprimons ἁπλῶς avec la plupart des commentateurs.

5. Leçon de Ross, γιγνόμενον γιγνόμενον, au lieu de γιγνόμενον ἢ
γενόμενον (Christ). Les variantes sont d'ailleurs nombreuses.

Et, à son tour, cette génération s'est engendrée à un moment
donné, de sorte qu'à ce moment elle n'était pas encore en train
d'être engendrée[1]. Et, puisque, d'un nombre infini de termes,
il n'y a pas de terme premier, le premier terme de cette série
5 n'existera pas, et, par suite, il n'y aura pas non plus de terme
subséquent. Rien alors ne peut ou devenir, ou se mouvoir, ou
changer. – En outre, à un même sujet appartiennent le mouvement, le mouvement contraire, et le repos, et aussi la génération et la corruption ; il en résulte que l'engendré, quand il
s'engendre comme engendré, périt à ce moment même, car ce
ne peut être ni au moment même où il commence à s'engendrer, ni après qu'il est engendré, puisqu'il faut exister pour
10 périr[2]. – De plus, il doit y avoir une matière comme substrat à
ce qui s'engendre et change. Que sera-ce donc ? Qu'est-ce qui,
de la même façon que le corps ou l'âme est le sujet de ses
modifications, devient mouvement ou génération ? En outre,
quelle est la fin du mouvement et de la génération ? Car ce doit
être le mouvement ou la génération[3] de quelque chose, à partir
de quelque chose, vers quelque chose. Comment donc cela

---

1. γιγνόμενον doit signifier ici γιγνόμενον γιγνόμενον (Ross II, 343).

2. Aristote envisage trois hypothèses :

1) le γιγνόμενον devient : il n'est pas encore et ne peut par conséquent périr ;

2) le γιγνόμενον est devenu, il est γεγονός : il n'est plus et ne peut plus
périr ;

3) le γιγνόμενον est, il est devenir : il existe et il périt au même moment, ce
qui est absurde (Ross, II, 343). L. 9, εὐθὺς γιγνόμενον = εὐθὺς γιγνόμενον
γιγνόμενον.

A raison des incertitudes du texte, toute cette interprétation est, en partie,
conjecturale.

3. L. 14, il est préférable de lire, avec Ross (II, 344) ἢ γένεσιν, au lieu de μὴ
κίνησιν. – Même ligne, nous lisons aussi : οὐ γὰρ ἔσται μάθησις τῆς
μαθήσεως, ὥστε...

pourra-t-il avoir lieu ? Il ne peut en effet y avoir apprentissage
d'apprentissage, ni, par suite, génération de génération.

Puisqu'il n'y a mouvement ni de la substance, ni de la rela- 15
tion, ni de l'action et de la passion, il reste que le mouvement ne
s'effectue que selon la qualité, la quantité et le lieu, car chacune
de ces catégories admet la contrariété. J'entends par qualité,
non pas celle qui est dans l'essence [1] (car la différence est, elle
aussi, une qualité), mais la qualité passive suivant laquelle on
dit qu'un être est susceptible, ou non, d'être modifié. L'immo- 20
bile est, soit ce qui ne peut absolument pas se mouvoir, soit ce
qui se meut avec difficulté en beaucoup de temps ou se met en
mouvement lentement, soit encore ce qui a une nature mobile et
peut être mû, mais qui n'est pas mû quand, où et comme il est
dans sa nature. C'est de ce dernier seulement parmi les êtres
immobiles que je puis dire « être en repos », car le repos est le
contraire du mouvement, et, par suite, doit être une privation
dans un sujet susceptible de recevoir le mouvement.   25

« Simultanéité relativement au lieu » [ἅμα κατὰ τόπον] se
dit des êtres qui sont dans un lieu unique et immédiat, et « séparation » [χωρίς], des êtres qui sont dans des lieux différents. – Il
y a « contact » pour les objets dont les extrémités [ἄκρα] se
touchent. – « Intermédiaire » [μεταξύ] est ce par où passe ce
qui change, avant d'aboutir au dernier terme qu'atteint, dans le
changement que comporte sa nature, tout être dont le changement est continu. – « Contraire selon le lieu » est ce qui est le 30
plus éloigné en ligne droite. – « Consécutif » [ἐξῆς] se dit d'un

---

1. Un changement affectant une détermination essentielle serait γένεσις
ou φθορά.

terme venant après un premier terme, dans un ordre déterminé soit par la position, soit par la forme, soit de toute autre
manière, et quand il n'existe pas d'intermédiaire du même
genre entre lui et le terme après lequel il vient. Par exemple, la
ligne vient après la ligne, l'unité après l'unité, la maison après
la maison. Mais rien n'empêche qu'il y ait un intermédiaire
d'un autre genre, car ce qui est consécutif est toujours à la suite
35 de quelque chose, et est quelque chose de postérieur : l'un n'est
1069 a pas le consécutif du deux, ni le premier jour de la Lune, du
second jour. – Le contigu [ἐχόμενον] résulte du contact du
consécutif (tout changement se faisant entre les opposés, c'est-
à-dire entre les contraires, ou entre les contradictoires, et les
contradictoires n'admettant pas de moyen terme, il est clair
que c'est entre les contraires que se trouve l'intermédiaire).
5 – Le continu [συνεχές] est une sorte de contigu ou de contact.
On dit qu'il y a continuité quand les limites, par lesquelles
deux êtres se touchent et se continuent, deviennent une seule et
même limite. Le continu se rencontre donc évidemment dans
les êtres susceptibles, par leur nature, de devenir un être unique
par le contact. – Évidemment aussi, la consécution est la
première de ces notions : le consécutif n'est pas nécessai-
10 rement en contact, mais ce qui est en contact est consécutif ;
s'il y a continuité, il y a contact, mais s'il y a seulement
contact, il n'y a pas encore continuité ; pour les êtres qui ne
sont pas en contact, il n'y a pas union naturelle [σύμφυσις].
Il suit de là que le point ne se confond pas avec l'unité, car si
les points sont susceptibles d'être en contact, les unités ne le
sont pas : il n'y a pour elles que la succession ; enfin, il existe
un intermédiaire entre deux points, mais non entre deux unités.

LIVRE Λ (XII)

Selon Bonitz *(Metaph.* 23), le livre Λ présenterait un aspect décousu et ne serait qu'une compilation désordonnée de la *Physique*. En réalité, par son objet même, Λ apparaît comme le livre central de la *Métaphysique*, le pivot de tout le système. C'est à ce titre qu'il semble seul de son espèce et qu'il est, notamment, indépendant du livre B. Aristote y traite *ex professo* de l'Être en tant qu'être et de la nature de Dieu. Son authenticité est certaine ; il est cité dans le *de Motu Animalium*, 700 *b* 7.

On considère généralement Λ comme postérieur à M et à N, et Ravaisson, dans son analyse de la *Métaphysique*, le rejette à la fin. En fait, il paraît résulter des travaux de Jaeger *(Aristoteles*, p. 229), que ce livre est d'une rédaction plus ancienne, à l'exception toutefois du chapitre 8, dont le style est d'ailleurs différent, qui appartient à la dernière période de la vie d'Aristote et qui constitue une incursion de l'auteur dans le domaine cosmologique, au préjudice d'ailleurs de son système métaphysique.

Le livre Λ, par son contenu, est le prolongement et le couronnement de la *Physique*, particulièrement du livre VIII, lequel constituait déjà lui-même une conclusion métaphysique à la science de la nature, puisqu'il établit l'existence d'un Premier Moteur supra-sensible. Mais ce Moteur était présenté seulement comme transcendant et inétendu. Il restait à montrer qu'il est esprit : c'est l'objet du livre Λ [1].

On peut y distinguer deux parties :

La première partie (chap. 1-4), qui rentre peut-être dans la classe des ὑπομνηματικά, ou simples recueils de notes, établit l'importance primordiale de la cause motrice, laquelle ne peut appartenir qu'aux substances individuelles, à l'exclusion des universaux.

La seconde partie (chap. 6-10) prouve l'existence d'une Substance immobile et éternelle, au-dessus des substances individuelles.

Pour l'étude de ce livre capital, on consultera avec fruit le *Commentaire* de Saint Thomas (p. 882 *sq.*) et l'importante préface de Ross (I, p. CXXX à CLIV) à son édition de la *Métaphysique*. [N.d.T.]

15 *titul.*   1

< Les différentes espèces de substances >

La substance est l'objet de notre spéculation, puisque les principes et les causes que nous cherchons sont ceux des substances. Si l'Univers, en effet, est comme un tout, la substance
20 en est la partie première ; s'il est simplement une série, alors la substance vient encore en premier rang, et après elle vient la qualité, puis la quantité. En même temps, ces catégories autres que la substance ne sont pas des êtres proprement dits, mais des qualités et des mouvements de l'Être, sinon nous devrions reconnaître que le non-blanc et le non-droit sont aussi des êtres ; du moins nous leur attribuons aussi une existence dans

1. Voir dans Hamelin, *Le système d'Aristote*, p. 317, un bon exposé du livre VIII de la *Physique*.

nos jugements lorsque nous disons : le non-blanc est. De plus, aucune de ces catégories autres que la substance ne peut exister à l'état séparé. Les anciens philosophes attestent aussi, 25 par leur exemple, la primauté de la substance, car c'était de la substance qu'ils cherchaient les principes, les éléments et les causes. Les philosophes d'à présent donnent plutôt le rôle de substance aux universels, car ce sont des universels que ces genres dont ils font plutôt des principes et des substances, à raison de leur méthode de recherche dialectique [λογικῶς][1] ; mais les anciens philosophes considéraient les choses individuelles comme des substances, par exemple le Feu et la Terre, et non pas le Corps, qui leur est commun.

Il y a trois espèces de substances. L'une est sensible, et elle 30 se divise en substance éternelle et en substance corruptible. Sur la substance corruptible, tout le monde est d'accord : ce sont, par exemple, les plantes et les animaux. De cette substance sensible, il faut saisir les éléments, qu'ils soient un ou multiples[2]. L'autre substance est immobile ; elle a, suivant des philosophes, une réalité entièrement séparée ; les uns[3] la divisent en deux groupes, les autres[4] confondent dans une 35 nature unique les Idées et les Choses mathématiques, d'autres[5] enfin ne reconnaissent de ces deux substances que les Choses

1. Sur le sens de λογικῶς, cf. Z, 4, *init.*, note.

2. Nous suivons le texte de Ross (II, 350), lequel, l. 31, maintient ἀΐδιος ἡ δὲ, que Christ place entre crochets, mais il supprime par contre ἡ δ᾽ ἀΐδιος, l. 32. Cette correction semble en effet indispensable, car le relatif ἧς, l. 32, se rapporte incontestablement à la substance sensible.

3. Platon, qui distingue les Idées et les Choses mathématiques, les unes et les autres étant des réalités transcendantes.

4. Xénocrate.

5. Speusippe.

mathématiques. Les deux substances sensibles sont l'objet de la Physique, car elles impliquent le mouvement; mais la
1069 b substance immobile est l'objet d'une science différente[1], si elle n'a aucun principe commun avec les autres espèces de substances.

La substance sensible est sujette au changement. Or si le changement a lieu à partir des opposés ou des intermédiaires, non pas certes de tous les opposés (car le son est non-blanc[2]),
5 mais seulement à partir du contraire, il y a nécessairement un substratum qui change du contraire au contraire, car ce ne sont pas les contraires qui se transforment l'un dans l'autre.

2

< La substance implique matière, forme et privation[3] >

De plus, il y a quelque chose de permanent, et le contraire n'est pas permanent. Il existe donc un troisième terme outre les contraires, et c'est la matière. Puisqu'il y a quatre sortes de changements : selon la substance, ou la qualité, ou la quantité,
10 ou le lieu, – le changement selon la substance étant la génération et la corruption absolues; le changement selon la quantité, l'accroissement et le décroissement; le changement selon la qualité, l'altération, et le changement de lieu, la translation; – les changements se feront entre des contraires, envisagés

---

1. La Métaphysique.
2. *Vox dici quidem potest non-album, sed non ex hoc non-albo fit aliquid album, sed ex colore non-albo, igitur* ἐκ τοῦ ἐναντίου (Bonitz, *Metaph.*, 472).
3. Le chapitre 2 est la continuation du précédent dont il n'est séparé qu'arbitrairement.

sous chacun de ces aspects. Nécessairement donc, la matière
qui change doit être en puissance des deux contraires. Mais
puisque l'Être a un double sens, tout changement s'effectue de 15
l'Être en puissance à l'Être en acte, ainsi du blanc en puissance
au blanc en acte. De même pour l'accroissement et le décroissement. Il en résulte que, non seulement un être peut procéder
par accident du Non-Être, mais encore que tout peut procéder
de l'Être, de l'Être en puissance toutefois et non de l'Être en 20
acte. C'est ainsi qu'on doit concevoir l'Un d'Anaxagore ; car,
au lieu de dire : « Toutes choses étaient confondues », ou de
parler du mélange, avec Empédocle et Anaximandre, ou de
partager l'opinion de Démocrite, il est préférable de dire :
tout était confondu en puissance, mais non en acte [1]. Ces philosophes semblent donc avoir quelque notion de la matière.

Tout ce qui change a une matière, mais elle est différente
en chaque cas. Ceux des êtres éternels qui, non générables, 25
sont cependant soumis au mouvement de translation, ont une
matière, non pas la matière sujet de la génération, mais la
matière sujet du mouvement d'un lieu à un autre [2].

On pourrait se demander à partir de quelle sorte de Non-
Être se fait la génération, car le Non-Être se prend en trois

1. Le texte qui précède soulève des difficultés d'interprétation. Nous avons
adopté la leçon et le sens proposés par Ross (II, 350) qui nous paraissent satis-
faisants. – L'Un d'Anaxagore désigne, assez inexactement du reste, le μῖγμα,
ou principe matériel opposé au Νοῦς ordonnateur. Même inexactitude de terminologie pour Anaximandre, dont l'ἄπειρον est appelé μῖγμα. Peut-être
faudrait-il transposer Anaxagore et Anaximandre. Cf. Ross, *loc. cit.*

2. C'est la matière locale (ὕλη τοπική) déjà rencontrée, la matière *quae est
in potentia ad terminos motus localis qui sunt, unde incipit motus, et quo motus
intendit* (Thomas, *Comm.*, n. 2436, p. 688). – Les l. 20-26 constituent une
parenthèse.

sens [1]. Si donc il est vrai que la génération procède de cette espèce de non-être qui est le Non-Être selon la puissance, encore n'est-ce pas une puissance de produire tel ou tel être indifféremment, mais des choses différentes viennent de choses différentes. Il ne suffit pas de dire non plus que 30 « toutes choses existaient ensemble », car elles diffèrent par leur matière ; pourquoi, sans cela, se serait-il produit une infinité d'êtres, et non un seul ? En effet, <dans le système d'Anaxagore> l'Intelligence [Νοῦς] est une ; si donc la matière aussi était une, il ne serait venu à l'acte que ce dont elle eût été matière en puissance [2].

Ainsi il y a trois causes, trois principes : deux constituent un couple de contraires, dont l'un est définition et forme, et l'autre, privation ; le troisième principe est la matière.

3

<Absence de génération pour la matière et la forme.
La forme séparée, dans les êtres naturels
et dans les choses artificielles >

35   Après cela, il faut noter que ni la matière, ni la forme ne sont engendrées ; j'entends la matière et la forme prochaines [τὰ ἔσχατα] [3]. Tout ce qui change, en effet, est quelque chose

1. Cf. N, 2, 1089 *a* 26-28. – Il y a le non-être selon les diverses catégories, le non-être comme faux, et le non-être en tant que puissance.

2. Savoir, une unité indifférenciée, car *ubi est unum agens et una materia, necesse est esse unum factum, ut in decimo habitum est* (Thomas, *Comm.*, n. 2439, p. 689).

3. Le Ps. Alex. (675, 5 Hd) comprend qu'il s'agit de la matière première et de la forme dernière. Mais, comme le remarque Ross (II, 354), il est difficile

qui est changé, par quelque chose, en quelque chose. Ce par
quoi le changement a lieu, c'est le moteur prochain ; ce qui est 1070 a
changé, c'est la matière, et ce en quoi elle est changée, c'est la
forme. On irait donc à l'infini, si on engendrait non seulement
la sphère d'airain[1], mais encore la forme ronde ou l'airain ;
ainsi, il faut s'arrêter.

Après cela, il faut noter que chaque substance procède
d'un agent synonyme (sont substances les êtres naturels et 5
aussi les autres choses). Les êtres, en effet, proviennent soit
de l'art, soit de la nature, soit de la fortune, soit du hasard. L'art
est principe de mouvement en une autre chose, la nature
est principe dans la chose même, car l'homme engendre
l'homme[2]. Quant aux autres causes elles ne sont que des
privations de ces deux-là[3].

Les substances sont de trois sortes : d'abord la matière, qui
pourtant n'apparaît comme une substance que par un prestige
de l'imagination[4], (car toutes les choses pour lesquelles il y a 10
simple contact et non connexion naturelle sont matière et

d'admettre qu'Aristote ait donné ainsi à τὰ ἔσχατα deux sens opposés. Ainsi
que le montre l'exemple qui suit, il s'agit bien de la matière prochaine et de la
forme prochaine.

1. Par l'imposition de la rondeur à l'airain. – Si non seulement le composé,
mais encore la matière prochaine (l'airain) et la forme prochaine (la rondeur)
étaient engendrées, cette forme et cette matière auraient, à leur tour, forme et
matière, et ainsi de suite à l'infini.

2. Cet exemple, familier à Aristote, se rapporte non pas à ce qui précède
immédiatement, mais à ce qui est dit, l. 5, sur la substance synonyme.

3. La fortune et le hasard sont des privations de l'art et de la nature. *Fortuna
et casus sunt quasi defectus et privationes naturae et artis. Nam fortuna est
intellectus agens praeter intentionem, et casus natura agens praeter intentionem, etc*. (Saint Thomas, *Comm*., n. 2445, p. 691).

4. Interprétation de Bonitz, *Metaph.*, 476.

sujet); – puis la nature, qui est la forme, un état positif, fin de la génération[1]; – quant à la troisième substance, elle est composée des deux premières, c'est la substance individuelle, comme Socrate ou Callias. Pour certains êtres[2], la forme n'existe pas en dehors de la substance composée, par exemple la forme d'une maison, à moins que par forme on n'entende l'art de
15 bâtir (il n'y a d'ailleurs pas, pour les formes des objets artificiels, génération et corruption. C'est d'une autre manière que sont, et ne sont pas, et la maison, celle qui est immatérielle, et la santé, et tout ce qui dépend de l'art[3]), mais si la forme peut exister à part des choses composées, c'est seulement chez les êtres naturels C'est pourquoi Platon n'avait pas tort de dire qu'il n'y a d'Idées que des choses naturelles, s'il est vrai toutefois qu'il existe des Idées séparées de ces choses, telles que le feu, la chair, la tête[4], toutes choses qui sont matière, et la
20 dernière matière est la matière de ce qui est le plus substance[5].

Les causes efficientes ont donc une existence antérieure à leurs effets, mais les causes, dans le sens de causes formelles, sont coexistantes à leurs effets. C'est en effet quand l'homme est sain que la santé existe aussi, et la figure de la sphère

1. L. 12, nous lisons avec Ross (II, 356) καὶ ἕξίς τις εἰς ἥν (sc. ἡ γένεσίς ἐστιν).

2. Les choses artificielles.

3. Les choses artificielles ne sont que par la pensée de l'artiste.

4. Nous adoptons pour ce passage le texte de Bekker. (Cf. Robin, *La Théorie Platonicienne*, p. 113, n. 2).

5. Ross (II, 357), à la suite du Ps. Alex. (677, 14 Hd) rattache ce passage, à partir de οἷον, l. 20, à la l. 11, mais cette transposition ne semble pas nécessaire. Quoi qu'il en soit, Aristote veut dire que le Feu est matière de la chair, la chair, matière de la tête, et la tête, matière du corps vivant, lequel est la substance par excellence.

d'airain est coexistante à la sphère d'airain. – Mais quant
à savoir s'il subsiste quelque chose après la dissolution du
composé, c'est à examiner. Pour certains êtres, rien ne s'y 25
oppose : l'âme, par exemple, est dans ce cas; non pas l'âme
tout entière, mais l'intellect [νοῦς], car pour l'âme entière, cela
est probablement impossible[1]. – Il est donc évident que la
nécessité d'expliquer la génération et le changement ne nous
contraint nullement par elle-même à admettre l'existence des
Idées : un homme particulier engendre un homme particulier,
l'individu engendre l'individu. Il en est de même pour les arts : 30
la médecine est la forme de la santé.

4

< De l'identité des causes chez tous les êtres >

Les causes et les principes des différents êtres sont, en un
sens, différents, mais, en un autre sens, si on parle en général et
par analogie, ils sont les mêmes pour tous les êtres. – On pourrait, en effet, se demander s'il y a diversité ou identité de principes et d'éléments pour les substances et les relatifs, et, semblablement, pour chacune des catégories. Mais il est absurde 35
d'admettre l'identité des principes pour toutes choses, car ce
sera alors des mêmes principes que procéderont les relatifs et
la substance. Que sera alors ce principe commun ? En effet, 1070 b
au-dessus de la substance et des autres prédicaments, il n'y a
aucun genre commun ; mais l'élément est antérieur aux choses

1. Sur la question de l'immortalité personnelle selon Aristote, voir une
note intéressante dans Rodier, *Éthique à Nicomaque*, livre X, p. 117 et 118.
L'intellect est la partie raisonnable de l'âme.

dont il est l'élément. Ce n'est pas davantage la substance qui peut être l'élément des relatifs, ni un relatif quelconque celui de la substance. – En outre, comment les éléments de toutes
5 choses pourraient-ils être les mêmes? Il ne saurait y avoir identité entre un composé d'éléments et ses éléments. *B* ou *A*, par exemple, ne peuvent pas être identiques au composé *BA*. Il n'existe même pas d'élément intelligible commun, tel que l'Un ou l'Être, car ce sont là des éléments qui appartiennent à chacun des simples et des composés. Il en résulterait qu'aucun des composés ne serait ni être ni un, soit la substance, soit le relatif, et pourtant il est nécessaire qu'ils soient être et un [1].

Les êtres n'ont donc pas tous les mêmes éléments, ou
10 plutôt, comme nous l'avons dit, il y a identité des éléments en un sens, et, en un autre sens, il n'y a pas identité [2]. Ainsi peut-être les éléments des corps sensibles sont-ils, comme forme, le chaud, et, en un autre sens, le froid, qui est la privation, – et, comme matière, ce qui, immédiatement et par soi, enveloppe en puissance ces qualités; et sont substances tant la matière, la forme et la privation [ταῦτα], que les éléments qui en sont

---

1. Nous lisons avec le Ps. Alex., 679, 22 Hd (cf. Robin, *La théorie platonicienne*, p. 520, n. 464) : οὐδὲ δὴ τῶν νοητῶν στοιχείων οἷον τὸ ὄν ἢ τὸ ἓν ὑπάρχει γάρ ταῦθ᾽ ἑκάστῳ [*sc.* τῶν ἁπλῶν] καὶ τῶν συνθέτων οὐδὲν ἄρ᾽ ἔσται αὐτῶν [*sc.* συνθέτων] οὔτ᾽ οὐσία οὔτε πρός τι ἀλλ᾽ ἀναγκαῖον. – L'interprétation que nous suivons de ce difficile passage est celle qui est proposée en premier lieu par le Pseudo-Alexandre et adoptée par Robin. Elle présente l'avantage de respecter l'enchaînement des idées, mais elle est un peu pénible. – Dans un sens différent, cf. Ross, II, 359, qui considère, 1070 *b* 7-8, οὐδὲ… συνθέτων comme une simple parenthèse, et Christ, pour qui c'est une addition marginale.

2. Aristote vient de montrer que les causes de différentes choses sont différentes. Il va établir maintenant (et sa démonstration se poursuivra jusqu'à la fin du chapitre 5) qu'elles sont les mêmes par analogie.

composés et dont elles sont les principes, et aussi toute unité engendrée à partir du chaud et du froid, comme la chair 15 ou l'os, car l'être produit est nécessairement différent de ses éléments[1]. Ces substances sensibles ont donc les mêmes éléments et les mêmes principes, mais variables en chaque espèce ; toutefois on ne peut dire au sens propre qu'il y ait identité de principes pour tous les êtres[2], mais seulement par analogie ; on pourrait dire, par exemple, qu'il y a trois principes, la forme, la privation et la matière. Mais chacun de ces termes est autre en chaque genre : par exemple, pour la 20 couleur, c'est le blanc, le noir, la surface, et pour le jour et la nuit, la lumière, l'obscurité et l'air.

Puisque ce ne sont pas seulement les éléments immanents qui sont causes, mais encore un facteur externe, savoir le moteur, il est clair qu'il y a une différence entre principe et élément, que tous les deux sont des causes, qu'il faut diviser les principes en immanents et extérieurs, et que l'être qui est extérieur comme mouvant ou mettant en repos est un principe et une substance. Ainsi donc, par analogie, les éléments sont au 25 nombre de trois, et les causes et les principes, au nombre de quatre ; mais ils sont tels ici, et autres là, et la cause prochaine

1. Aristote distingue donc trois sortes de substances : *a)* La matière, la forme et la privation (ταῦτα) ; *b)* Les substances qui en sont constituées, c'est-à-dire les quatre éléments, dans la composition desquels, entre, comme matière, la *materia prima*, comme forme, le chaud, par exemple, et comme privation de la forme, le froid ; *c)* Les substances homéomères qui dérivent de la classe précédente. A leur tour, ces substances homéomères produiront des ἀνομοιομερῆ, substances dérivées dont Aristote ne parle pas (Ross, II, 360).

2. C'est-à-dire y compris les substances non-sensibles et les choses appartenant aux catégories autres que la substance.

envisagée comme motrice varie en chaque cas. Par exemple, pour le corps pris comme matière, la forme est la santé, la privation, la maladie, et le moteur, la médecine ; pour une maison, la matière ce sont les briques, la forme, l'idée de la maison, la privation, un certain désordre, et la cause efficiente, l'art de bâtir[1]. Telle est la façon dont il faut diviser les principes. Et

30 puisque, dans les êtres naturels, pour l'homme, par exemple, le moteur est un homme, tandis que, dans les êtres qui sont des produits de la pensée, le moteur est la forme ou son contraire[2], d'une certaine manière il y aura trois causes[3], mais d'une autre manière il y en aura quatre : la médecine en effet est, en un sens, la santé, l'art de bâtir est la forme de la maison, et l'homme engendre l'homme. Enfin, en dehors de ces principes, se place

35 ce qui, comme premier de tous les êtres, meut tous les êtres.

5

*< Comment l'acte et la puissance s'appliquent
à tous les êtres >*

Certains êtres sont séparés, d'autres ne sont pas séparés, et

1071 a ce sont les premiers qui sont des substances. C'est pourquoi toutes les choses ont les mêmes causes[4], car, indépendamment des substances, les déterminations et les mouvements

---

1. Le texte d'Aristote étant très elliptique, nous avons dû paraphraser pour en dégager le sens.
2. La privation.
3. La matière, la forme et la privation.
4. C'est-à-dire les causes des substances sont les causes de toutes choses.
– Il faut lire, 1071 *a* 1, ταὐτά et non ταῦτα.

n'existent pas. Ajoutons que ces causes seront[1] probablement l'âme et le corps, ou bien l'intellect, le désir et le corps.

D'une autre manière encore, toutes les choses ont les mêmes principes par analogie : par exemple l'acte et la puissance. Mais acte et puissance sont non seulement autres, mais aussi d'une application différente suivant les êtres. Dans cer- 5 tains cas, la même chose est tantôt en acte, tantôt en puissance, par exemple le vin, la chair ou l'homme. – La puissance et l'acte rentrent alors dans les causes que nous avons énumérées[2] ; en effet, c'est en acte qu'existent, d'une part, la forme, si elle est séparée, d'autre part, le composé de la matière et de la forme, et enfin la privation, comme l'obscurité ou la maladie. C'est au contraire en puissance qu'existe la matière, car elle est 10 ce qui peut se réaliser par la forme ou par la privation. – Mais la distinction de l'acte et de la puissance s'applique d'une autre manière au cas où la matière de la cause et de l'effet n'est pas la même, la forme aussi, dans certains de ces cas, n'étant pas la même, mais différente[3]. Ainsi l'homme a d'abord pour cause ses éléments, savoir le Feu et la Terre, comme matière, et sa forme propre, – puis une autre cause, cause externe, c'est-à- 15 dire le père, – et enfin, outre ces causes, le Soleil et l'Écliptique [λοξὸς κύκλος], lesquels ne sont ni matière, ni forme, ni

---

1. Pour les êtres vivants, auxquels Aristote pense surtout.

2. C'est-à-dire la matière, la forme et la privation.

3. Sur ce difficile passage, cf. Ross, II, 364. – Aristote applique la relation puissance-acte aux choses individuelles dont l'une (le père, le Soleil) engendre l'autre (l'enfant). Mais alors la cause et l'effet peuvent avoir une matière différente (le Soleil, l'enfant) et même une forme différente (le Soleil n'a pas non plus la même forme que l'enfant). – Sur la causalité de l'Écliptique, cf. *infra*, 6, 1070 *a* 10, et la note.

privation de la forme, ni de la même espèce que l'homme, mais des causes efficientes.

En outre, il faut considérer que, parmi les causes, les unes sont dites universelles et les autres, particulières. Les causes prochaines de tout être sont, d'un côté, ce qui est en acte immédiatement telle chose, et, de l'autre, ce qui est en puissance cette chose[1]. Les causes universelles dont nous parlions 20 n'existent donc pas. Le principe des individus, en effet, c'est l'individu; de l'homme en général ne sortirait que l'homme en général, mais l'homme en général n'est pas; c'est Pélée qui est le principe d'Achille, c'est ton père qui est ton principe, c'est ce *B* déterminé qui est celui de cette syllabe déterminée *BA*, le *B* en général n'étant que le principe de la syllabe *BA* en général.

Ensuite, s'il est vrai que les causes des substances sont les causes de toutes choses[2], cependant les causes et les éléments 25 sont, comme nous l'avons dit[3], différents pour les différents êtres; pour les êtres qui ne rentrent pas dans le même genre, couleurs, sons, substances, qualités, ils ont aussi des causes différentes, à moins que ce ne soit par analogie; de même les causes des êtres qui appartiennent à la même espèce sont différentes, non pas spécifiquement, mais en ce que les causes des différents individus sont différentes : ta matière, ta forme, ta cause efficiente ne sont pas les miennes, elles ne sont les mêmes que dans leur notion générale. Si l'on recherche quels

---

1. L'enfant, par exemple, a pour causes immédiates son père (cause efficiente et cause formelle) et sa mère (cause matérielle).

2. Texte difficile. Nous lisons avec Ross, II, p. 366 : ἔπειτα, εἰ δὴ τὰ τῶν οὐσιῶν...

3. *Supra*, 1070 *b* 17.

sont les principes ou les éléments des substances, des relatifs et 30
des qualités, que ces principes et éléments soient les mêmes ou
qu'ils soient autres, il est clair que, pris dans leurs sens multiples, ils sont les mêmes pour chaque être, mais que si on établit
des distinctions de sens, ils ne sont plus les mêmes, mais ils
sont différents, tout en restant les mêmes pour toutes choses
dans les sens que voici. Les principes sont les mêmes ou analogues, d'abord en ce sens que matière, forme, privation, cause
efficiente, sont communes à toutes choses ; puis parce que les
causes des substances peuvent être considérées comme les 35
causes de toutes choses, en ce sens qu'une fois les substances
anéanties, toutes les autres catégories sont anéanties ; enfin
parce que ce qui est premier en entéléchie est aussi la cause de
toutes choses. Mais, en un autre sens, il y a des causes prochaines différentes : ce sont tous les contraires qui ne sont ni des
termes génériques, ni des termes présentant plusieurs sens [1] ; en
outre les matières des différents individus sont différentes.

Nous avons ainsi exposé quels sont les principes des 1071 b
choses sensibles, quel est leur nombre, en quel sens ils sont les
mêmes, et en quel sens ils sont autres.

1. Aristote a en vue les contraires individuels (telle forme déterminée, telle
privation déterminée) qui caractérisent chaque chose, par opposition aux
contraires appartenant au même genre (le blanc et le noir) ou offrant un sens
plus général encore (la forme, la privation). Les mots ὅσα τὰ ἐναντία, l. 36,
signifient donc bien comme le dit le Ps. Alex., 685, 16 Hd, εἶδος et στέρησις,
mais en tant que propres à chaque chose. C'est ce que ne semble pas avoir
aperçu Bonitz, *Metaph.*, 487.

6

< Nécessité d'un Premier Moteur éternel >

Puisqu'il y a, avons-nous dit, trois sortes de substances, dont deux physiques et une immobile, nous devons parler de cette dernière, et montrer qu'il existe nécessairement une substance éternelle immobile.

5   Les substances, en effet, sont les premiers des êtres, et si elles étaient toutes corruptibles, tous les êtres seraient corruptibles. Mais il est impossible que le mouvement ait commencé ou qu'il finisse, car il est éternel. De même pour le temps, car il ne pourrait y avoir ni antérieur, ni postérieur, si le temps n'existait pas. Le mouvement est donc continu, lui aussi, de la même façon que le temps ; ou bien, en effet, mouvement
10   et temps sont identiques, ou bien le temps est un mode du mouvement[1]. Mais il n'y a de mouvement continu que le mouvement dans le lieu, et encore faut-il que ce mouvement soit circulaire[2].

Mais, existât-il une cause motrice ou efficiente, si cette cause ne passe pas à l'acte, il n'y aura pas de mouvement éternel, car il est possible que ce qui a la puissance n'agisse pas. Il

---

1. Si toutes les substances sont corruptibles, tous les êtres seront corruptibles, comme dérivés de substances antérieures. – Mais temps et mouvement sont éternels. Le temps est éternel, sinon *avant* lui il n'y aurait pas de temps ; mais le terme *avant* suppose le temps. Même raisonnement pour le mouvement, lequel est identique au temps, ou plutôt, dont le temps n'est qu'un mode (Aristote définit le temps comme *le nombre du mouvement suivant l'antérieur et le postérieur*). Donc il y a des substances incorruptibles. Cf. *Phys.*, VIII, 1 à 3.

2. Cf. *Phys.*, VIII, 8, 261 *b* 27 et 264 *a*, où les preuves de ces propositions sont fournies.

ne sert de rien d'admettre une telle cause, même si nous supposons des substances éternelles, à l'exemple des partisans des Idées, à moins qu'elles ne renferment un principe capable 15 d'opérer le changement. Donc, ni cette substance ne suffit, ni aucune substance autre que les Idées[1], car si cette substance ne meut pas actuellement[2], il n'y aura pas de mouvement. Le mouvement ne se produira pas non plus, lors même que la cause dût mouvoir actuellement, si l'essence de cette cause est la puissance, car alors le mouvement ne sera pas éternel, ce qui est en puissance pouvant cesser d'être. Il faut donc qu'il existe un principe tel que l'acte même de mouvoir en soit l'essence. 20 En outre, donc, les substances en question doivent être immatérielles, car il faut qu'elles soient éternelles, s'il est quelque chose d'éternel; donc elles doivent être en acte.

Toutefois une difficulté se présente. Tout être en acte a, semble-t-il, la puissance, mais tout ce qui a la puissance ne passe pas à l'acte, de sorte que l'antériorité appartiendrait à la puissance. Mais s'il en est ainsi, rien de ce qui est n'existera, 25 car il est possible que ce qui a la puissance d'être ne soit pas encore. Cependant, soit qu'on suive l'opinion des théologiens[3], qui engendrent toutes choses de la Nuit, soit qu'à l'exemple des physiciens[4], on dise que «toutes choses étaient confondues», des deux côtés l'impossibilité est la même. Comment, en effet, y aura-t-il mouvement, s'il n'y a pas

1. Par cette autre substance, Aristote désigne, ou bien les nombres (Bonitz, *Metaph.*, 489, Ross, II, 369), ou plutôt l'Âme du Monde (*Timée*, 30 *a sq.*); Robin, *La théorie platonicienne*, p. 93, n. 100-III).

2. C'est une simple puissance de mouvoir.

3. Notamment Hésiode, *Les travaux et les jours*, 17, et *Théogonie*, 116 *sq.*

4. Anaxagore, fragment 1.

de cause motrice en acte ? Ce n'est pas le bois brut, assurément,
30 qui se meut lui-même, mais il est mû par l'art du charpentier ;
ni les menstrues, ni la terre, mais il leur faut les semences et
la cause génératrice. Aussi quelques philosophes, comme
Leucippe et Platon[1], professent-ils que l'acte est éternel,
puisqu'ils admettent l'éternité du mouvement. Mais ils
n'énoncent rien ni sur le pourquoi, ni sur la nature, ni sur le
sens, ni sur la cause du mouvement éternel. Pourtant rien n'est
mû par hasard, mais il faut toujours qu'il existe une cause
35 déterminée : c'est ainsi que nous voyons chaque chose se mouvoir, de telle façon par nature, de telle autre par contrainte ou
par l'intelligence, ou par quelque autre cause. Ensuite, quelle
sorte de mouvement est première ? Cela importe énormément,
en effet[2]. Platon n'a même pas ici la ressource d'invoquer ce
qu'il suppose parfois être le principe du mouvement, savoir
1072 a l'Âme du monde automotrice [τὸ αὐτὸ ἑαυτὸ κινοῦν], car
l'Âme du monde, de son propre aveu[3], est postérieure au mouvement et contemporaine du Cosmos. Ainsi, regarder la puissance comme antérieure à l'acte, c'est avoir raison en un sens,
et tort en un autre, nous avons dit comment[4]. Que l'acte soit
5 antérieur, c'est ce qu'atteste Anaxagore (car, dans son système,
l'Intelligence est en acte), et, avec lui, Empédocle, qui admet
comme principes des choses l'Amitié et la Haine, ainsi que les

1. Dans *Timée*, 30 a.

2. La différence est considérable entre le mouvement κατά φύσιν et le
mouvement παρὰ φύσιν, et il faut dire lequel est le premier. Cf. Ps. Alex., 691,
7 Hd ; Thomas, *Comm.*, p. 707, n. 2505.

3. Dans *Timée*, 34 b. – Bonitz (*Metaph.*, 491) interprète à tort ὕστερον, l. 2,
comme *post cœli generationem*.

4. *Supra*, 1071 b 22-26.

philosophes qui, comme Leucippe, disent que le mouvement est éternel.

La Nuit et le Chaos n'ont donc pas existé pendant un temps infini, mais les mêmes choses ont toujours existé, soit selon un cycle [περιόδῳ][1], soit en vertu d'une autre loi, puisque l'acte est antérieur à la puissance. Si donc il y a un cycle constant, il doit persister toujours quelque cause[2], agissant de la même 10 manière. D'un autre côté, s'il doit y avoir génération et corruption, il faut qu'il y ait une autre cause encore[3], éternellement agissante, tantôt dans un sens, tantôt dans un autre. Il faut donc que cette nouvelle cause agisse, dans un sens par elle-même, et, dans un autre sens, en vertu d'une autre chose ; et cette autre chose, ce sera par conséquent, ou bien une troisième cause[4], ou bien la première cause[5]. Mais c'est nécessairement en vertu de la première cause, sinon la première cause devrait encore être la cause et de la seconde [αὐτῷ][6] et de la troisième : c'est 15 pourquoi il est préférable de dire que c'est la première cause[7]. C'est elle, en effet, qui est la cause de l'éternelle uniformité,

1. Comme dans le système d'Empédocle.
2. C'est-à-dire la Sphère des fixes. Cette sphère, en effet, parallèle à l'Équateur et qui reste à distance constante de la Terre, est la cause de la permanence dans le monde. Par contre, l'alternance des générations et des corruptions a pour cause le mouvement de l'Écliptique, le Soleil se trouvant tantôt plus rapproché, tantôt plus éloigné de la Terre. (Cf. *De Gen. et Corrupt.*, II, 10, 336 *a* 23, Thomas, *Comm.*, n. 2511, p. 709).
3. Le Soleil.
4. La sphère de Saturne, suivant le Ps. Alex., 692, 15 Hd.
5. La Sphère des Étoiles fixes.
6. Leçon du Ps. Alex. et de Ross (II, 372). – αὐτῷ se rapporte au Soleil.
7. Pour plus de simplicité et d'économie.

tandis que l'autre est la cause de la diversité, et les deux réunies sont évidemment la cause de la diversité éternelle.

Telle est donc la façon dont les mouvements se comportent. A quoi bon alors rechercher d'autres principes [1] ?

7

< Nature du Premier Moteur >

Puisqu'il est possible qu'il en soit ainsi, et que, s'il n'en était pas ainsi, le monde viendrait de la Nuit, de la « Confusion
20 universelle » [2] et du Non-Être, ces difficultés peuvent être considérées comme résolues. Il existe donc quelque chose, toujours mû d'un mouvement sans arrêt, et ce mouvement est le mouvement circulaire. Cela est évident, non seulement en vertu du raisonnement, mais en fait. Il s'ensuit que le Premier Ciel [3] doit être éternel. Il y a donc aussi quelque chose qui le meut, et puisque ce qui est mû et meut est un moyen terme
25 [μέσον], il doit y avoir un extrême qui meut sans être mû [4], être éternel, substance et acte pur.

C'est bien ainsi que meuvent le désirable [τὸ ὀρεκτόν] et l'intelligible [τὸ νοητόν]; ils meuvent sans être mus [5]. Le suprême Désirable est identique au suprême Intelligible. En effet, l'objet du désir [ἐπιθυμητόν] est le bien apparent, et

1. Telles que les Idées platoniciennes.

2. Anaxagore, fragment 1.

3. La Sphère des étoiles fixes.

4. ὃ οὗ κινούμενον κινεῖ. Texte difficile. Nous adoptons la leçon proposée par Ross, II, 374.

5. Doctrine essentielle chez Aristote. Voir de très importants développements dans Thomas, *Sum. Theol.*, Iª, *quaest.* 70.

l'objet premier de la volonté raisonnable [βουλητὸν πρῶτον] est le Bien réel [τὸ ὂν καλόν]. Nous désirons une chose parce qu'elle nous semble bonne, plutôt qu'elle ne nous semble bonne parce que nous la désirons : le principe, c'est la pensée. Or l'intellect est mû par l'intelligible, et la série positive des opposés est intelligible par soi[1]. Dans cette série positive, la substance est première, et, dans la substance, ce qui est simple et en acte est premier. (L'Un et le simple ne sont d'ailleurs pas identiques : l'Un signifie une mesure de quelque chose, le simple signifie un certain état de la chose elle-même). Mais le Bien en soi et le Désirable en soi rentrent aussi l'un et l'autre dans la même série, et ce qui est premier dans cette série est toujours le meilleur, ou analogue au meilleur[2].

Que la cause finale puisse résider parmi les êtres immo- 1072 b biles[3], c'est ce que démontre la distinction de ses significations. La cause finale, en effet, est l'être pour qui elle est une fin [τινί τὸ οὗ ἕνεκα] et c'est aussi le but lui-même [τινός], en

1. La série positive comprend des termes tels que l'Être, l'Un, la substance, qui sont connus par soi ; la série négative comprend le Non-Être, la Pluralité, la non-substance qui sont seulement connus par la négation du terme positif correspondant.

2. « Analogue au meilleur », quand il n'y a pas de meilleur au sens strict. – L'objet du raisonnement d'Aristote, dans tout ce paragraphe, est d'établir l'identité du suprême Désirable et du suprême Intelligible en un seul Être. La marche suivie est celle-ci. En tête de la série positive des entités, figure la substance, et la substance immatérielle est antérieure aux autres substances qui renferment de la matière ; elle est ainsi πρῶτον νοητόν. Mais le Bien appartient aussi à la série positive, laquelle est un assemblage de καλά. D'autre part, nous savons que le Bien est πρῶτον ὀ εκτόν. Et ainsi la substance immatérielle est à la fois πρῶτον νοητόν et πρῶτον ὀρεκτόν (Ross, II, 375).

3. Contrairement à ce qu'on pourrait croire. – Aristote répond donc à une objection possible.

ce dernier sens la fin peut exister dans les êtres immobiles, mais non au premier sens[1]. La cause finale, prise en ce sens, meut donc comme objet de l'amour [ἐρώμενον], et toutes les autres choses meuvent parce qu'elles sont mues elles-mêmes[2]. – Maintenant, l'être qui est mû est susceptible d'être autrement qu'il n'est. Si donc son acte est la première espèce du mou-
5 vement de translation [φορά][3], c'est en tant qu'il est sujet au changement qu'il peut être autrement, savoir selon le lieu, même s'il ne le peut quant à la substance[4]. Mais puisqu'il y a un moteur lui-même immobile, existant en acte, cet être ne peut être d'aucune manière autrement qu'il n'est. La trans-lation est en effet le premier des changements, et la première translation est la translation circulaire; or ce mouvement circulaire, c'est le Premier Moteur qui le produit[5]. Le Premier
10 Moteur est donc un être nécessaire, et, en tant que nécessaire, il est le Bien, et ainsi il est principe du mouvement [ἐξ ἀνάγκης ἄρα ἐστὶν ὄν· καὶ ᾗ ἀνάγκῃ, καλῶς, καὶ οὕτως ἀρχή][6]. On sait

1. La fin, c'est le but (τὸ οὗ, *finis qui*), par exemple le bonheur; c'est aussi l'être (τὸ ᾧ, *finis cui*) auquel cette fin est bonne, Socrate, par exemple. C'est dans ce dernier sens seulement que la fin ne peut se trouver dans les êtres immo-biles, car la possession du Bien implique le changement dans ce qui le possède, ce qui est incompatible avec l'immobilité des êtres éternels (cf. *De anima*, II, 4, 415 *b* 2, et la note de Rodier, II, p. 228).

2. Nous suivons Ross (II, p. 377) qui propose de lire, l. 4, κινούμενα, au lieu de κινουμένῳ.

3. C'est-à-dire le mouvement circulaire, comme il est expliqué ci-après.

4. Cf. Ross, II, 377, dont nous adoptons l'interprétation. – Le changement substantiel est la génération ou la corruption.

5. Le Premier Moteur immobile échappe à la contingence; il ne pourrait être sujet qu'au mouvement de translation; or c'est lui qui le produit.

6. Voir un bon commentaire de ce texte capital dans J. Chevalier, *La notion du nécessaire…*, p. 141-142.

que le nécessaire présente les sens suivants : il y a la nécessité
qui résulte de la contrainte, en ce qu'elle force notre incli-
nation naturelle ; puis celle qui est la condition du Bien ;
enfin le nécessaire, c'est ce qui n'est pas susceptible d'être
autrement, et qui existe seulement d'une seule manière.

Tel est le Principe auquel sont suspendus le Ciel et la
nature. Sa vie [διαγωγή][1], à lui, réalise la plus haute perfection, mais nous ne la vivons, nous, que pour peu de temps. 15
Cette vie-là, en effet, c'est toujours qu'il l'a, lui (chose qui
pour nous est impossible), puisque sa jouissance, c'est son acte
même. C'est parce qu'elles sont des actes, que la veille, la sensation, la pensée sont nos plus grandes jouissances ; l'espé-
rance et le souvenir ne sont des jouissances que par celles-là.
Or la Pensée, celle qui est par soi[2], est la pensée de ce qui est le
meilleur par soi, et la Pensée souveraine est celle du Bien
souverain [ἡ μάλιστα τοῦ μάλιστα]. L'intelligence se pense
elle-même en saisissant l'intelligible [κατὰ μετάληψιν τοῦ 20
νοητοῦ], car elle devient elle-même intelligible, en entrant en
contact avec son objet et en le pensant, de sorte qu'il y a identité entre l'intelligence et l'intelligible, car le réceptacle de
l'intelligible et de l'essence, c'est l'intelligence, et l'intelligence en acte est la possession de l'intelligible. Aussi la possession plutôt que la faculté est-elle l'élément divin que
l'intelligence semble renfermer, et l'acte de contemplation

---

1. Διαγωγή est la contemplation du beau, c'est la fin de la pratique et
l'idéal de toute vie.

2. La Pensée divine est « par soi » en ce qu'elle est indépendante des sens et
de l'imagination.

[θεωρία] est la jouissance parfaite et souveraine. Si donc
Dieu a toujours la joie que nous ne possédons qu'à certains
25 moments, cela est admirable, mais s'il l'a bien plus grande,
cela est plus admirable encore. Or c'est ainsi qu'il l'a. – La vie
aussi appartient à Dieu, car l'acte de l'intelligence est vie, et
Dieu est cet acte même ; cet acte subsistant en soi, telle est sa
vie parfaite et éternelle. Aussi appelons-nous Dieu un Vivant
éternel parfait [ζῷον ἀΐδιον ἄριστον] ; la vie et la durée continue et éternelle appartiennent donc à Dieu, car c'est cela même
30 qui est Dieu [1].

Il y a des philosophes qui estiment, avec les Pythagoriciens
et Speusippe, que le Beau et le Bien par excellence ne sont pas
dans le principe, parce que les principes des plantes et des animaux sont des causes, tandis que le beau et le parfait ne se rencontrent que dans les êtres qui dérivent des causes. Ce n'est pas
35 là une opinion bien fondée. La semence, en effet, provient
1073 a d'autres individus qui sont antérieurs et parfaits, et le principe
n'est pas la semence, mais l'être parfait ; ainsi l'on peut dire
que l'homme est antérieur à la semence, non pas l'homme qui
vient de la semence, mais un autre, dont la semence provient.

Qu'il y ait une substance qui soit éternelle, immobile et
séparée des être sensibles, c'est ce qui résulte manifestement
5 de ce que nous venons de dire. Il a été démontré aussi [2] que
cette substance ne peut avoir aucune étendue, mais qu'elle est
impartageable et indivisible : elle meut, en effet, durant un
temps infini, mais rien de fini n'a une puissance infinie, et,

---

1. Voir d'excellents développements de cette idée et des précédentes, dans
Thomas, *Sum. Theol.*, *passim*, et notamment Iᵃ *quaest.* XVIII, art. 3.
2. *Physique*, VIII, 10, 267 *b* 17 *ad finem*.

tandis que toute étendue ne pourrait être qu'infinie ou finie, cette substance ne peut, pour la raison qui précède, avoir une étendue finie, et elle ne peut avoir une étendue infinie parce 10 qu'il n'y a absolument pas d'étendue infinie. Mais nous avons démontré aussi qu'elle est impassible et inaltérable, car tous les autres mouvements sont dérivés du mouvement local.

Telles sont donc les raisons manifestes pour lesquelles ces choses se comportent de cette manière.

8

< Les Intelligences des Sphères[1] >

Faut-il poser cette substance comme une ou comme multiple, et, dans ce cas, quel en est le nombre? C'est une question que nous ne devons pas laisser de côté. Nous devons rappeler aussi les déclarations des autres philosophes : sur le 15 nombre des substances, nul d'entre eux n'a fourni d'explications satisfaisantes, et le système des Idées n'a aucune vue particulière à ce sujet. En effet, ceux qui admettent l'existence des Idées[2] disent que les Idées sont nombres, et les nombres sont,

1. L'authenticité de ce chapitre a été discutée, à raison de ce qu'Aristote y admet l'existence de plusieurs moteurs immobiles. Cette incursion dans le domaine cosmologique s'accorde assurément assez mal avec les précédentes conclusions et soulève beaucoup de difficultés. Mais on peut supposer que les Intelligences des sphères sont subordonnées au Premier Moteur. Telle est, notamment, l'interprétation de Thomas. Sur le polythéisme d'Aristote, cf. les pénétrantes remarques de Gilson, *L'esprit de la philosophie médiévale*, Paris, 1931, p. 48 *sq.*, et note 6, p. 226. – En tout cas, le style particulièrement soigné, et la mention de Callippe permettent de penser, avec Jaeger (*Arist.*, 366 et *sq.*), que ce chapitre est de date plus récente que le reste du livre.

2. Platon. Cf., *Physique*, III, 6, 206 *b* 32.

20 pour eux, tantôt infinis, tantôt limités à la Décade. Pour quelle
raison reconnaissent-ils précisément ce chiffre, c'est ce dont
ils n'apportent aucune démonstration concluante. Pour nous,
nous devons traiter la question en partant de ce que nous avons
déjà établi et déterminé. Le principe des êtres, ou Être premier,
n'est mobile, ni par essence, ni par accident, et il imprime le
25 mouvement premier, éternel et un. Mais puisque le mû est
nécessairement mû par quelque chose, que le Premier Moteur
est immobile par essence, et que le mouvement éternel doit
être imprimé par un être éternel, et le mouvement unique par
un être unique ; puisque d'ailleurs, outre le simple mouvement
de translation du Tout [1], mouvement qu'imprime, disons-nous,
30 la substance première et immobile, nous voyons qu'il existe
d'autres mouvements de translation éternels, ceux des planètes
(car tout corps qui se meut circulairement est éternel et incapable de repos, comme nous l'avons démontré dans nos livres
de physique [2]) ; il est alors nécessaire que chacun de ces mouvements de translation soit produit par une substance immobile par soi et éternelle. En effet, la nature des astres [3] est
éternelle, parce qu'elle est une certaine espèce de substance,
35 et le moteur est éternel et antérieur au mû, et ce qui est antérieur à une substance est nécessairement une substance. Il est
donc manifeste qu'autant il y a de mouvements des astres,
autant il doit y avoir de substances éternelles de leur nature,
essentiellement immobiles et sans étendue, à raison de ce que
1073 b nous avons dit précédemment. Que les moteurs soient donc

1. Le mouvement diurne apparent.
2. *Physique*, VIII, 8, 9, *De Coelo*, I, 2, II, 3-8.
3. C'est-à-dire les étoiles fixes et les planètes.

des substances, que l'un d'eux soit le premier, l'autre, le second, dans le même ordre que celui qui règne entre les mouvements de translation des astres, cela est clair. Mais quel est le nombre de ces translations, c'est ce que nous devons considérer en partant de l'une des sciences mathématiques qui est la plus voisine de la Philosophie, c'est-à-dire de l'Astronomie : l'objet de l'Astronomie, en effet, est une substance, 5 sensible, il est vrai, mais éternelle, tandis que les autres sciences mathématiques ne traitent d'aucune substance, par exemple l'Arithmétique et la Géométrie. Or, que les mouvements de translation soient plus nombreux que les corps mus, c'est ce qui est évident pour ceux-là même qui ont prêté une attention médiocre à ces matières. Chacune des planètes a, 10 en effet, plus d'un mouvement de translation. Mais en ce qui concerne le nombre de ces mouvements, nous allons, pour donner une idée du sujet, rapporter ce que disent quelques mathématiciens, de manière que notre esprit puisse appréhender un nombre déterminé. Quant au reste, pour une partie nous devons le rechercher nous-mêmes, pour une autre partie interroger les chercheurs, et, s'il se manifeste quelque diffé- 15 rence entre les opinions des hommes compétents et les nôtres, nous tiendrons certes compte des unes et des autres, mais nous ne suivrons que les plus exactes.

Eudoxe expliquait le mouvement du Soleil et de la Lune au moyen de trois sphères pour chacun de ces astres. La première a le même mouvement que la sphère des Étoiles fixes[1], la seconde se meut dans le cercle qui passe le long du milieu

1. C'est le mouvement apparent diurne du Soleil autour de la Terre, de l'Est à l'Ouest.

20 du Zodiaque[1], la troisième se meut dans le cercle qui est
incliné à travers la largeur du Zodiaque[2]; mais le cercle dans
lequel la Lune se meut est incliné suivant un angle plus grand
que le cercle dans lequel se meut le Soleil. – Le mouvement
des planètes exige, pour chacune d'elles, quatre sphères; la
première et la seconde sphères sont les mêmes que la première
25 et la seconde du Soleil et de la Lune (car la sphère des fixes
imprime le mouvement à toutes les autres sphères, et la sphère
qui est placée au-dessous de la sphère des fixes et a son mouvement dans le cercle qui passe par le milieu du Zodiaque, est
commune à toutes les planètes); la troisième sphère de chaque
planète a ses pôles dans le cercle qui passe par le milieu du
Zodiaque[3], et le mouvement de la quatrième sphère est dans un
30 cercle qui est incliné par rapport à l'équateur de la troisième
sphère; et les pôles de la troisième sphère sont différents pour
chacune des autres planètes, mais ceux de Vénus et de Mercure
sont les mêmes.

Dans le système de Callippe, la position des sphères,
c'est-à-dire l'ordre de leurs distances, était le même que dans
le système d'Eudoxe; mais tandis que Callippe assignait le
35 même nombre de sphères qu'Eudoxe à Jupiter et à Saturne, il
pensait qu'il faut ajouter deux autres sphères au Soleil et deux
autres sphères à la Lune, si l'on veut rendre compte des phéno-

1. Il s'agit du mouvement annuel du Soleil le long de l'Écliptique, qui
produit l'alternance des saisons. Le «cercle qui passe le long du milieu du
Zodiaque» est l'Écliptique, appelé aussi ὁ λοξός κύκλος.

2. La troisième sphère explique la révolution mensuelle qui s'effectue,
notamment pour la Lune, latitudinalement à l'Écliptique, d'Ouest en Est.

3. L'Écliptique.

mènes, et aussi une sphère supplémentaire à chacune des autres planètes.

Mais, il est nécessaire, pour que toutes ces sphères combinées puissent expliquer les phénomènes[1], qu'il y ait, pour 1074 a chacune des planètes, d'autres sphères en nombre égal, moins une, et que ces sphères tournent en sens inverse et ramènent à la même position la sphère la plus éloignée de l'astre qui, dans chaque cas, est placé en deçà de l'astre en question. C'est à cette condition seulement que toutes ces forces à l'œuvre 5 produisent la translation des planètes. Or, puisque les sphères dans lesquelles se meuvent les planètes elles-mêmes, sont huit pour Saturne et Jupiter pris ensemble, et vingt-cinq pour les autres, et que, de ces sphères, celles qui n'en exigent pas d'autres mues en sens inverse sont celles dans lesquelles se meut la planète qui se trouve placée au-dessous de toutes les autres, il y aura alors, pour les deux premières planètes, six sphères tournant en sens inverse, et seize pour les quatre 10 planètes suivantes, et le nombre total des sphères, sphères à mouvement direct et sphères à mouvement inverse, sera de cinquante cinq. Mais si l'on n'ajoute pas à la Lune et au Soleil les mouvements dont nous venons de parler, il n'y aura en tout que quarante-sept sphères[2]. Admettons que tel soit le nombre

---

1. Et n'en pas fournir seulement une représentation mathématique.
2. Pour les détails des cosmologies d'Eudoxe, de Callippe et d'Aristote, cf. Thomas, *Comm.*, 2567, p. 726 *sq.*, Robin, *La pensée grecque*, p. 285 (Eudoxe) et 348 (Aristote), P. Duhem, *Le système du Monde : Histoire des doctrines cosmologiques de Platon à Copernic*, I, *La cosmologie hellénique*, et Ross, II, p. 384 *sq.* Aristote a encore exposé sa cosmologie

15 des Sphères : il y aura donc un nombre égal de substances et de principes immobiles[1]. C'est là ce qu'il est conséquent de penser ; mais qu'il faille l'admettre nécessairement, je laisse à de plus habiles le soin d'en décider.

dans le *De Coelo*, II, 7 ; 8 ; 10-12. Bornons-nous à quelques indications sommaires :
Le compte des sphères d'Eudoxe est le suivant :

4 sphères pour chacune des 5 planètes	20
3 sphères pour le Soleil	3
3 sphères pour la Lune	3
Total	26 sphères

Le compte des sphères de Callippe est le suivant :

4 sphères pour Jupiter et Saturne	8
5 sphères pour Mars, Vénus et Mercure	15
5 sphères pour le Soleil et 5 pour la Lune	10
Total	33 sphères

Les complications apportées par Aristote sont inspirées par le désir d'expliquer les mouvements réels des Corps célestes. Les théories d'Eudoxe et de Callippe ne constituaient, en effet, que des hypothèses purement géométriques, et elles ne tenaient pas compte de l'influence réciproque des mouvements des divers systèmes. Or, les sphères concentriques composant l'Univers se trouvant, en raison de l'inexistence du vide, en contact l'une avec l'autre, la sphère qui transporte un Corps céleste entraînera dans son mouvement de rotation la sphère extérieure du système intérieur. D'où la nécessité pour Aristote de supposer des *Sphères compensatrices* mues en sens contraire. Il arrive ainsi à un total de 55 sphères :

pour Jupiter et Saturne	14
pour Mars, Vénus et Mercure	27
pour le Soleil	9
et pour la Lune	5
soit	55 sphères

ou 47 seulement, à la suite d'une réduction qu'il n'est d'ailleurs pas facile d'expliquer.

1. Avec Ross (II, 394), nous croyons qu'il faut rejeter, l. 16, καὶ τάς αἰσθητάς.

S'il n'est pas possible qu'il n'y ait aucun mouvement de translation qui ne soit ordonné au mouvement de translation d'un astre, et si, en outre, toute réalité, toute substance impassible et ayant par soi atteint le Bien par excellence, doit être 20 considérée comme une fin, il ne peut y avoir d'autres natures en dehors de celles que nous avons indiquées, et le nombre des mouvements célestes est nécessairement celui des substances immobiles[1]. S'il y avait, en effet, d'autres substances, elles seraient causes de mouvement comme étant la fin du mouvement de translation. Mais il est impossible qu'il y ait d'autres mouvements de translation que ceux que nous avons énumérés, c'est ce qui découle naturellement de la considération des êtres en mouvement. En effet, si dans le mouvement de 25 translation, tout moteur existe en vue de l'objet transporté, et si toute translation appartient à l'objet transporté, il ne peut y avoir aucune relation qui ait pour fin elle-même ou une autre translation ; mais toutes les translations doivent exister en vue des astres. Si, en effet, une translation a une translation pour fin, alors cette translation devra avoir aussi pour fin une autre chose. Mais comme on ne peut remonter ainsi à l'infini, la fin de toute translation sera donc un des Corps divins qui se 30 transportent dans le Ciel.

Du reste, qu'il n'y ait qu'un seul Ciel, c'est évident. S'il existait plusieurs Ciels comme il existe plusieurs hommes, le

---

1. Ross (II, 394-395) expose l'argument d'Aristote sous la forme suivante : tous les mouvements du Ciel sont des mouvements exigés pour expliquer le comportement (*behaviour*) des Corps célestes ; or, chaque substance parfaite (libre de toute influence extérieure) produit un mouvement dans le Ciel ; donc, le nombre des substances parfaites est le nombre des mouvements exigés pour expliquer le mouvement des Corps célestes.

principe moteur de chaque Ciel serait formellement un et numériquement multiple. Mais tout ce qui est numériquement multiple renferme de la matière, car une seule et même définition, par exemple celle de l'homme, s'applique à des 35 êtres multiples, tandis que Socrate est un[1]. Mais la première Essence[2], elle, n'a pas de matière, car elle est entéléchie. Donc le premier Moteur immobile est un, à la fois formellement et numériquement, et, par conséquent aussi, ce qui est en mouvement éternellement et d'une manière continue est un. Donc il n'y a qu'un seul Ciel[3].

1074 b   Une tradition, venue de l'antiquité la plus reculée et transmise sous forme de mythe aux âges suivants, nous apprend que les astres sont des dieux et que le divin embrasse la nature entière. Tout le reste de cette tradition a été ajouté plus tard, dans une forme mythique, en vue de persuader la multitude et 5 pour servir les lois et les intérêts communs. Ainsi on donne aux dieux la forme humaine, ou on les représente semblables à certains animaux, et l'on y ajoute toutes sortes de précisions de

---

1. La forme est multiple par les individus auxquels elle s'applique; l'individu est un à raison de la matière.

2. Le Premier Moteur, Dieu.

3. Le raisonnement d'Aristote consiste, en somme, à conclure de l'immatérialité du Premier Moteur à son unité. Il est difficile de comprendre alors le rôle que jouent les 55 moteurs, qui sont aussi immatériels, Aristote ayant négligé de s'expliquer sur les rapports des Intelligences des Sphères avec le Premier Moteur. La question a été soulevée d'abord par Plotin (*Enn.*, V, 1, 9, 7-27) qui demandait comment, si chaque moteur est un principe, tous ces principes pourraient s'accorder pour produire l'harmonie du Ciel, qui est une œuvre une; il demandait en outre comment les moteurs sont multiples, puisqu'ils sont incorporels et qu'aucune matière ne les distingue. Ces objections ont été reprises par les commentateurs modernes, notamment par Jaeger (*Arist.*, p. 376) et Ross (II, 395).

ce genre. Si l'on sépare du récit son fondement initial, et qu'on
le considère seul, savoir la croyance que toutes les substances
premières sont des dieux, alors on s'apercevra que c'est là une
tradition vraiment divine. Tandis que, selon toute vraisem- 10
blance, les divers arts et la Philosophie ont été développés
aussi loin que possible à plusieurs reprises et chaque fois
perdus, ces opinions sont pour ainsi dire des reliques de la
sagesse antique conservées jusqu'à notre temps. Telles sont
les réserves sous lesquelles nous acceptons la tradition de nos
pères et de nos plus anciens prédécesseurs.

9

< Nature de l'Intelligence divine >

La nature de l'Intelligence divine soulève quelques 15
problèmes[1]. L'Intelligence semble bien être la plus divine des
choses qui apparaissent comme divines[2]. Mais, pour présenter
ce caractère, quel doit être son mode d'existence ? Il y a là quelques difficultés. – Ou bien elle ne pense rien : mais que devient
alors sa dignité ? Elle est comme celui qui dort. – Ou bien elle
pense, mais si sa pensée dépend d'un autre principe (car alors

---

1. Aristote revient à l'étude de l'Intelligence divine, commencée au
chapitre 7, et examine les difficultés suivantes, dont le plan est assez confus :
a) L'Intelligence ne pense-t-elle rien ? (l. 17 et 18); *b)* Pense-t-elle quelque
chose d'autre ? (l. 18-21 et 28-33); *c)* Que pense-t-elle ? (l. 21-27 et 33-35);
d) Comment peut-elle se penser elle-même ? (l. 35 et 36, 38-1075 *a* 5); *e)* Est-ce
à penser ou à être pensé que se rapporte son excellence ? (l. 37); *f)* Son objet est-
il composé ? (1075 *a* 5 *ad finem*).

2. τῶν φαινομένων θειότατον = *divinissima rerum quae videntur divina
esse.*

son essence n'est plus l'acte de la pensée, mais une simple
20 puissance), elle n'est pas la substance suprême, car sa dignité
consiste dans le penser. – En outre, que son essence soit l'Intelligence ou qu'elle soit la Pensée, que pense-t-elle ? En effet, ou
elle se pense elle-même, ou elle pense quelque autre objet. Si
elle pense un autre objet, ou bien c'est toujours le même, ou
bien tantôt l'un, tantôt l'autre [1]. Importe-t-il donc, ou non, que
l'objet de sa pensée soit le Bien, ou la première chose venue ?
Ou plutôt, ne serait-il pas absurde que certaines choses fussent
25 l'objet de sa pensée ? Il est donc évident qu'elle pense ce qu'il
y a de plus divin et de plus digne, et qu'elle ne change pas
d'objet, car ce serait un changement vers le pire, et une pareille
chose serait déjà un mouvement.

D'abord, donc, si l'Intelligence divine n'est pas la pensée,
mais une simple puissance, il est logique de supposer que la
continuité de la pensée est pour elle une fatigue. En outre, il est
clair qu'il y aura quelque autre chose supérieure à l'Intelli-
30 gence, savoir ce qui est pensé [τὸ νοούμενον]. En effet le
penser, l'acte de la pensée appartiendra aussi à celui qui pense
le pire, de sorte que si on doit éviter cela [2] (et on le doit, car il y a
des choses qu'il est meilleur de ne pas voir que de voir), l'acte
de la pensée ne peut pas être ce qu'il y a de meilleur.

L'Intelligence suprême se pense donc elle-même [αὐτὸν
ἄρα νοεῖ], puisqu'elle est ce qu'il y a de plus excellent, et sa
Pensée est la Pensée de la Pensée [ἡ νόησις νοήσεως νόησις] [3].

---

1. C'est-à-dire ce peuvent être des objets différents, à des moments
différents.

2. De penser le pire (Ps. Alex., 712, 29 Hd).

3. Thomas (*Comm.*, p. 736 n. 2614) ajoute : *nec tamen sequitur quod omnia
alia a se sint ei ignota* ; *nam intelligendo se, intelligit omnia alia*. Cette interpré-

Pourtant, dira-t-on, la science, la sensation, l'opinion et la 35
pensée discursive [διάνοια] paraissent bien avoir un objet
toujours différent d'elles-mêmes, elles ne s'occupent d'elles-
mêmes qu'accessoirement. – De plus si c'était autre chose que
penser et être pensé, auquel des deux se rapporterait l'excellence de la pensée ? Car il n'y a pas identité entre être un acte de
pensée et être ce qui est pensé. – Mais est-ce que dans certains
cas, la science ne se confond pas avec son objet même ? Dans 1075 a
les sciences poétiques, la science c'est la substance et la quiddité de l'objet, abstraction faite de la matière ; dans les sciences
théorétiques, c'est la définition et l'acte de la pensée qui est
l'objet véritable de la science[1]. Puisque donc il n'y a pas de
différence entre ce qui est pensé et la pensée pour les objets
immatériels, la Pensée divine et son objet seront identiques, et
la pensée sera une avec l'objet de la pensée.

Il reste encore une difficulté, c'est de savoir si l'objet de la 5
Pensée divine est composée. Dans ce cas, l'Intelligence divine
changerait en passant d'une partie du tout à une autre. Mais, ne
faut-il pas dire plutôt que tout ce qui n'a pas de matière est
indivisible ? Il en est éternellement de la Pensée divine comme
il en est, pendant quelques moments fugitifs, de l'intelligence
humaine (ou plutôt de tout intellect qui a pour objet des
composés de matière et de forme) : cet intellect ne possède
pas son bien à tel moment ou à tel autre, mais c'est dans un
instant indivisible qu'il saisit ce souverain Bien, qui lui est

tation paraît dépasser la pensée d'Aristote. Voir cependant, en sens contraire,
une note intéressante de Maritain, *La philosophie bergsonienne*, 2ᵉ éd., p. 420.
    1. Car alors l'objet de la science est un Universel immatériel.

extérieur, tandis que la Pensée divine pense ainsi, mais se
10 pense elle-même, pendant toute l'éternité.

10

< De l'existence du Bien dans le monde [1] *>*

Il nous faut examiner aussi de laquelle des deux manières
suivantes la nature du Tout possède le Bien et le souverain
Bien, si c'est comme quelque chose de séparé, existant en soi
et par soi, ou comme l'ordre du Tout, ou bien si ce ne serait pas
plutôt des deux manières à la fois, telle une armée. En effet le
bien de l'armée est dans son ordre, et le général est aussi son
bien, et à un plus haut degré, car ce n'est pas le général qui
15 existe en raison de l'ordre, mais c'est l'ordre qui existe grâce
au général[2]. Toutes choses sont ordonnées ensemble d'une
certaine façon, mais non de la même manière, poissons,
oiseaux, plantes; et le monde n'est pas dans un état tel qu'un
être n'a aucune relation avec un autre, mais ils sont en relations
mutuelles, car tout est ordonné à une fin. Il en est du monde
comme d'une maison, où les hommes libres ne sont point
20 assujettis à faire ceci ou cela, suivant l'occasion, mais toutes
leurs fonctions, ou la plus grande partie, sont réglées; pour les
esclaves et les bêtes de somme, au contraire, il n'y a que peu de
choses qui aient rapport au bien commun et la plupart de ces
choses sont laissées à l'arbitraire. Tel est en effet le principe

1. L'objet du chapitre jusqu'à l. 25, est d'établir la transcendance du Bien
en Dieu. Le bien n'est donc pas immanent au monde; il émane de Dieu, qui est
en la source.

2. Même comparaison dans Plotin, *Ennéades*, III, 3, 3.

qui constitue la nature de chacun. J'entends par là, par exemple, que tous les êtres doivent au moins se dissoudre dans leurs éléments, et qu'il y a d'autres fonctions de cette sorte dans lesquelles tous contribuent à l'harmonie de l'ensemble [1].

Toutes les impossibilités et toutes les absurdités qui sont 25 les conséquences des autres systèmes, les doctrines mêmes les plus séduisantes et qui offrent le moins de difficultés, doivent ici être rappelées. Tous les philosophes font partir toutes choses des contraires. Mais les termes « toutes choses » et « des contraires » sont mal posés ; d'ailleurs les choses dans lesquelles existent les contraires, comment proviendraient-elles des contraires ? C'est ce qu'ils n'expliquent pas, car les contraires n'ont pas d'action les uns sur les autres. Mais, pour 30 nous, la difficulté est résolue tout naturellement par l'existence d'un troisième terme [2]. – Il y a des philosophes [3] qui font la matière même un des deux contraires, tels ceux qui opposent l'inégal à l'égal, et le Multiple à l'Un. Cette doctrine aussi se réfute de la même manière. La matière indéterminée [μία] [4] n'est le contraire de rien. D'ailleurs, tout alors participera du 35

---

1. Tous les êtres contribuent à l'harmonie générale tout au moins par leur dissolution, qui permet la naissance d'êtres meilleurs. – Dans la comparaison qui précède, les hommes libres, soumis à une inflexible nécessité, sont les Corps célestes ; les esclaves et les animaux, dont la plupart des actions sont pénétrées de contingence, sont les êtres sublunaires.

2. C'est-à-dire le substrat. Les contraires n'agissent pas directement les uns sur les autres ; ils agissent sur le substrat, qui passe du contraire au contraire.

3. Les Platoniciens et Speusippe.

4. Littéralement : la matière *une*, celle qui est en puissance des contraires. Il s'agit donc, non pas de la *materia prima*, sujet des éléments, mais d'une matière « relativement indéterminée » (Robin, *La Théorie Platonicienne*, p. 551, n. 505).

Mal, hormis l'Un, car le Mal est lui-même l'un des deux
éléments. D'autres philosophes[1] assurent que ne sont principes ni le Bien ni le Mal, et pourtant, en toutes choses, c'est le
Bien qui est par excellence principe. Ceux-là ont certes raison
qui admettent le Bien comme principe, mais comment le Bien
est-il un principe, l'est-il comme cause finale, cause efficiente
1075 b ou cause formelle? C'est ce qu'ils ne disent pas. – La doctrine
d'Empédocle est tout aussi absurde. Le Bien, pour lui, c'est
l'Amitié; or l'Amitié est principe à la fois comme cause
motrice, car elle réunit les éléments, et comme cause matérielle, car elle est une partie du mélange. En supposant même
qu'il peut arriver à une même chose d'être principe à la fois
5 comme matière et comme cause motrice, l'essence de la
matière et celle du moteur n'en seraient pas moins différentes;
duquel de ces deux points de vue l'Amitié constitue-t-elle
donc un principe? Une autre absurdité, c'est d'avoir fait la
Haine incorruptible, alors que d'après Empédocle, la nature
du Mal est la Haine même[2]. – Anaxagore reconnaît le Bien
comme le principe moteur, car, dans le système, l'Intelligence meut; mais elle meut en vue d'un fin qui doit, par
suite, être quelque chose de différent d'elle-même, à moins
qu'Anaxagore n'admette notre identification de la cause
efficiente et de la cause finale, puisque, pour nous, la médecine
10 est, en quelque façon, la santé. Il est absurde d'ailleurs de ne
pas donner de contraire au Bien, c'est-à-dire à l'Intelligence.
– Au surplus, tous ceux qui posent des contraires comme
principes ne se servent pas effectivement des contraires, à

---

1. Les Pythagoriciens et Speusippe.
2. Autrement dit, la Haine, étant le Mal, doit être corruptible.

moins qu'on ne redresse leur système. Et pourquoi telles choses sont-elles corruptibles et telles autres incorruptibles ? Aucun d'eux ne l'explique, car ils font partir tous les êtres des mêmes principes. – Il en est encore qui dérivent les êtres du 15 Non-Être ; d'autres, pour échapper à cette nécessité, réduisent tous les êtres à un seul.

En outre, pourquoi y aura-t-il toujours génération, et quelle est la cause efficiente de la génération ? Personne ne le dit. Ceux qui admettent deux contraires comme principes doivent nécessairement reconnaître l'existence d'un autre principe, supérieur[1] ; il en est de même des partisans des Idées, qui doivent admettre aussi un principe supérieur aux Idées. En effet, pourquoi y a-t-il eu, ou y a-t-il participation ? – Et puis, 20 d'autres philosophes[2] sont forcés de donner un contraire à la sagesse et à la science suprêmes, tandis que nous ne le sommes pas, puisque nous admettons qu'il n'y a pas de contraire à l'Être premier, car tous les contraires ont une matière, et sont identiques [ταὐτὰ][3] en puissance. Or l'ignorance qui serait le contraire de la science suprême, impliquerait un objet contraire à l'objet de la science suprême ; mais le premier des êtres n'a pas de contraire.

---

1. Admettre, par exemple, comme principes, la forme et la privation, oblige à admettre un principe supérieur, la cause efficiente, premier moteur (Ross, II, 403).

2. Aristote vise ici surtout Platon qui (*République*, 477-478) oppose l'ignorance, laquelle a le non-être pour objet, à la science, dont l'être est l'objet.

3. Nous lisons ταὐτὰ avec Christ. La correction de Bonitz (ταῦτα) acceptée par Ross, II, 404, ne s'impose pas. Mais il est sûr qu'Aristote s'exprime mal : il veut dire qu'un même sujet est en puissance des contraires.

25   Si d'ailleurs l'on veut qu'il n'y ait pas d'autres êtres en dehors des êtres sensibles, il n'y aura ni premier principe, ni ordre, ni génération, ni mouvements célestes, mais il y aura principe de principe à l'infini, comme on le voit chez les théologiens et chez tous les physiciens[1]. – Mais, d'un autre côté, si l'on veut que les Idées ou les Nombres existent, ils ne seront la cause de rien; si l'on ne veut pas aller jusque-là, tout au moins ne seront-ils pas la cause du mouvement. Et puis, comment des nombres inétendus seront-ils causes de **30** l'étendue et du continu? Ce n'est pas le nombre, en effet, qui pourra produire le continu, soit à titre de cause motrice, soit à titre de forme. Mais, de plus, aucun des contraires ne peut constituer essentiellement un principe de production et de mouvement, car il pourrait ne pas être, ou, du moins, sa période d'action serait postérieure à une période de puissance[2]. Il n'y aurait donc pas, dans ce cas, d'êtres éternels. Mais il y en a. **35** Il faut donc rejeter l'une de ces prémisses et nous avons dit comment[3]. De plus, en vertu de quel principe y a-t-il unité dans les nombres, dans l'âme et le corps, et, en général, dans la forme et la matière? Aucun des partisans des Idées ne l'explique, et personne ne saurait le dire, à moins d'admettre avec nous que c'est en vertu de la cause motrice. – Quant aux

---

1. S'il n'existe pas un Être transcendant, toutes les choses sensibles, qui renferment de la contingence et de la puissance, dériveront à l'infini les unes des autres. Un être en acte doit nécessairement se trouver à l'origine des choses.

2. Il n'aurait donc pu agir de toute éternité.

3. On ne peut admettre que les contraires sont les principes des choses. Il faut donc un premier Principe substantiel et éternel, tel qu'il a été défini 1071 *b* 19, 20, passage auquel Aristote renvoie.

philosophes[1] qui prennent pour principe le nombre mathématique, et qui admettent ainsi une succession infinie
d'essences et des principes différents pour chaque essence, 1076 a
ils font de l'essence de l'Univers une série d'épisodes
[ἐπεισοδιώδη] (car ainsi une substance n'a pas d'influence
sur une autre par son existence ou sa non-existence), et ils
donnent une multitude de principes. Mais les êtres ne veulent
pas être mal gouvernés :

« Le commandement de plusieurs n'est pas bon qu'un seul
chef commande »[2].

1. Speusippe.
2. *Iliade*, II, 204.

LIVRE M (XIII)

Les livres M et N, qui se rattachent aux livres A et B (toute une partie de M est extraite de A), ont pour objet l'examen approfondi de la théorie platonicienne des Idées et des Nombres, dans son dernier état.

Leur authenticité a été mise en doute, mais bien à tort, tant le contenu est nettement aristotélicien (Cf. Jaeger, *Aristoteles*, p. 181-199, 212-215). Ni Averroès, ni saint Thomas n'ont commenté ces deux livres, mais le premier y fait d'assez fréquentes allusions et le second ne les a connus que tardivement.

On admet généralement que la rédaction de M et de N a dû être abandonnée pour celle de Λ, et que, d'autre part, M et N sont d'une date plus récente que A et B. On s'appuie notamment sur ce fait qu'Aristote emploie la troisième personne et non plus la première, pour exposer les doctrines de son maître. Mais en réalité, il est difficile, pour ne pas dire impossible, d'établir un rapport chronologique entre A et B d'une part, et M et N d'autre part.

L'intelligence des livres M et N présentant des difficultés considérables, nous avons dû multiplier les notes explicatives. Mais nous nous sommes bornés à l'essentiel ; pour les détails de la polémique d'Aristote contre le système des Idées, nous ne pouvons que renvoyer à l'ouvrage fondamental de Robin, *La théorie*

platonicienne des Idées et des Nombres d'après Aristote, où nous
avons puisé les plus précieuses indications. [N.d.T.]

5 *titul.* 1

< *Introduction et plan* >

Quelle est la substance des choses sensibles, nous l'avons
établi d'abord dans notre traité de Physique[1], en traitant de
la matière, et ensuite quand nous avons étudié la substance
10 en acte[2]. Voici quel est maintenant l'objet de nos recherches : existe-t-il, ou non, en dehors des substances sensibles, une
substance immobile et éternelle; et si cette substance existe,
quelle est sa nature? Il faut d'abord examiner les systèmes
des autres philosophes, de telle sorte que, s'ils s'étaient
trompés en quelque point, nous ne tombions pas dans les
mêmes erreurs; et si quelque opinion nous est commune avec
15 eux, nous n'en éprouverons, en notre particulier, aucun sentiment pénible, car on doit se montrer satisfait de s'exprimer, sur
certains points, mieux que ses prédécesseurs, et, sur d'autres,
de ne pas s'exprimer plus mal.

Il existe deux systèmes relativement au sujet qui nous
occupe. On prétend que les Choses mathématiques sont des
substances, – tels sont les nombres, les lignes et les objets du
même genre, – et, outre les Choses mathématiques, les Idées.
20 Les uns[3] font de ces êtres deux genres différents, les Idées et

---

1. *Physique*, Livre I.
2. *Métaphysique*, Livre Z *sq.*
3. Platon.

les nombres mathématiques; d'autres[1] font de ces deux genres une seule nature; il en est d'autres enfin[2] qui disent que les Choses mathématiques sont seules des substances. Nous devons donc d'abord considérer les choses mathématiques et les prendre indépendamment de toute autre entité; par exemple nous ne nous demanderons pas si, en fait, elles sont, ou non, des Idées, ou si elles sont, ou non, les principes et les 25 substances des êtres; nous nous demanderons seulement si les Choses mathématiques existent ou non, et, si elles existent, quel est leur mode d'existence. – Après cela, nous aurons à envisager à part et en elles-mêmes les Idées proprement dites, mais dans la mesure seulement où notre sujet l'exigera; presque toutes ces questions, en effet, ont déjà été rebattues dans nos écrits exotériques [ὑπὸ τῶν ἐξωτερικῶν λόγων][3], et, en outre, la plus grande partie de notre étude doit finir par éclairer ce second problème : ce sera quand nous nous 30 demanderons si les substances et les principes des êtres sont des Nombres et des Idées. En effet, après la discussion sur les Idées, il reste là comme une troisième recherche à effectuer[4].

1. Xénocrate.

2. Speusippe.

3. Cette expression a donné lieu à de nombreuses discussions. Ross, II, p. 408, en donne un résumé et traduit : « Ces questions ont été débattues, même par des arguments (λόγοι) qui ne sont pas particuliers à l'École péripatéticienne ». Nous estimons pourtant qu'il vaut mieux comprendre, avec la majorité des commentateurs, qu'Aristote se réfère à l'un de ses dialogues exotériques, soit le περὶ τοῦ ἀγαθοῦ, soit le περὶ φιλοσοφίας.

4. Le plan du Livre M est nettement indiqué : a) Les Choses mathématiques (chap. 1, in fine, 2 et 3); b) Les Idées (chap. 4 et 5); c) Les Nombres, comme substances séparées et principes (chap. 6 à 9).

La fin du présent chapitre donne à son tour le plan de la première partie (les Choses mathématiques) : α) De l'existence des Choses mathématiques dans le

Les Choses mathématiques, si elles existent, sont nécessairement, ou bien dans les êtres sensibles, suivant l'opinion
de certains philosophes, ou bien séparées des êtres sensibles
35 (car il en est aussi qui professent cette doctrine). Si elles ne
sont ni dans les êtres sensibles, ni séparées des êtres sensibles,
ou bien elles n'existent pas, ou bien elles existent d'une autre
manière, de telle sorte que notre controverse portera non sur
leur être lui-même, mais sur leur mode d'existence.

2

< Les Choses mathématiques ne sont ni immanentes
au sensible, ni des réalités supra-sensibles >

Nous avons dit, dans notre livre *des Difficultés*[1], qu'il
était impossible que les Choses mathématiques fussent imma-
1076 b nentes aux êtres sensibles, et aussi que c'était une pure fiction,
parce qu'il est impossible que deux solides coexistent dans le
même lieu, et, en outre, parce que, suivant le même argument, les autres puissances et les autres natures des choses se

---

sensible (chap. 2, 1076 *a* 38-1076 *b* 11); *β*) De l'existence des Choses mathématiques à titre séparé (chap. 2, à partir de 1076 *b* 11); *γ*) Du genre particulier
d'existence des Choses mathématiques (chap. 3).

1. Cf. B, 2, 998 *a* 7-19. – Il ne s'agit pas ici de la conception pythagoricienne
des nombres, suivant laquelle les Nombres constituent la substance même du
sensible, mais de l'opinion qui fait, des Choses mathématiques, des réalités
indépendantes du sensible, quoique engagées dans le sensible, et en acte.

trouveraient aussi, contrairement à la théorie, dans le sensible
et qu'aucune n'en serait séparée. C'est ce que nous avons dit
précédemment. Nous ajoutons ici que, dans cette doctrine, un
corps quelconque ne saurait manifestement être divisé; en 5
effet, il se diviserait dans la surface, la surface dans la ligne, et
la ligne dans le point, de telle sorte que si le point ne peut être
divisé, la ligne sera indivisible; et si la ligne est indivisible,
tout le solide le sera également. Qu'importe alors que ces
lignes et ces points sensibles soient, ou non, des réalités absolues, si ces réalités, quelles qu'elles soient, existent dans le
sensible? On arrivera toujours au même résultat: la division 10
des choses sensibles entraînera leur division, ou bien il n'y
aura pas de division, même pour les choses sensibles [1].

---

1. Cf. Robin, *La Théorie Platonicienne*, p. 209 et n. 217. – L'argument tiré
de l'indivisibilité des corps est le suivant. Si on admet que les μαθηματικά
(solide, surface, ligne, point) sont immanentes au sensible, dans lequel elles
existent en acte, la division des corps sensibles deviendra impossible. En effet,
la division du solide, formé de surfaces en acte, s'effectuera dans une surface,
celle de la surface, formée de lignes en acte, s'effectuera dans une ligne, celle de
la ligne, formée de points en acte, dans un point, et le point à son tour devra être
divisé. Or, d'après ces philosophes, le point est un indivisible. Mais s'il est
indivisible, la ligne (qui est un continu formé de points en acte non juxtaposés)
sera indivisible, la surface le sera aussi, et le solide pareillement. Et si les solides
mathématiques sont indivisibles, les solides sensibles le seront aussi, ce qui est
absurde. – La conception d'Aristote, développée au chapitre suivant, échappe à
ces difficultés. Aristote considère en effet les μαθηματικά comme existant
seulement en puissance: la surface n'est qu'une limite du solide, la ligne, une
limite de la surface, le point, une limite de la ligne; ce sont ainsi de pures
puissances que la division fera passer à l'acte. – La théorie attaquée dans le
présent passage par Aristote, a été soutenue par des Platoniciens dissidents
influencés par le Pythagorisme.

Il n'est pas non plus possible que les Choses mathématiques soient séparées[1]. S'il existe, en effet, d'autres solides
en dehors des solides sensibles, séparés de ces derniers
15 et antérieurs aux solides sensibles, il est évident qu'il existera nécessairement aussi d'autres surfaces, d'autres points et
d'autres lignes *supra*-sensibles, car le cas est le même. – Mais
s'il en est ainsi, il faut admettre encore, en dehors des surfaces,
des lignes et des points du solide mathématique, l'existence
séparée d'autres surfaces, d'autres lignes et d'autres points,
car l'incomposé est antérieur au composé. Et s'il y a des corps
20 non-sensibles antérieurs aux corps sensibles, pour la même
raison il devra y avoir aussi, antérieures aux surfaces qui constituent les solides immobiles, des surfaces prises en soi et dans
leur essence. Il y aura donc des surfaces et des lignes autres que
les surfaces et les lignes qui sont liées à la constitution [ἅμα]
des solides séparés, car ces surfaces et ces lignes existent
simultanément aux solides mathématiques, tandis que les
autres sont antérieures aux solides mathématiques. Derechef,
25 appartenant à ces surfaces, il y aura des lignes, et antérieurement à ces lignes, il faudra poser l'existence d'autres lignes et
d'autres points liés à la constitution des lignes, et ce, pour la
même raison; enfin, antérieurement aux points qui entrent
dans la composition de ces lignes antérieures, il y aura d'autres
points, qui, eux, n'auront plus de points qui leur soient antérieurs[2]. On en arrive à un entassement absurde : d'abord nous
30 nous trouvons en présence d'une espèce unique de solides

1. Aristote va prouver maintenant que les Choses mathématiques en acte
séparées du sensible ne peuvent exister.
2. Autrement dit : ces points seront des Points-en-soi.

en dehors des solides sensibles, puis de trois espèces de surfaces en dehors des surfaces sensibles, savoir les surfaces supra-sensibles, les surfaces engagées dans les solides mathématiques et les Surfaces-en-soi en dehors des surfaces de ces solides ; puis de quatre espèces de lignes et de cinq espèces de points[1]. – Quelles seront donc alors parmi ces espèces, celles auxquelles se rapporteront les sciences mathématiques ? Ce ne peut plus être les surfaces, les lignes et les points engagés dans le solide mathématique immobile, car la science a toujours 35 pour objet ce qui est premier. – Le même raisonnement s'applique aux nombres. En dehors de nos cinq espèces de points, il y aura d'autres unités [μονάδες], il y aura aussi des unités à part de chaque individu sensible, et ensuite à part de chaque être intelligible, de telle sorte qu'il y aura une infinité de genres de nombres mathématiques.

---

1. S'il existe un solide mathématique séparé du solide sensible, comme ce solide est lui-même défini au moyen de surfaces, de lignes et de points antérieurs à lui, il faudra supposer, antérieurement aux surfaces constituantes, d'autres surfaces prises en elles-mêmes. Même raisonnement pour les surfaces, les lignes et les points. L'entassement absurde, critiqué par Aristote, se décompose donc ainsi : *a)* Un solide sensible, un solide mathématique ; *b)* Les surfaces sensibles et trois autres surfaces (surfaces mathématiques, surfaces du solide mathématique, surfaces absolues) ; *c)* Les lignes sensibles et quatre autres lignes (lignes des surfaces mathématiques, lignes des surfaces du solide mathématique, lignes des surfaces absolues, lignes absolues) ; *d)* Les points sensibles et cinq autres points (points des lignes des surfaces mathématiques, points des lignes des surfaces du solide mathématique, points des lignes des surfaces absolues, points des lignes absolues, points mathématiques).

Robin (*op. cit.*, p. 218 *sq.*), à qui nous empruntons ces indications, a rendu intelligible, au moyen d'un tableau l'entassement dont parle Aristote.

D'ailleurs, en ce qui concerne les questions que nous avons énumérées dans notre livre *des Difficultés*[1], comment arriver

1077 a à les résoudre? L'Astronomie a pour objet les choses supra-sensibles, tout aussi bien que la Géométrie. Or comment concevoir l'existence séparée du Ciel et de ses parties, ou de toute autre chose douée de mouvement? Même difficulté pour

5 l'Optique et l'Harmonique : il y aura un son et une vision, en dehors des sons et des visions sensibles et individuels. Il en sera évidemment de même pour les autres sensations et les autres sensibles, car pourquoi ceux-ci plutôt que ceux-là? Mais s'il en est ainsi, il devra y avoir aussi des animaux sépa-rés, puisqu'il y aura de telles sensations. – En outre, certains axiomes universels sont formulés[2] par les mathématiciens en

10 dehors des Choses mathématiques envisagées. Il y aura donc là une autre substance intermédiaire, séparée tant des Idées que des Choses mathématiques intermédiaires, et qui ne sera ni un nombre, ni des points, ni une grandeur, ni une durée. Mais si une pareille essence mathématique est impossible à concevoir, il est manifestement impossible que les Choses mathé-

---

1. B, 2, 997 *b* 12. – Aristote poursuit sa critique des Choses mathématiques séparées, en acte, mais il s'attache ici surtout à la théorie de Platon pour qui les μαθηματικά sont des réalités intermédiaires (μεταξύ) entre les Idées de ces ob-jets mathématiques et les notions mathématiques sensibles. S'il y a des solides, des surfaces, des lignes et des points géométriques intermédiaires, objets de la Géométrie, il doit en être de même pour l'Astronomie, l'Optique et l'Harmo-nique, qui sont des sciences mathématiques. Et s'il y a des sons et des visions intermédiaires, pourquoi n'y aurait-il pas des couleurs, des goûts… inter-médiaires? (Robin, *op. cit.*, p. 211 et n. 220-I).

2. Et non démontrés. – Les axiomes, étant communs aux μαθηματικά particuliers, devraient aussi exister à part, ce qui est inconcevable. – Un autre argument est celui de B, 2, 997 *b* 25.

matiques aient une existence séparée des êtres sensibles. – En général, si l'on pose les grandeurs mathématiques comme des natures séparées, il en résulte des conséquences contraires 15 au vrai et à l'opinion commune. Il est nécessaire, en effet, à raison de leur mode d'existence, que les grandeurs mathématiques soient antérieures aux grandeurs sensibles, mais, selon la vérité, elles leur sont postérieures, car la grandeur imparfaite[1] a une priorité dans l'ordre de la génération, mais, dans l'ordre de l'essence, elle est postérieure, comme l'inanimé par rapport à l'animé. – Au surplus, quel principe alors consti- 20 tuerait l'unité des grandeurs mathématiques ? Ce qui fait l'unité des corps sensibles, c'est l'âme, ou une partie de l'âme[2], ou quelque autre principe tenant la place de l'âme[3], sans quoi il y aurait pluralité et dissolution. Mais pour les grandeurs mathématiques, qui sont divisibles étant des quantités, quelle serait la cause de la possession et de la permanence de cette unité ? – Une autre preuve, c'est la génération des grandeurs mathématiques. Elle se produit, en effet, d'abord du point vers la 25 longueur, puis vers la largeur, enfin vers la profondeur, et c'est son terme. S'il est vrai que le postérieur dans l'ordre de la génération est antérieur dans l'ordre de l'essence, le corps sera, en réalité, antérieur à la surface et à la longueur. Et il l'est aussi pour cette raison qu'il a une existence plus parfaite, qu'il est plus un tout que la grandeur et la surface, puisqu'il peut devenir animé ; comment, au contraire, une ligne ou un plan

1. La grandeur mathématique, n'étant pas liée à un être, est imparfaite.
2. L'âme sensitive, par exemple, pour les animaux, laquelle n'est qu'une partie de l'âme totale.
3. ἄλλῳ τινί εὐλόγον : par exemple la colle ou un lien (Ps. Alex., 731, 6 Hd).

30 serait-il animé ? Une telle conception dépasse la portée de
notre connaissance sensible. – Enfin, le corps est une substance,
car il possède déjà une certaine perfection. Mais les lignes,
comment seraient-elles des substances ? Ce ne serait certes pas
en tant que forme et en tant que configuration, comme l'âme, si
l'âme est bien telle en effet, ni en tant que matière, comme le
corps ; on ne voit, en effet, aucun corps se composer avec des
35 lignes, pas plus qu'avec des surfaces ou avec des points, tandis
que si les lignes, surfaces et points étaient une substance
matérielle, on verrait des corps capables de comporter une
telle composition[1]. – Que points, lignes et surfaces possèdent
1077 b l'antériorité logique, soit, mais l'antériorité logique n'entraîne
pas toujours l'antériorité substantielle. L'antériorité substantielle, est, en effet, le partage des êtres qui, séparés, l'empor-
tent par la faculté de l'existence séparée ; l'antériorité est logique quand les êtres sont antérieurs à ceux dont les notions sont
formées de leurs propres notions[2] ; et ces deux antériorités ne
5 sont pas coextensives. Si les qualités, en effet, n'existent pas
en dehors des substances, par exemple un mû ou un blanc, le
blanc possède sur l'homme blanc l'antériorité logique, mais
non l'antériorité substantielle, car il ne peut exister séparé,
mais il accompagne toujours le composé, et j'entends par
composé l'homme qui est blanc. Il est donc évident que ni les

---

1. Sur ces dernières lignes, cf. Ps. Alex., 732, 15 Hd ; Bonitz, *Metaph.*, 532 :
*materiae enim si haberent naturam, esse opporteret quae ex lineis vel planis
essent composita.* Τοῦτο, l. 36, signifie τὸ συνίστασθαί τι ἐξ αὐτῶν. – L. 34,
οὐδὲν signifie οὐθὲν σῶμα.

2. Le texte est difficile. Cf. Ross, II, 415. Le sens est le suivant : une notion
(ou une définition) est antérieure quand elle est impliquée dans une autre
notion.

produits de l'abstraction [τὸ ἐξ ἀφαιρέσεως] n'ont l'antério- 10
rité, ni les résultats de l'addition [τὸ ἐκ προσθέσεως], la posté-
riorité substantielle[1] : c'est en effet par addition d'homme à
blanc que nous disons « l'homme blanc ».

Que les Choses mathématiques soient moins substances
que les corps, qu'elles ne soient pas antérieures par l'existence
aux choses sensibles, qu'elles n'aient sur ces choses sensibles
qu'une antériorité logique, qu'enfin elles ne puissent nulle part
être séparées, nous l'avons suffisamment établi. Et puisque,
d'autre part, elles ne peuvent être dans les objets sensibles eux- 15
mêmes, il est clair ou bien qu'elles n'existent absolument pas,
ou bien qu'elles ont un mode particulier d'existence et par
conséquent n'existent pas d'une manière absolue; car nous
savons que l'Être se prend en plusieurs sens.

3

< Légitimité de l'abstraction mathématique >

De même, en effet, que les propositions universelles des
mathématiques ont pour objet, non des êtres séparés en dehors
des grandeurs et des nombres, mais des grandeurs et des
nombres, considérés toutefois non en tant qu'ayant grandeur 20
ou divisibilité, de même il est évidemment possible qu'il y ait
des propositions et des démonstrations au sujet des grandeurs
sensibles elles-mêmes, considérées non en tant que sensibles,
mais en tant que possédant telle ou telle propriété définie[2]. En

---

1. Voir sur ces expressions K, 3, 1061 *a* 28.

2. Aristote veut dire : « De même que les propositions mathématiques
universelles ne distinguent pas entre les différentes espèces de μαθηματικά,

effet, de même qu'il y a beaucoup de propositions au sujet
d'objets considérés seulement en tant que mus, indépendamment de l'essence propre à chacun d'eux et de leurs propriétés,
25 et qu'il n'est pas pour cela nécessaire qu'il y ait soit un mobile
séparé du sensible, soit une entité mobile distincte dans le
sensible; ainsi, il peut y avoir aussi, au sujet de mobiles, des
propositions et des sciences qui considèrent ces êtres non pas
en tant que mus, mais seulement en tant que corps; les corps, à
leur tour, seront considérés en tant que surfaces seulement, ou
en tant que longueurs seulement, ou en tant que divisibles, ou
30 en tant qu'indivisibles mais occupant une position, ou enfin en
tant qu'indivisibles seulement.

Puisqu'on peut, à la rigueur, appeler êtres, non seulement
les êtres séparés, mais encore les êtres non séparés, comme les
mobiles, on peut également, à la rigueur, accorder l'être aux
Choses mathématiques et avec les caractères que leur assi-
gnent les mathématiciens. Et si l'on peut dire, en toute vérité,
35 des autres sciences, qu'elles traitent, non pas de ce qui est
accidentel à leur objet (par exemple, ce ne sera pas le blanc, si
le sain est blanc et si la science a le sain pour objet), mais de
ce qui, pour chacune d'elles, est son objet même (le sain, si elle
1078 a considère son objet en tant que sain, l'homme, si c'est en tant
qu'homme)[1], il est vrai de le dire aussi de la Géométrie: s'il
arrive aux objets dont elle traite d'être des choses sensibles,
elle ne les étudie point cependant en tant que sensibles, et les
sciences mathématiques ne seront pas pour autant sciences

ainsi la géométrie fait abstraction des caractères des grandeurs et s'attache
seulement à leurs relations spatiales » (Ross, trad. *ad. loc.*).

1. Tout ce passage est altéré. Cf. Ross, II, 417, dont nous suivons la leçon.

du sensible; mais, d'autre part, elles ne seront pas non plus sciences d'autres objets séparés du sensible. Il y a dans les 5 choses une multitude d'attributs qui résultent de leur essence, en tant que chacun des attributs de cette sorte réside en elles; par exemple, il y a des propriétés spéciales à l'animal en tant que femelle ou en tant que mâle, bien qu'il n'y ait rien qui soit femelle ou mâle indépendamment des animaux; de telle sorte qu'il en est de même si on considère seulement les choses en tant que longueurs ou en tant que surfaces. Et plus les attributs sur lesquels porte la science ont d'antériorité logique et de simplicité, plus aussi la science a d'exactitude, l'exactitude étant la simplicité. Aussi la science de ce qui n'a pas 10 d'étendue[1] est-elle plus exacte que la science de l'étendue[2], et la science de ce qui n'est pas doué de mouvement[3] est la plus précise de toutes; mais si l'on tient compte du mouvement, la science la plus précise est celle du mouvement premier[4], car c'est le mouvement le plus simple, et, à son tour, le mouvement uniforme [ἡ ὁμαλή κ.] est le plus simple des mouvements premiers.

Le raisonnement sera le même pour l'Harmonique et l'Optique. Ni l'une, ni l'autre, en effet, ne considère son objet en tant que vue ou en tant que son, mais en tant que lignes ou que 15 nombres, lignes et nombres étant des modifications propres de la vue et du son. De même aussi pour la Mécanique. – Ainsi donc, lorsqu'on pose des attributs séparés des attributs

1. L'Arithmétique.
2. La Géométrie.
3. La Géométrie.
4. L'Astronomie.

qui les accompagnent et qu'on les considère en tant que tels, on ne sera pas pour cela dans l'erreur, pas plus que le géomètre qui, tirant une ligne sur le sol, admet qu'elle a un pied de long 20 quand elle ne l'a pas, car l'erreur ne réside pas dans les prémisses du raisonnement.

On peut arriver ainsi à d'excellents résultats dans chaque question, en posant comme séparé ce qui n'est pas séparé. C'est ainsi que procèdent l'arithméticien et le géomètre. Par exemple, l'homme est un et indivisible en tant qu'homme ; l'arithméticien, après l'avoir posé comme un indivisible, cherchera ensuite quels sont les accidents propres de l'homme 25 en tant qu'indivisible ; le géomètre, au contraire, ne le considère ni en tant qu'homme, ni en tant qu'indivisible, mais en tant que solide mathématique. En effet, les propriétés qui se seraient manifestées dans l'homme, en supposant même qu'il n'eût pas été indivisible, il est clair qu'elles y sont aussi en puissance, à part de l'indivisibilité et de l'humanité. Aussi les géomètres raisonnent-ils correctement : c'est sur des êtres que roulent leurs discussions, et les objets de leur science sont 30 bien des êtres, car il y a deux sens de l'Être, l'Être qui est en entéléchie et l'Être en tant que matière[1].

Maintenant, le Bien et le Beau diffèrent (le premier est toujours dans l'action [ἐν πράξει], le Beau se trouve aussi dans les êtres immobiles), et les philosophes[2] qui assurent que les sciences mathématiques ne traitent ni du Beau, ni du Bien, sont

1. L'Être en tant que matière (ὑλικῶς) et l'Être δυνάμει. – La conclusion d'Aristote est donc la suivante : les μαθηματικά n'existent ni à l'état séparé, ni en acte dans le sensible, mais seulement en puissance. La première partie de M est ainsi achevée.

2. Probablement Aristippe. Cf. B, 2, 996 a 32.

donc dans l'erreur : le Beau est, au contraire, l'objet principal du raisonnement de ces sciences et de leurs démonstrations. Ce n'est pas une raison parce qu'elles ne le nomment pas, pour 35 dire qu'elles n'en parlent pas, car elles en montrent les effets et les rapports. Les formes les plus hautes du Beau sont l'ordre, la symétrie, le défini, et c'est là surtout ce que font apparaître les 1078 b sciences mathématiques. Et puisque ces formes (je veux dire l'ordre et le défini) sont manifestement causes d'une multitude d'effets, il est clair que les mathématiciens doivent considérer comme cause d'une certaine manière, la cause dont nous parlons, le Beau en un mot. Mais c'est là un sujet que nous 5 traiterons ailleurs [1] plus à fond.

4

< Histoire et critique du système de Platon >

Au sujet des Choses mathématiques, nous venons de montrer leur existence et leur mode d'existence, en quel sens elles sont antérieures, et en quel sens elles ne sont pas antérieures. Arrivons maintenant aux Idées. Nous allons examiner d'abord la doctrine même de l'Idée, sans toucher à la nature 10 des Nombres. Nous la prendrons telle que la conçurent primitivement ceux qui, les premiers, admirent l'existence des Idées.

La doctrine des Idées fut, chez ses fondateurs [2], la conséquence des arguments d'Héraclite sur la vérité des

---

1. En fait, il ne semble pas qu'Aristote ait tenu cette promesse, ni dans le Περὶ καλοῦ, figurant au catalogue de Diogène, ni dans le *De Coelo*, ni, comme on l'a prétendu, dans la *Métaphysique*, Λ, 7, 8, 10, ou N, 4.
2. Platon.

choses, arguments qui les persuadèrent, et suivant lesquels
toutes les choses sensibles sont dans un flux perpétuel, de sorte
15 que s'il y a science et connaissance [φρόνησις][1] de quelque
chose, il doit exister d'autres réalités en dehors des natures
sensibles, des réalités permanentes, car il n'y a pas de science
de ce qui est en perpétuel écoulement. – Socrate se renferma
dans l'étude des vertus morales, et c'est à leur sujet qu'il fut le
premier à poser le problème de la définition générale, car,
20 parmi les physiciens, Démocrite s'était borné à une petite
partie de la Physique, ne définissant guère que le chaud et le
froid, et, auparavant, les Pythagoriciens n'avaient défini qu'un
petit nombre d'êtres, dont ils réduisaient les notions aux
nombres : telles étaient les définitions de l'occasion, du juste
ou du mariage[2]. Mais c'est à bon droit que Socrate cherchait
l'essence, car il cherchait à faire des syllogismes [συλλογί-
ζεσθαι], et le principe des syllogismes, c'est l'essence [ἀρχὴ
25 δὲ τῶν συλλογισμῶν τὸ τί ἐστιν]. La Dialectique n'était pas
encore en ce temps-là une puissance assez forte pour raisonner
sur les contraires indépendamment de l'essence[3], et pour
déterminer si la science des contraires est une. C'est donc à
juste titre qu'on peut attribuer à Socrate la découverte de ces
deux principes : les discours inductifs [ἐπακτικοὶ λόγοι] et la

1. Au sens platonicien de connaissance en général; chez Aristote,
φρόνησις, prend une signification morale : c'est l'intellect pratique appliqué à
la réalisation du Bien.

2. Le Ps. Alex. nous apprend que l'occasion était identifiée avec le nombre
7, le juste avec le 5, et le mariage avec le 5 également (ce dernier étant la somme
du premier nombre pair et du premier nombre impair).

3. C'est-à-dire : on ne s'était pas encore aperçu qu'on pouvait raisonner
aussi bien en partant d'essences fictives qu'en partant d'essences réelles.
Cf. De Soph. Elench., 34, 184 a 8-b 3.

définition générale [τὸ ὁρίζεσθαι καθόλου], qui, l'un et
l'autre, concernent le point de départ de la science. Socrate,
toutefois, n'accordait une existence séparée ni aux universaux, 30
ni aux définitions. – Les philosophes qui vinrent ensuite les
séparèrent, au contraire, et donnèrent à de telles réalités le nom
d'Idées. Ils furent amenés, à peu de chose près, par un raisonnement identique, à admettre comme Idées tout ce qui est affirmé universellement, et c'était presque comme si[1] quelqu'un,
voulant faire un compte, croirait, parce que le nombre des 35
objets serait trop petit, n'y pouvoir parvenir, et l'augmenterait
alors pour faire son compte. Il y a, en effet, un plus grand
nombre d'Idées, pour ainsi dire, que des individus sensibles 1079 a
dont ces philosophes recherchent les causes et dont ils sont
partis pour arriver aux Idées. A chaque chose, en effet, correspond une réalité homonyme et existant à part, tant des substances proprement dites que des essences des autres choses
qui comportent l'unité d'une multiplicité, qu'il s'agisse d'une
multiplicité sensible ou d'une multiplicité éternelle[2].

Ensuite, de tous les arguments dialectiques au moyen
desquels les Platoniciens prétendent démontrer [δείκνυται][3]
l'existence des Idées, aucun n'est évident. Certains d'entre eux 5
ne conduisent pas à une conclusion nécessaire, d'autres

1. A partir de ce mot [ὥσπερ], l. 34, jusqu'à 1079 b 3, le texte, à l'exception
de différences insignifiantes, est le même que le texte correspondant de Λ, 9,
990 b 2 à 991 a 8. La différence la plus caractéristique est, comme nous l'avons
déjà indiqué, le changement de personne ; Aristote parle ici des Platoniciens à la
3e personne, et non plus à la première. On en a conclu que le Livre M est
postérieur au Livre A.

2. Pour le texte de cette dernière phrase, voir la note au passage correspondant de A. D'une manière générale, nous renvoyons aux notes du Livre A.

3. Et non plus δειχνυμεν, comme dans le passage correspondant de A.

établissent des Idées de choses qui, de l'avis même des
Platoniciens, n'en ont pas. En effet, d'après les arguments tirés
de l'existence des sciences, il y aura des Idées de toutes les
choses dont il y a science; d'après l'argument de l'unité d'une
multiplicité, il y en aura aussi des négations; enfin d'après
10 l'argument que même ce qui a péri constitue un objet de
pensée il y aura aussi Idée des objets détruits, car leur représentation demeure dans la pensée. Même des raisonnements plus
exacts conduisent, les uns, à admettre les Idées des relatifs (or
le relatif n'est pas même considéré, par les Platoniciens,
comme un genre par soi), d'autres, à l'argument du troisième
homme. – En général, la démonstration dialectique de l'existence des Idées ruine le principe que les partisans des Idées
15 veulent établir de préférence à l'existence même des Idées. Il
en résulte, en effet, que ce n'est pas la Dyade indéfinie qui est
première, mais le nombre; que la relation sera antérieure à ce
qui est par soi, et toutes autres contradictions avec leurs
propres principes où ont sombré certains partisans des Idées.

De plus, d'après la conception qui sert de base à l'existence
20 des Idées, non seulement il y aura des Idées des substances,
mais de beaucoup d'autres choses (car il y a pensée une, non
seulement des substances, mais aussi des non-substances;
d'autre part, il n'y a pas seulement science de la substance,
et mille autres conséquences de cette sorte). Et cependant,
résultat nécessaire de cette théorie des Idées et des opinions
25 reçues à leur sujet, si les Idées sont participables, inévitablement c'est seulement des substances qu'il y aura Idées. En
effet, il n'y a pas de participation par accident, mais il faut que
cette participation ait lieu à l'égard de chaque Idée en tant

qu'elle n'est pas affirmée d'un sujet comme attribut accidentel
de ce sujet. Par «participation accidentelle», j'entends que
si un être participe du Double-en-soi, il participe aussi de
l'Éternel, mais par accident, car c'est par accident que le 30
Double-en-soi est éternel. Donc, il n'y aura d'Idées que de
la substance; or ce qui signifie la substance dans le monde
sensible la signifie également dans le monde intelligible;
autrement que voudrait-on dire en déclarant que l'unité d'une
multiplicité est quelque chose de séparé de cette multiplicité?
Et s'il y a identité de forme entre les Idées et les êtres qui y
participent, il y aura entre les Idées et ces êtres quelque chose
de commun. Pourquoi, en effet, entre les dyades corruptibles et 35
les dyades mathématiques, multiples aussi, mais éternelles, y
aurait-il unité et identité de la dyade, plutôt qu'entre la Dyade-
en-soi et quelque dyade particulière? Mais s'il n'y a pas identité de forme, il y aura seulement homonymie, et c'est alors 1079 b
comme si on appelait «homme», à la fois Callias et un morceau
de bois, sans envisager aucune communauté entre eux.

Enfin, si nous devons admettre que, pour tout le reste, les
notions générales correspondent aux Idées; ainsi, que dans le
Cercle en soi, il y ait la figure, la surface et les parties restantes 5
de la notion, et que, d'autre part, nous ayons dû y ajouter la
mention de ce dont le Cercle en soi est l'Idée, il faut examiner
si cette addition n'est pas complètement vide. A quel élément
de la notion, en effet, ce caractère d'être une Idée sera-t-il
ajouté? Est-ce au centre du Cercle, ou à sa surface, ou à tous
les éléments de la notion? Tous les éléments compris dans
l'essence sont, en effet, des Idées, par exemple l'Animal et le

Bipède dans l'Idée de l'Homme. Évidemment aussi, il est
10 nécessaire que le caractère d'être Idée [αὐτό] soit lui-même,
comme la Surface-en-soi par rapport au Cercle-en-soi, une
nature déterminée, qui soit contenue dans toutes les Idées, en
tant que genre[1].

5

< Les Idées ne sont pas les causes du changement[2] >

La plus importante question à poser, ce serait de demander
quelle peut bien être la contribution des Idées aux Êtres sensibles, soit aux êtres éternels, soit aux êtres générables et corrup-
15 tibles. En effet, elles ne sont pour ces êtres les causes d'aucun
mouvement, ni d'aucun changement. Elles ne sont non plus
d'aucun secours pour la science des autres êtres (elles n'en

---

1. Sur cet argument spécial à M, cf. Robin, *La Théorie Platonicienne*, p. 67,
n. 73[2]. Conformément à la suggestion de Robin, nous traduisons, l. 9 *sq.*,
comme s'il y avait : ἔτι δῆλον ὅτι ἀνάγκη αὐτὸ εἶναί, ὥσπερ τὸ ἐπίπεδον,
φύσιν. κτλ. – L. 3, τὰ μὲν ἄλλα signifie le caractère d'Idéité en dehors des
éléments entrant dans l'Idée. L. 5-6, τὸ δ'οὗ ἐστὶ προστεθήσεται doit être
compris comme s'il y avait τὸ δ'οὗ ἐστὶ <αὐτὸς ὁ κύκλος, κύκλος>, sujet de
προστεθήσεται. – Léon Robin a bien voulu traduire ce difficile passage.
– L'argument est le suivant : on pourrait soutenir que les Idées ne sont ni
entièrement univoques, ni purement équivoques avec les choses sensibles ;
toute Idée, en effet, possède un caractère supplémentaire et original : c'est
d'être une Idée, de constituer la cause exemplaire des choses sensibles qui
participent d'elle. On échapperait ainsi aux difficultés soulevées par l'homonymie et la synonymie. Aristote répond que tout ce qui compose une Idée est
Idée, et que le caractère d'être une Idée est lui-même une Idée qui appartient à
toute Idée. Cf. aussi Bonitz, *Metaph.*, 538.

2. Tout le début de ce chapitre, jusqu'à 1080 *a* 8 reproduit textuellement A,
9, 991 *a* 9-991 *b* 9.

sont pas, en effet, l'essence, sinon elles seraient en eux), ni
pour expliquer leur existence, car elles ne sont pas immanentes
aux êtres participés; si elles étaient immanentes, peut-être
sembleraient-elles causes des êtres, comme le blanc est cause
de la blancheur dans l'être blanc en entrant dans sa compo- 20
sition; mais cet argument, qui a sa source dans Anaxagore
et que plus tard Eudoxe, dans sa discussion des difficultés, et
certains autres philosophes ont repris, est d'une réfutation trop
facile, car il est aisé de multiplier les objections insolubles
contre une pareille doctrine. – D'ailleurs, les autres objets ne
peuvent provenir «des» Idées dans aucun des sens où l'on 25
entend d'ordinaire cette expression «de». Quant à dire que les
Idées sont des paradigmes, et que les autres choses en participent, c'est prononcer des mots vides et faire des métaphores
poétiques. Où donc travaille-t-on en fixant les yeux sur les
Idées? Il peut se faire aussi qu'il existe et devienne quelque
être semblable à un autre être, sans se trouver modelé sur cet
autre; ainsi, Socrate existant ou non, il pourrait naître un 30
homme semblable à Socrate, et il en serait évidemment de
même, si on supposait un Socrate éternel. – En outre, il y aurait
plusieurs paradigmes du même être, et, par suite, plusieurs
Idées de cet être; par exemple, pour l'homme, ce serait
l'Animal, le Bipède, et, en même temps aussi, l'Homme-en-
soi. De plus, ce ne sont pas seulement des êtres sensibles que
les Idées seront paradigmes, mais aussi des Idées elles-mêmes,
et, par exemple, le genre, en tant que genre, sera le paradigme 35
des espèces contenues dans le genre; la même chose sera donc
paradigme et image. Et puis, il semblerait impossible que la

substance fût séparée de ce dont elle est substance; comment
1080 a donc les Idées, qui sont les essence des choses, seraient-elles
séparées des choses?

Dans le *Phédon*, il est dit que les causes de l'Être et du
devenir sont les Idées; pourtant, même en admettant l'existence des Idées, les êtres participés ne sont pas engendrés, à
5 moins qu'il n'y ait une cause motrice; par contre, beaucoup
d'autres objets sont produits, comme une maison et un anneau,
dont les partisans des Idées disent qu'il n'y a pas d'Idées. Il est
donc évidemment possible pour les autres choses aussi, dont
ils disent qu'il y a des Idées, d'exister et de devenir pour des
causes analogues à celles des objets dont nous parlons, et non à
cause des Idées. On peut, du reste, contre la doctrine des Idées,
au moyen du même mode de réfutation, et par des arguments
10 plus logiques et plus rigoureux encore, accumuler une foule
d'autres difficultés semblables à celles que nous venons de
rencontrer.

6

*< Hypothèses sur la nature des Nombres
considérés comme la substance des êtres >*

Ayant déterminé ces différents points, il est bon d'examiner, en outre, les conséquences de la théorie des Nombres,
15 considérés comme des substances séparées et comme les
causes premières des êtres. Si le nombre est une réalité et si sa
substance n'est rien d'autre que le nombre lui-même, ainsi que

l'assurent certains philosophes, voici les hypothèses qui se présentent nécessairement[1].

Ou bien, il y a en lui de l'avant et de l'après, chaque nombre étant spécifiquement différent, et alors : ou bien il en résulte une différence immédiate entre toutes les unités, et une unité quelconque est inadditionnable [ἀσύμβλητος][2] avec une unité quelconque ; – ou bien toutes les unités sont immédia- 20 tement, consécutives[3], et toute unité quelconque est additionnable [συμβλητός] avec une unité quelconque, comme on dit qu'il arrive pour le nombre mathématique, car, dans le nombre mathématique, il n'y a aucune différence entre une unité, et une autre unité ; – ou encore, parmi les unités, les unes peuvent s'additionner entre elles, et les autres ne le peuvent pas : par exemple, si, la Dyade étant première après l'Un, la Triade

1. La classification d'Aristote est très confuse. D'après Robin, *La Théorie Platonicienne*, p. 272, n. 258, voici comment elle doit être rétablie. Aristote distingue deux sortes de nombres séparés :

1) les Nombres idéaux, qui diffèrent spécifiquement (ἤτοι…, l. 17) et qui peuvent être constitués : *a)* Ou bien d'unités toutes inadditionnables (ἢ ἐπὶ τῶν μονάδων…, l. 18) ; *b)* Ou bien d'unités qui ne sont additionnables qu'à l'intérieur d'un même nombre (ἢ τὰς μὲν…, l. 23) ;

2) les Nombres conçus sur le modèle des nombres mathématiques, dont toutes les unités sont additionnables (ἢ εὐθὺς ἐφεξῆς…, l. 20, et διὸ καὶ…, l. 30). Enfin, les l. 35-37 (ἢ τὸν μέν…) constituent un résumé de ce qui précède.

Ross (II, 426) expose une classification différente, qui serre de plus près le texte, mais moins logique. En fait, Aristote, l. 20, commet une confusion entre le nombre mathématique, qu'il a probablement en vue, et les unités, envisagées comme toutes additionnables, du Nombre idéal.

2. Ἀσύμβλητος peut se traduire, soit par *incomparable*, soit par *inadditionnable ;* il est synonyme de *différent spécifiquement*.

3. On peut comprendre, avec Robin (cf. note 1, ci-dessus), qu'Aristote a en vue les Nombres séparés constitués sur le type du nombre mathématique, tels que les concevait Speusippe, plutôt qu'une espèce du Nombre idéal.

première après la Dyade, et ainsi de suite pour les autres
25 nombres, il peut y avoir, dans chaque nombre, addition entre
les unités, entre celles qui composent la Dyade première, puis
entre celles qui composent la Triade première, et ainsi de suite
pour les autres nombres, tandis qu'au contraire, il ne peut y
avoir addition des unités de la Dyade-en-soi avec les unités de
la Triade-en-soi, et il en sera de même pour les autres nombres
30 successifs. – Ainsi donc, voici comment se compte le nombre
mathématique : après l'Un, le deux, lequel est l'addition d'un
autre Un au premier Un, puis le trois, qui est l'addition d'un
autre Un à ce deux, et ainsi de suite ; au contraire, dans les
Nombres idéaux, après l'Un, il y a un Deux, autre que l'Un et
indépendant de l'Un premier, puis la Triade, indépendante de
la Dyade, et de même pour les autres Nombres.

35   Ou bien, parmi les nombres, les uns rentrent dans le
premier groupe dont nous venons de parler, d'autres sont des
nombres entendus au sens mathématique, d'autres sont dans le
dernier des trois cas envisagés [1].

En outre, ou bien ces nombres sont séparés des objets,
1080 b ou bien ils ne sont pas séparés mais résident dans le sensible,
non pas de la manière que nous avons considérée d'abord [2],
mais en tant que nombres immanents aux choses sensibles et
constituant leur être ; alors, ou bien les uns existent dans les
choses sensibles et les autres n'y existent pas, ou bien tous les
nombres y existent également.

---

1. Robin considère, avec raison semble-t-il, ces dernières lignes comme un
résumé de ce qui précède. Ross y voit une branche distincte de la classification
d'Aristote.

2. Cf. M, 2, 1076 *a* 38.

Telles sont donc les diverses hypothèses sur la nature des Nombres, et ce sont nécessairement les seules possibles. A peu 5 de chose près, ce sont celles qui ont été mises en avant par les philosophes qui posent l'Un comme principe, substance et élément de toutes choses, et le nombre comme procédant de l'Un et d'un autre terme[1] ; chacun d'eux a admis quelqu'un de ces modes d'existence, excepté cependant celui de l'inadditionnabilité de toutes les unités entre elles[2]. Cette rencontre était d'ailleurs naturelle, car on ne saurait concevoir pour les 10 nombres un autre mode d'existence que ceux que nous venions d'énumérer. – Certains philosophes[3] prétendent ainsi qu'il y a deux espèces de nombres : les nombres dans lesquels il y a de l'antérieur et du postérieur, ce sont les Nombres idéaux, et le nombre mathématique, en dehors des Idées et des choses sensibles, ces deux sortes de nombres étant d'ailleurs également séparées du sensible. – D'autres philosophes[4] ne reconnaissent l'existence que du nombre mathématique, premier des 15 êtres et séparé du sensible. Pour les Pythagoriciens, eux aussi, le seul nombre, c'est le nombre mathématique ; seulement le nombre n'est plus séparé, mais, au contraire, c'est lui qui, dans ce système, constitue les substances sensibles. Ils construisent,

1. Cet autre terme est l'ἄπειρον des Pythagoriciens, et la Dyade indéfinie du Grand et du Petit, de Platon.

2. L'inadditionnabilité absolue des unités n'a donc été, en fait, soutenue par personne, et elle ne figure dans la discussion que « pour la symétrie » (Robin). Aristote, qui estime qu'elle découle logiquement des principes platoniciens, ne lui en consacrera pas moins de longs développements au chapitre suivant. Sa polémique contre Platon est donc, dans une certaine mesure, tendancieuse.

3. Platon.

4. Speusippe.

en effet, l'Univers entier au moyen des Nombres, mais
ces nombres ne sont pas composés d'unités, et ils attribuent
20 aux unités l'étendue. Mais quant à expliquer la constitution
de l'Un premier comme étendue, ils en sont, semble-t-il,
incapables. – Un autre philosophe[1] dit que la première espèce
de nombre, le Nombre idéal, existe seul, et d'autres[2] identifient le Nombre idéal et le nombre mathématique.

Mêmes systèmes relativement aux longueurs, aux surfaces et aux solides. Certains philosophes[3] considèrent comme
25 différentes les grandeurs mathématiques et les Grandeurs
idéales [τὰ μετὰ τὰς ἰδέας][4]. Parmi ceux qui professent une
autre opinion, les uns admettent les grandeurs mathématiques,
mais seulement en tant que mathématiques [μαθηματικῶς] ; ce
sont ceux[5] qui ne regardent pas les Idées comme des Nombres,
et ceux qui n'admettent pas l'existence des Idées ; les autres[6]
admettent les grandeurs mathématiques, mais ils n'en parlent
pas en mathématiciens : toute grandeur, suivant eux, en effet,
ne se divise pas en grandeurs, et la dyade ne se compose pas
30 d'unités quelconques. Tous les philosophes qui prétendent que
l'Un est élément et principe des êtres, constituent les nombres
avec des unités, à l'exception des Pythagoriciens, car ils

1. Un platonicien inconnu.

2. Xénocrate.

3. Platon.

4. Littéralement : « les réalités qui viennent après les Idées ». Sur cette
expression, cf. Ross, II, 429. Sur la théorie des Grandeurs idéales, cf. Robin,
La Théorie Platonicienne, p. 286 *sq.* ; et *infra*, chap. 9.

5. Speusippe.

6. Xénocrate.

attribuent l'étendue aux nombres, comme nous l'avons dit plus haut.

Nous venons donc de voir de combien de manières on peut envisager les nombres, ainsi que l'énumération complète des différentes hypothèses. Toutes ces hypothèses sont inadmissibles, mais quelques-unes sans doute plus encore 35 que les autres.

7

< Examen des théories de Platon sur l'inadditionnabilité des unités des Nombres [1] >

Nous devons examiner d'abord si les unités sont additionnables ou inadditionnables, et, si elles sont inadditionnables, si 1081 a c'est de l'une ou de l'autre manière que nous avons distinguées. Il est possible, en effet, qu'une unité quelconque, soit inadditionnable avec une unité quelconque, il est possible aussi que les unités de la Dyade-en-soi soient inadditionnables avec celles de la Triade-en-soi, et qu'ainsi les unités comprises

---

1. Le plan général des chapitres 7, tout entier, et 8, jusqu'à 1083 *b* 23 est le suivant :

1) Critique de la doctrine de Platon (chap. 7 et 8 *ad* 1083 *a* 20). Les trois hypothèses sur la nature des nombres séparés seront passées en revue et réfutées : *a)* Additionnabilité absolue des unités (1081 *a* 5 à 17); *b)* Inadditionnabilité absolue des unités (1081 *a* 17 à *b* 35); *c)* Additionnabilité des unités dans le même nombre, et inadditionnabilité entre les unités de nombres différents (1081 *b* 35 à 8, 1083 *a* 20);

2) Critique de la doctrine de Speusippe (1083 *a* 20 à 35);

3) Critique de la doctrine de Xénocrate (1083 *b* 1 à 8);

4) Critique de la doctrine des Pythagoriciens (1083 *b* 8 à 23).

dans chaque Nombre idéal [πρῶτος ἀρ.][1] soient inadditionnables avec celles d'un autre Nombre idéal.

5   Maintenant, si toutes les unités sont additionnables et indifférenciées [ἀδιάφοροι] on aboutit alors au nombre mathématique et à lui seul, et il n'est pas possible que les Idées soient les Nombres ainsi produits. Quel nombre serait, en effet, l'Homme-en-soi ou l'Animal-en-soi, ou toute autre Idée? Il n'y a qu'une seule Idée pour chaque être, par exemple une seule Idée pour l'Homme-en-soi, une seule aussi, et qui est
10 autre, pour l'Animal-en-soi, tandis qu'il y a une infinité de nombres semblables et indifférenciés, de sorte qu'il n'y aurait pas de raison pour que telle Triade plutôt que telle autre Triade fût l'Homme-en-soi. Mais si les Idées ne sont pas des Nombres, il n'est absolument pas possible qu'elles existent, car de quels principes viendraient les Idées? Le Nombre, en effet, procède
15 de l'Un et de la Dyade indéfinie, et ces principes des Idées sont aussi appelés éléments du nombre, mais alors il n'y a aucune raison de placer les Idées avant ou après les Nombres[2].

    Si, par contre, les unités sont inadditionnables, et inadditionnables en ce sens que toute unité est inadditionnable avec toute autre unité, alors un nombre ainsi constitué ne peut pas être le nombre mathématique (car le nombre mathématique est composé d'unités indifférenciées, et toutes les opérations que
20 l'on peut effectuer sur le nombre mathématique conviennent à un nombre ainsi formé). Il ne peut être non plus le Nombre

---

1. Πρῶτος a ici le sens d'εἰδητικός (Ps. Alex., 748, 1 Hd).

2. Cf. Robin, *La Théorie Platonicienne*, p. 642, note, dont nous adoptons la traduction. – L. 16 αὐτάς = τὰς ἰδέας. – Les idées sont engendrées simultanément avec les Nombres et cessent d'exister avec eux.

idéal, car la Dyade idéale ne sera pas première à la suite de l'Un et de la Dyade indéfinie, et elle ne sera pas suivie par les nombres désignés dans leur ordre de consécution, deux, trois, quatre. En effet, les unités de la Dyade première sont engendrées simultanément, soit, comme le premier représentant [1] de la théorie l'a soutenu, qu'elles résultent de l'égalisation des termes inégaux [2], soit qu'elles procèdent d'une autre manière. **25** Si l'on suppose maintenant que, de ces unités de la Dyade, l'une est antérieure par rapport à l'autre, elle sera aussi antérieure à la Dyade formée de ces deux unités, car lorsqu'une chose est antérieure, et une autre postérieure, le composé de ces deux choses est antérieur à l'une et postérieur à l'autre [3]. Mais, dans cette dernière hypothèse, puisque l'Un-en-soi [αὐτὸ τὸ ἕν] est bien le premier Un, alors parmi les autres

---

1. Platon.

2. Les termes inégaux (τὰ ἄνισα) sont le Grand et le Petit, qui, égalisés par l'Un, donnent naissance aux unités de la Dyade.

3. Voici quelle est, d'après le Ps. Alex. (749, 19 Hd) suivi par Robin (*La Théorie Platonicienne*, p. 333, n. 285) la marche du raisonnement d'Aristote :

L'hypothèse de l'inadditionnabilité des unités anéantit :

1) Le nombre mathématique, qui exige, pour ses opérations, l'absolue indifférenciation des unités composantes ;

2) Le Nombre idéal. En effet : *a)* Ou bien toutes les unités sont engendrées simultanément à partir de l'Un et la Dyade indéfinie, et alors, les Nombres étant formés en même temps, la série numérique disparaît. (Il n'y a plus de Dyade première, ni de nombres subséquents). Autrement dit, il n'y a plus d'antérieur et de postérieur ; *b)* Ou bien les unités sont engendrées successivement, mais alors le Nombre idéal, composé de ces unités hiérarchisées dans le temps, sera intermédiaire à la façon d'un mixte, si bien qu'on devra admettre qu'il est antérieur à sa constitution parfaite, ce qui est absurde et entraîne sa disparition.

Bonitz (*Metaph.*, 548) et Ross (II, 435) présentent des interprétations différentes.

30 nombres il y a un autre Un, qui vient le premier mais qui est le
second après l'Un-en-soi, puis un troisième, qui est second
après le second, mais troisième après l'Un-en-soi qui est
premier, de sorte que les unités seront antérieures aux nombres
qu'elles constituent ; par exemple, dans la Dyade, il y aura une
troisième unité avant que la Triade-en-soi existe, et dans la
Triade, il y aura une quatrième unité, et dans la Tétrade, une
cinquième unité, avant que la Tétrade et la Pentade existent[1].
35 Certes, aucun des philosophes dont il s'agit n'a dit que les
unités étaient inadditionnables de cette manière. Pourtant
l'inadditionnabilité absolue des unités résulte logiquement de
1081 b leurs principes, mais, en vérité, elle n'est pas admissible. Il est
naturel de dire qu'il y a des unités antérieures et postérieures,
puisqu'il y a une unité première, à savoir l'Un-principe, et
il doit en être de même pour les Dyades, puisqu'il y a aussi
une Dyade première. Après un terme premier, en effet, il est
5 logique et même nécessaire qu'il y ait un second terme,
qu'après un second terme, il y ait un troisième terme, et ainsi
pour les autres nombres consécutifs. Mais soutenir les deux

---

1. Aristote poursuit son raisonnement. Si on admet une génération succes-
sive des unités composantes, de deux choses l'une : *a*) Ou bien, après l'Un-en-
soi, premier, on posera un autre Un, par exemple la première des unités composant la Dyade. Il en résultera la formation d'une dyade antérieure à la Dyade, et,
celle-ci une fois constituée, il y aura trois unités antérieurement à la Triade-en-
soi, et ainsi de suite, ce qui est absurde ; *b*) Ou bien, après l'Un-en-soi on posera
la Dyade première, ce qui est également absurde, car, ajoutée à l'Un premier,
elle formera une triade antérieure à la Triade en soi (cette seconde hypothèse est
indiquée M, 9, 1085 *a* 3). – L. 30-31, « l'autre Un, qui est le premier, mais
second après l'Un-en-soi » est la première unité de la Dyade ; l. 31-32, le
troisième Un est la seconde unité de la Dyade.

choses en même temps, savoir que l'unité comprise dans la
Dyade est consécutive à l'Un-principe et qu'elle vient aussi en
second lieu, après la Dyade-en-soi qui est première, c'est ce
qui est impossible[1]. Or ces philosophes admettent bien la
première unité, l'Un-principe, mais ils ne disent rien des unités
seconde et troisième, ils admettent bien une Dyade première,
mais ils ne disent rien des Dyades seconde et troisième[2]. – Il 10
est clair que si toutes les unités sont inadditionnables, la
Dyade-en-soi ne peut exister, ni la Triade-en-soi, ni aucun
autre nombre. Que les unités soient indifférenciées, ou
qu'elles soient différentes chacune de chacune, il est nécessaire que chaque nombre soit formé par addition [ἀριθμεῖσθαι
κατὰ πρόσθεσιν] : ainsi la Dyade résultera d'un autre Un addi- 15
tionné à l'Un, la Triade d'un autre Un additionné avec la
Dyade, et de même pour la Tétrade. Cela étant, il est impossible que la génération des nombres se passe, comme ces
philosophes les engendrent, à partir de la Dyade indéfinie et de
l'Un. La Dyade, en effet, est une partie de la Triade, et la
Triade, de la Tétrade ; et les choses se passeront de la même 20
façon pour les nombres suivants. – Mais, objecte-t-on, la
Tétrade est engendrée de la Dyade première, multipliée par la

1. Il est impossible de soutenir à la fois que la Dyade-en-soi est consécutive
à l'Un-principe ou que c'est l'unité comprise dans la Dyade, comme plus semblable à l'Un. – Cette phrase apparaît comme une parenthèse, qui se rattache à
l'exposé qui précède.
2. De même que s'il y a un Un premier, il doit y avoir des unités postérieures,
de même s'il y a une Dyade première, il doit y avoir des Dyades secondes (par
exemple, les Dyades de l'Octade seront postérieures aux Dyades de la Tétrade).
Les Platoniciens ne peuvent l'admettre, parce que, dans le système, chaque
Nombre idéal est une substance individuelle et unique, mais cette conséquence
n'en découle pas moins de leur doctrine (Robin, *op. cit.*, p. 339 et n. 287).

Dyade indéfinie. – Admettons-le. Mais les deux dyades
composant la Tétrade seront alors à ajouter à la Dyade-en-soi ;
si cette conséquence est repoussée, il faudra dire alors que la
Dyade-en-soi fait partie de la Tétrade, qui sera ainsi constituée
par l'addition d'une autre Dyade à la Dyade première, de telle
sorte que la Dyade première sera elle-même formée par
25 l'addition à l'Un-en-soi d'une autre unité ; mais, s'il en est
ainsi, il n'est pas possible que l'un des éléments du nombre soit
la Dyade indéfinie, car celle-ci n'engendre alors qu'une unité,
et non, comme le système l'exige, une Dyade définie [δ.
ὡρισμένη] [1]. – En outre, comment, en dehors de la Triade-en-
soi et de la Dyade-en-soi, pourrait-il y avoir d'autres Triades et
d'autres Dyades [2] ? De quelle manière seront-elles composées
30 d'unités antérieures et postérieures ? Tout cela n'est qu'une
pure fiction, et il est impossible qu'il y ait une Dyade première

1. Si l'on veut sauver les Nombres idéaux, il faut qu'ils soient soumis à la
génération par addition des nombres mathématiques. La Dyade-en-soi sera
alors comprise dans la Tétrade-en soi, comme 2 fait partie de 4. Mais c'est supprimer le Nombre idéal, qui, à raison de sa nature individuelle et une, est soumis, suivant les Platoniciens, à un mode de génération spécial, à partir de la
Dyade indéfinie et de l'Un. Admettons cette génération particulière de la Tétrade, par exemple, laquelle résulterait de la multiplication de la Dyade-en-soi par
la Dyade indéfinie. De toute façon les deux Dyades de la Tétrade s'ajouteront à
la Dyade-en-soi, ce qui fera trois Dyades idéales au lieu d'une. Si on refuse
d'accepter cette conséquence, la Dyade-en-soi devra faire partie de la Tétrade-
en-soi ; on retombe dans la génération mathématique, et la Dyade première elle-
même n'y échappe pas : elle procédera, pour la même raison que la Tétrade, de
l'addition de l'Un-en-soi à un autre Un. Or, cet autre Un n'est pas la Dyade indéfinie, qui produit non pas une unité (la seconde unité de la Dyade) mais une
Dyade définie. Cf. Ps. Alex., 753, 2 sq., Hd, et Robin, p. 273, n. 309.

2. Par exemple les Triades qui sont dans l'Hexade et les Dyades qui sont
dans la Tétrade ou dans l'Octade. Or la Triade-en-soi et la Dyade-en-soi sont
nécessairement unes. – Cf. Robin, op. cit., p. 342 et n. 290 (2).

et une Triade-en-soi : conséquence nécessaire cependant, s'il est vrai que l'Un et la Dyade indéfinie soient les éléments des nombres. Si ces conséquences sont inadmissibles, il est impossible aussi que ce soient là les principes des Nombres.

Si les unités sont toutes différentes entre elles, telles sont les conséquences, et d'autres analogues, auxquelles on aboutit 35 nécessairement. Si les unités sont différentes dans des nombres différents, et sont indifférenciées entre elles seulement dans le même nombre, ici encore se présentent des difficultés non moins considérables. – Ainsi, dans la Décade-en- 1082 a soi se trouvent dix unités ; la Décade est formée de ces unités et aussi de deux Pentades. Et comme la Décade-en-soi n'est pas un nombre quelconque et qu'elle n'est pas composée de deux Pentades quelconques, de même qu'elle n'est pas composée d'unités quelconques, il est nécessaire que les unités qui sont dans la même Décade soient spécifiquement distinctes, car si 5 elles ne diffèrent pas, les deux Pentades qui composent la Décade ne différeront pas non plus ; mais puisqu'on admet que ces deux Pentades diffèrent, il y aura aussi différence entre les unités[1]. Et si les unités diffèrent, n'y aura-t-il pas d'autres

---

1. La Décade-en-soi, Nombre idéal, ne peut être formée que de certains Nombres idéaux, savoir deux Pentades-en-soi déterminées, lesquelles, à leur tour, ne seront formées que de certaines unités idéales. De même que les deux Pentades sont spécifiquement distinctes, les unités de la première Pentade seront distinctes de celles de la seconde, ce qui est contraire à l'hypothèse de l'indifférenciation des unités dans le même Nombre. Et si les unités sont indifférenciées, les Pentades seront elles-mêmes indifférenciées, ce qui aurait comme conséquence inadmissible qu'un Nombre idéal serait composé de Pentades non-idéales, et les unités indifférenciées des deux Pentades seraient additionnables entre elles, ce qui est aussi contraire à l'hypothèse (Robin, p. 343, n. 290⁴. – Ross, II, 437).

Pentades dans la Décade, mais seulement les deux Pentades
déjà mentionnées, ou bien y en aura-t-il d'autres ? Qu'il n'y en
ait pas d'autres, c'est absurde ; et s'il y en a d'autres, quelle
10 sorte de Décade sera formée de ces Pentades ? Il n'y a pas
d'autre Décade, en effet, dans la Décade, que la Décade elle-
même[1], et d'ailleurs le système exige que la Tétrade aussi soit
composée de Dyades qui ne soient pas quelconques, car c'est
la Dyade indéfinie, disent ces philosophes, qui, ayant reçu la
Dyade définie, a formé deux Dyades, car la Dyade indéfinie
était duplicative [δυοποιός] du nombre qu'elle recevait[2].
15 – Ensuite, que la Dyade-en-soi constitue une réalité indépendante de ses deux unités, la Triade-en-soi une réalité indépendante de ses trois unités, comment cela peut-il se faire ? En
effet, ou bien, ce sera comme une participation accidentelle
d'un sujet à son attribut, tel l'homme blanc est distinct du blanc
et de l'homme (car il participe de l'un et de l'autre), ou bien
ce sera comme une différence spécifique est autre que son
20 genre, tel l'homme est distinct de l'animal et du bipède[3].

1. Si les unités de la Décade diffèrent spécifiquement, il y aura d'autres
Pentades dans la Décade : on peut former, par exemple, une troisième Pentade
en prenant deux unités de la première et trois unités de la seconde. Mais alors
que devient la Décade formée ainsi de plus de deux Pentades ? Il y aura une autre
Décade dans la Décade (Ross, II, 437).

2. La Dyade indéfinie, par sa fonction mutiplicative, joue le rôle de principe femelle par rapport à la Dyade définie, principe mâle. La Tétrade est ainsi
composée de deux dyades bien déterminées : la Dyade première, et une autre
Dyade produite par l'action de la Dyade indéfinie.

3. Il s'agit maintenant de montrer que le Nombre idéal est insuffisant pour
expliquer comment une multiplicité d'unités peut constituer un nombre unique.
Cette unification pourrait résulter : a) Ou bien d'une participation, analogue soit
à la participation accidentelle d'un sujet à son attribut, soit à la participation
essentielle de la différence à son genre ; mais les unités ne sont ni un accident du

– L'unification se fait encore tantôt par contact, tantôt par mélange, tantôt par juxtaposition. Mais aucun de ces modes ne convient aux unités dont la Dyade et la Triade sont constituées. Mais, de même que deux hommes ne sont pas quelque chose d'un, indépendamment de l'un et de l'autre, de même nécessairement aussi pour les unités. Et ce n'est pas parce que les unités sont indivisibles que le cas ne sera pas le même : les points aussi sont bien indivisibles, et cependant une paire de 25 points n'est pas quelque chose de différent des deux points séparés [1]. – D'ailleurs une conséquence qu'il ne faut pas oublier, c'est qu'il y a des Dyades antérieures et des Dyades postérieures, et qu'il en est ainsi pour les autres Nombres idéaux [2]. Admettons même, en effet, que les deux Dyades de la Tétrade-en-soi aient été engendrées simultanément ; elles sont cependant premières par rapport à celles qui sont dans l'Octade-en-soi, car elles ont engendré chacune une des deux 30 tétrades qui se trouvent dans l'Octade-en-soi, de la même manière que la Dyade première les avait elles-mêmes engendrées [3], de sorte que si la Dyade première est idéale, les autres

Nombre idéal pris comme sujet, ni un sujet du Nombre idéal pris comme accident, ni une différence spécifique du Nombre idéal pris comme genre ; *b*) Ou bien du contact, du mélange ou de la pure juxtaposition spatiale ; mais ces hypothèses sont tout aussi bien inadmissibles, et il n'existe rien à part des unités, pas plus qu'il n'y a une paire d'hommes à part de deux hommes.

1. *Ibidem.*

2. Ce qui est contraire à l'essence même du Nombre idéal. La multiplicité des Dyades en soi, par exemple, est certaine. Aristote en tire cette conclusion que, toutes les Dyades et les unités qui les composent étant nécessairement idéales, l'Idée se trouvera être un composé d'Idées et toutes les Idées n'en formeront plus qu'une seule. Les choses sensibles, copies des Idées, seront composées de la même manière, ce qui est absurde.

3. C'est-à-dire avec la Dyade indéfinie.

Dyades aussi seront idéales. Même raisonnement pour les unités : les unités contenues dans la Dyade première engendrent les quatre unités qui se trouvent dans la Tétrade ; par suite 35 toutes les unités sont des Idées et les Idées sont composées d'Idées. Il est donc évident que les choses sensibles, dont ces Idées se trouvent être les Idées, seront aussi composées ; on pourrait dire, par exemple, que les animaux sont composés 1082 b d'animaux, s'il existe des Idées d'animaux.

D'une manière générale, établir entre les unités une différence quelconque est une absurdité et une fiction. J'appelle fiction [πλάσμα] la violence faite à la vérité en vue de satisfaire à une hypothèse. L'unité ne diffère visiblement de l'unité, 5 ni selon la quantité, ni selon la qualité. Il faut nécessairement que le nombre soit égal ou inégal : cela est vrai de tous les nombres, mais surtout du nombre composé d'unités abstraites [μοναδικόν], de sorte que s'il n'est ni plus grand, ni plus petit, il est égal. Or les choses qui sont égales et absolument indifférenciées, nous les considérons comme identiques quand il s'agit de nombres. Sinon, les dyades qui entrent dans la même 10 Décade ne seraient pas indifférenciées tout en étant égales, car quelle raison aurait-on de dire qu'elles sont indifférenciées ? – En outre, si toute unité et une autre unité font deux, l'unité extraite de la Dyade-en-soi, et l'unité extraite de la Triade-en-soi formeront une Dyade. Mais cette dyade sera composée d'unités différentes ; d'autre part, sera-t-elle antérieure à la Triade-en-soi ou postérieure ? Il semble qu'elle doive être 15 plutôt nécessairement antérieure, puisque l'une de ces deux unités est engendrée simultanément avec la Triade, et l'autre simultanément avec la Dyade. Nous admettons d'ailleurs,

dans tous les cas, qu'un et un, qu'il s'agisse de choses égales ou
inégales, font deux : par exemple, le Bien et le Mal, l'homme et
le cheval. Or les philosophes en question n'admettent même
pas, que deux unités soient deux[1]. – Il serait étrange aussi
pourtant que la Triade-en-soi ne fût pas un nombre plus grand 20
que la Dyade-en-soi. Mais si elle est plus grande, il est clair
qu'il y a dans la Triade un nombre égal à la Dyade, qui ne
différera pas ainsi de la Dyade-en-soi. Mais cela n'est pas
possible, s'il est vrai qu'il y ait un nombre qui soit premier, et
un autre qui soit second. Et si cela est vrai, les Idées non plus
ne seront pas des Nombres. A cet égard, les Platoniciens ont
raison de penser que les unités doivent être différentes, si l'on 25
veut que les Nombres soient des Idées, ainsi qu'il a été dit plus
haut[2], puisque l'Idée elle-même est unique. Au contraire si les
unités sont indifférenciées, les Dyades et les Triades seront
aussi indifférenciées. Telle est la raison qui a obligé ces
philosophes à dire que compter ainsi : un, deux, ce n'est pas

1. Le raisonnement d'Aristote manque de clarté. Voici comment Robin le
rétablit (*La Théorie Platonicienne*, p. 340 et n. 288). L'unité extraite de la
Dyade-en-soi ajoutée à une unité extraite de la Triade-en-soi doit former une
Dyade, car 1 + 1 = 2 dans tous les cas, même quand il s'agit de choses différentes
(homme et cheval, par exemple). Mais, dans l'espèce, cette dyade sera formée
d'unités différentes, ce qui est contraire à l'hypothèse de l'inadditionnabilité
des unités d'un nombre à l'autre : *a)* Admettons rigoureusement l'inadditionnabilité ; alors, conséquence absurde, voici un cas où 1 + 1 n'égale pas 2 ;
b) Admettons cependant qu'une telle dyade se constitue. Sera-t-elle antérieure
ou postérieure à la Triade-en-soi ? Elle sera antérieure en ce sens que celle de ses
unités empruntée à la Dyade est antérieure à la Triade, l'autre étant contemporaine de la Triade. Mais elle sera aussi postérieure à la Triade, car elle lui
emprunte une des unités constitutives de cette Triade.

2. Cf. 1081 *a* 57.

procéder par addition d'une unité à une unité donnée, car alors
30 ils n'auraient pas eu besoin de recourir à un mode de génération spécial à partir de la Dyade indéfinie, et il ne serait pas
possible non plus qu'un nombre fût une Idée : une Idée, en
effet, se trouverait contenue dans une autre Idée, et toutes les
Idées seraient les parties d'un Idée unique. Ainsi ces philosophes raisonnent bien d'après l'hypothèse des Idées, mais
non d'une manière absolue. Ils bouleversent, en effet, bien des
vérités mathématiques, puisqu'ils vont jusqu'à chercher une
difficulté dans la question de savoir si, quand nous comptons
35 en disant : un, deux, trois, nous comptons par addition ou bien
par portions séparées [κατὰ μερίδας]. En réalité, nous faisons
l'un et l'autre. Il est donc ridicule de grossir une si minime
différence dans la façon de compter jusqu'à en faire une
différence aussi considérable dans l'essence même du
nombre [1].

---

1. Le Nombre idéal doit être, comme l'Idée, une individualité une ; pour lui
conserver ce caractère, il faut résolument lui enlever toute communauté de nature avec le nombre mathématique. D'où le mode de génération spécial de la série des Nombres idéaux. Les Platoniciens ont donc vu juste, d'après leur système. Mais, en fait, leurs tentatives sont vaines. Ils vont jusqu'à faire d'une différence insignifiante dans notre façon de compter (on compte par addition de
l'unité à l'unité, ou en construisant chaque nombre à part) le fondement même
de leur théorie des nombres (cf. Robin, *op. cit.*, *passim*, notamment p. 341,
n. 289, et p. 279, n. 263).

8

<*Critique des Platoniciens dissidents et des Pythagoriciens.*
Objections à l'existence des Nombres idéaux>

Avant tout, il est bon de déterminer quelle différence 1083 a
comporte le nombre et quelle différence, l'unité, à supposer
qu'elle en comporte. Nécessairement les unités devront différer soit en quantité, soit en qualité; or ni l'une, ni l'autre de ces
différences évidemment ne peut exister. Mais le nombre, en
tant que nombre, comporte la différence selon la quantité. Or,
assurément, si les unités aussi différaient par la quantité, 5
un nombre différerait d'un nombre qui lui serait égal par
la somme de ses unités[1]. En outre, seraient-ce les unités
premières qui seraient les plus grandes, ou les plus petites? Les
unités postérieures iraient-elles en croissant, ou bien serait-ce
le contraire? Toutes ces hypothèses sont irrationnelles. – D'un
autre côté, les unités ne peuvent pas davantage différer par la
qualité, car aucun attribut ne peut leur appartenir[2]. Dans les 10
nombres, en effet, on dit que la qualité est postérieure à la
quantité dont elle dépend. En outre une telle différence qualitative ne pourrait procéder ni de l'Un-principe, ni de la Dyade,
car l'Un-principe n'est pas qualitatif et la Dyade est génératrice de la quantité [ποσοποιόν], et c'est parce que telle est sa
nature qu'elle est la cause de la pluralité des êtres. Si donc l'on

---

1. Il s'agit ici des Nombres-idées dont chacune est une substance différente. Peut-on, demande Aristote, admettre aussi une différence substantielle
entre les unités qui constituent la Triade en soi et celles qui constituent la
Tétrade en soi, etc.? (Cf. Robin, *La Théorie Platonicienne*, p. 330 *sq.*).

2. A raison de leur indivisibilité (*De Coelo*, III, 299 *a* 17).

veut que les unités soient distinctes de quelque façon, il faudrait
15 commencer par le dire, il faudrait surtout déterminer pourquoi
il doit y avoir une différence entre les unités, et, tout au moins,
de quelle différence on veut parler.

Il est donc clair que si les Idées sont des Nombres, il n'est
pas possible que toutes leurs unités soient additionnables, ni
qu'elles soient toutes inadditionnables entre elles, d'aucune
des manières qui ont été indiquées.

20　　　　Mais ce que d'autres philosophes disent des Nombres n'est
pas plus vrai. Ces philosophes sont tous ceux [1] qui pensent que
les Idées n'existent ni absolument, ni comme identifiées avec
certains nombres, mais qui prétendent que les Choses
mathématiques existent, que les Nombres sont les premiers
des êtres et que le principe des nombres est l'Un-en-soi. – Or, il
serait paradoxal qu'il existât, comme ils le veulent, un Un
25 premier antérieur aux autres uns, et qu'il n'y eût pas de Dyade
antérieure aux dyades, ni de Triade antérieure aux triades, car
les raisons sont les mêmes dans tous les cas. Si donc ce qu'on
dit du nombre est vrai et si on pose que le nombre mathématique existe seul, son principe ne sera pas l'Un. Il devrait y
avoir, en effet, une différence entre un tel Un et les autres
30 unités, mais alors la Dyade première devrait également
différer des dyades, et ainsi de suite pour tous les nombres
consécutifs. Si l'on veut que l'Un soit principe, il vaut mieux

---

1. Speusippe. Sur toute cette critique, cf. Robin, *La Théorie Platonicienne*,
p. 437. Aristote reproche, en somme, à Speusippe d'avoir manqué de logique :
si l'Un-en-soi, principe des nombres, est une réalité séparée, il n'y a pas de
raison pour qu'il n'y ait pas une Dyade-en-soi et une Triade-en-soi, comme
dans Platon, dont le système est, à cet égard, préférable. Mais l'une et l'autre
doctrine soulèvent également d'insurmontables difficultés.

nécessairement adopter les vues de Platon sur les Nombres et
dire qu'il y a une Dyade première et une Triade première, et
que les nombres ne sont pas additionnables entre eux. Mais, en
revanche, si de nouveau l'on soutient cette opinion, nous 35
avons montré déjà quelles multiples impossibilités en résultent. Pourtant, il faut nécessairement choisir, et si aucune de
ces deux opinions n'est vraie, il ne sera pas possible que le
nombre soit séparé.

De ces considérations, il résulte manifestement qu'on peut 1083 b
appeler le pire de tous le troisième système[1], qui identifie le
Nombre idéal et le nombre mathématique, car les deux erreurs
précédentes doivent alors se fondre dans un seul système :
d'une part le nombre mathématique ne peut pas être de cette 5
nature, mais, attribuant au nombre mathématique toutes sortes
de propriétés spéciales, ces philosophes étendent outre mesure
sa notion ; d'autre part, toutes les difficultés qui sont la
conséquence de la théorie du Nombre idéal se retrouvent
nécessairement ici.

Le système des Pythagoriciens, d'un côté, offre des
difficultés moindres que les précédents, mais, d'un autre côté,
il en présente d'autres qui lui sont particulières. Rendre le
nombre non-séparé, c'est supprimer assurément une grande 10
partie des impossibilités que nous avons signalées ; par contre,
admettre que les corps sont composés de nombres et que le
nombre composant est le nombre mathématique, c'est ce qui
est impossible. En effet, il n'est pas vrai de dire qu'il existe des
grandeurs insécables [ἄτομα μεγέθη], et même au cas où il

1. Xénocrate.

pourrait y avoir des grandeurs de cette sorte, les unités, en tout
15 cas, n'ont pas de grandeur et comment une étendue peut-elle
être composée d'indivisibles? Or le nombre arithmétique du
moins est une somme d'unités [μοναδικός][1], tandis que ces
philosophes identifient le nombre avec les êtres, et, de toute
façon, appliquent aux corps les propositions des nombres,
comme s'ils étaient composés de ces nombres.

Il est donc nécessaire[2], si le nombre est un être réel et par
20 soi, qu'il le soit de quelqu'une des manières que nous avons
indiquées, et, s'il ne peut l'être d'aucune de ces manières, il
est évident que la nature du nombre n'est pas celle que lui
construisent ces philosophes qui en font un être séparé.

De plus[3], est-ce que chaque unité procède de l'égalisation
du Grand et du Petit, ou bien, parmi les unités, les unes
25 viennent-elles du Petit, et les autres, du Grand[4]? Dans ce
dernier cas, chaque unité ne vient pas de tous les éléments du

1. Et d'unités indivisibles; et ainsi les choses réelles, qui sont des grandeurs, ne peuvent être composées de nombres, ce que les Pythagoriciens ont le
tort de supposer.

2. Conclusion générale des chapitres 6, 7 et 8 (partiel).

3. Aristote s'attaque maintenant (1083 *b* 23 à 9, 1085 *b* 34), d'une façon
générale, à toutes les doctrines qui font du nombre une réalité séparée. Ses
objections peuvent se répartir comme suit : *a*) Critique de la génération des
unités à partir de la Dyade indéfinie (1083 *b* 23-35); *b*) Impossibilité pour les
Nombres idéaux d'être numériquement finis ou infinis (1083 *b* 36-1684 *b* 1);
c) Nature de l'Un-en-soi, principe formel des Nombres (1084 *b* 2-1085 *a* 6);
d) Nature des Grandeurs idéales (1085 *a* 7-36); e) Objections à la génération des
Nombres idéaux et des Grandeurs idéales (1085 *b* 5-34).

Enfin Aristote, après un résumé, reviendra, à la fin du chapitre 9, à la
théorie des Idées proprement dite, et il étudiera le rôle des Idées comme
principes des choses.

4. Ce ne sont donc pas des éléments nécessaires.

nombre, et les unités ne sont pas indifférenciées[1]. En effet, dans les unes, c'est le Grand, dans les autres, c'est le Petit que l'on trouve, lequel Petit est par sa nature le contraire du Grand. D'ailleurs, comment les unités se répartiront-elles dans la Triade-en-soi? Il y a, en effet, une unité qui est impaire [μία περιττή]. C'est pour éviter cette difficulté, sans doute, que ces philosophes font de l'Un-en-soi un moyen terme dans l'Impair[2] – Si, au contraire, chacune des deux unités de la 30 Dyade-en-soi vient de l'égalisation du Grand et du Petit, comment la Dyade du Grand et du Petit sera-t-elle une nature simple, étant Dyade du Grand et du Petit? En quoi différera-t-elle de l'uni-té[3]? De plus, l'unité est antérieure à la Dyade, car, si elle disparaissait, la Dyade disparaîtrait elle-même, et l'unité sera nécessairement l'Idée d'une Idée[4], puisqu'elle est antérieure à l'Idée de la Dualité, et qu'elle doit avoir été engendrée antérieurement à la Dualité. Mais de quoi donc 35 dérivera-t-elle? Ce ne peut être de la Dyade indéfinie, car celle-ci est génératrice de la dualité [δυοποιὸς].

1. Parmi les unités, les unes seront plus petites, les autres plus grandes, suivant leur origine.

2. Dans la Triade, une des unités viendra du Grand, une autre du Petit; mais d'où viendra la troisième, du Grand ou du Petit? L'Un, moyen dans l'Impair (la Triade ou tout autre nombre impair), égalise les unités qui viennent du Grand et celles qui viennent du Petit. – Sur cette interprétation, qui est celle du Ps. Alex. (788, 4 Hd) et qui ne va pas sans difficulté, cf. Robin, *La Théorie Platonicienne*, p. 666, n. 266-V.

3. Il y a antinomie entre la Dyade indéfinie, qui est double, et l'unité, qui est simple; la première ne saurait produire la seconde. Et si la Dyade est parfaitement égalisée, elle se confondra avec l'unité.

4. L'unité est l'Idée de l'Idée de la dualité.

En outre, il faut nécessairement que le nombre soit infini en acte ou fini, car ces philosophes font du nombre un être 1084 a séparé, de telle sorte qu'il n'est pas possible qu'il ne soit pas ou fini, ou infini[1]. Mais qu'il ne puisse être infini, c'est évident, car le nombre, en tant qu'infini, n'est ni pair, ni impair, alors que la génération des nombres est toujours celle d'un nombre 5 pair ou d'un nombre impair : d'une part, l'application de l'Un au nombre pair engendre le nombre impair; d'autre part, le nombre pair provient ou bien d'une duplication de la Dyade à partir de l'Un, ou bien d'une duplication des nombres impairs <engendrés par l'application de l'Un au nombre pair>[2]. – Ensuite, si toute Idée doit être Idée de quelque chose et si les Nombres sont des Idées, le nombre infini devra être aussi l'Idée de quelque chose, soit de quelque chose sensible, soit d'une autre chose. Mais cela n'est possible ni dans l'hypothèse

---

1. Puisque le nombre séparé a une existence réelle.

2. La Décade platonicienne, nombre parfait, s'obtient donc de la façon suivante : L'égalisation de la Dyade indéfinie du Grand et du Petit engendre le nombre 2.

La duplication progressive de la Dyade engendre les nombres pairs $2 \times 2 = 4$, et $4 \times 2 = 8$; c'est ce que le Ps. Alex. (769, 13-16 Hd) nomme ἀρτιάκις ἄρτια; on obtient ainsi une puissance de 2.

L'application de l'Un aux nombres pairs donne les nombres impairs $2 + 1 = 3, 4 + 1 = 5, 8 + 1 = 9$.

La duplication des nombres impairs 3 et 5 engendre les nombres pairs $3 \times 2 = 6$ et $5 \times 2 = 10$; c'est l'ἀρτιοπέρισσος du Ps. Alex., et le nombre pair ainsi obtenu n'est pas puissance de 2.

Enfin l'application de l'Un au nombre pair 6 donne $6 + 1 = 7$. – La Décade est parfaite.

Le Ps. Alex. mentionne des espèces de nombres beaucoup plus nombreuses. – Sur tous ces points, cf. Robin, *La Théorie Platonicienne*, p. 282, n. 264, Ross, II, 447. Cf. aussi Platon, *Parmén.*, 143 *e*, 144 *a*.

des Idées, ni selon la raison, et pourtant c'est comme Idées de quelque chose que les Platoniciens instituent leurs Idées [1].

Si, au contraire, le nombre est fini, jusqu'où doit-on 10 compter? Il ne faut pas, en effet, se contenter de dire ce qui est, mais il faut dire aussi le pourquoi. Or si le Nombre idéal va jusqu'à la Décade, comme certains le prétendent [2], d'abord les Idées feront vite défaut aux choses: si, par exemple, la Triade est l'Homme-en-soi, quel nombre sera le Cheval-en-soi? En effet la série des Nombres idéaux ne dépasse pas la Décade; or 15 il est nécessaire que ce soit un des Nombres renfermés dans les limites de la Décade, car ce sont eux qui sont substances et Idées. Mais ils feront vite défaut, et ils ne suffiront même pas aux espèces du genre animal.– En même temps, il est évident que si la Triade idéale est l'Homme-en-soi, les autres Triades seront aussi des hommes, car les triades rentrant dans les mêmes nombres sont semblables, et alors il y aura un nombre d'Hommes-en-soi infini; et si chaque Triade est une Idée, 20 chaque nombre sera l'Homme-en-soi [3]. Si, au contraire, chacune de ces Triades n'est pas une Idée, il y aura cependant des hommes en nombre infini [4]. – De plus, le nombre le plus

1. Sur ce dernier membre de phrase, cf. Robin, *La Théorie Platonicienne*, p. 351, note 295[2], dont nous adoptons l'interprétation. La correction proposée par Ross, II, 447-448, à la suite de Schwegler, semble inutile.

2. Platon, et probablement Speusippe.

3. Autrement dit: il y aura une infinité d'Hommes-en-soi. On devra admettre d'autres Triades, incluses dans les nombres qui dépassent nécessairement la Décade.

4. εἰ δὲ μή, ἀλλ᾽ ἄνθρωποί γε. Ces hommes en nombre infini (explique le Ps. Alex., 770, 34-36 Hd), complétant la pensée d'Aristote, ne seront pas des Hommes-en-soi, mais ils seront à la fois différents des Hommes-en-soi et des

petit est une partie du plus grand, puisque les unités composantes sont additionnables, du moins dans le même nombre ;
par conséquent ; si la Tétrade-en-soi est l'Idée d'un être, du
cheval ou du blanc, par exemple, et si la Dyade-en-soi en-soi
est l'homme, l'homme devra être une partie du cheval. –
25 Ensuite il est absurde de dire qu'il y a une Idée de la Décade,
mais qu'il n'y a pas d'Idées de l'Hendécade, ni des nombres
suivants. Il est vrai[1] qu'il existe et s'engendre des êtres dont il
n'y a pas d'Idées[2] ; pourquoi donc ne pas supposer qu'il n'y a
pas non plus d'Idées des nombres venant après la Décade[3] ?
Les Idées ne sont donc pas des causes[4]. – Il est absurde
d'ailleurs que la génération des Nombres s'arrête à la Décade ;
30 l'Un a, dans le système, plus de réalité que la Décade dont il est
la forme, et ce qui distingue l'Un de la Décade, c'est qu'il n'y a
pas de génération pour l'Un-principe, tandis qu'il y a génération pour la Décade[5]. Ces philosophes tentent, il est vrai, de
soutenir que, une fois arrivé à la Décade, on a atteint le nombre
parfait. Du moins, ils engendrent des notions fondamentales
dérivées [τὰ ἑπόμενα], telles que le Vide, la Proportion,

hommes sensibles, puisque ces Triades qui dépassent la Décade ne sont ni des
Nombres idéaux, ni des nombres sensibles.

1. Du propre aveu des Platoniciens.

2. Les choses artificielles, les négations et les relatifs.

3. Interprétation difficile. Cf Robin, *La Théorie Platonicienne*, p. 390,
note.

4. Puisque certaines choses et certains nombres existent sans Idées
correspondantes.

5. Si donc la Décade est engendrée, les nombres suivants pourraient être
engendrés aussi : par exemple, l'Hendécade résulterait de l'application de l'Un
comme forme à la Décade comme matière. – Le texte est difficile : nous adoptons la leçon de Bonitz et de Christ. Cf. Robin, *op. cit.*, p. 389 et note 318.

l'Impair, et autres notions de cette nature, dans les limites de
la Décade; ils rapportent les unes aux Principes, comme le 35
Mouvement, le Repos, le Bon, le Mauvais, toutes les autres
notions étant rapportées aux Nombres[1]. Aussi l'Un est-il
pour eux l'Impair, car si l'Impair était la Triade, comment
la Pentade serait-elle impaire[2]? – Enfin les Grandeurs, ou les
notions de cette nature, ne dépassent pas les limites définies
de la Décade numérique : c'est d'abord l'unité, ligne insécable 1084 b
[ἡ πρώτη γραμμὴ ἄτομος], ensuite la Dyade linéaire, puis les
autres Grandeurs jusqu'à la Décade[3].

1. Tout ce passage, où des éléments pythagoriciens sont confusément
mélangés avec la doctrine proprement platonicienne, soulève de grandes difficultés d'interprétation. Cf. Robin, *op. cit.*, p. 313, n. 275. Il faut comprendre,
semble-t-il, que les Idées de Vide, de Proportion et d'Impair, paradigmes des
réalités physiques correspondantes, dérivent directement des principes générateurs de la Décade, l'Un et la Dyade indéfinie; par exemple le Vide résultant de
l'intervalle des nombres pairs aux nombres impairs, est le modèle du vide physique. Quant aux « autres notions », sans doute subordonnées et sur lesquelles
nous manquons de renseignements, elles étaient directement rattachées aux
Nombres de la Décade.

2. Cf. Robin, *op. cit.*, p. 665, n. 266-V. L'Un et l'Impair sont, chez les Platoniciens, ou bien identifiés, ou bien en rapport étroit, l'Un étant alors moyen
terme dans l'Impair (*supra*, 1088 *b* 29). L'Impair, vient de dire Aristote, dérive,
selon ces philosophes, des principes générateurs de la Décade, en même temps
que d'autres notions. Or l'Impair ne peut dériver que de l'Un principe; s'il déri-
vait du premier nombre Impair (la Triade), la Pentade ne pourrait être impaire,
car elle se forme par l'application de l'Un au nombre pair 4 et non par l'addition
de la Dyade au nombre impair 3.

3. En effet, 1 = le point, 2 = la ligne, 3 = la surface, 4 = le solide; et 1 + 2 + 3
+ 4 = 10. Le souvenir de la *Tetractys* pythagoricienne n'est pas étranger à cette
conception. Il y a correspondance, mais non identité, entre la série des Nombres
Idéaux et celle des Grandeurs idéales. Pour la théorie des Grandeurs idéales, cf.
infra, chap. 9. – L. *b* 1, ἡ πρώτη signifie ἡ μονάς, par opposition à ἡ δυάς, *b* 2.
Cf. Ps. Alex., 772, 25 Hd, Bonitz, *Metaph.*, 559.

Ensuite, si le Nombre est séparé, la difficulté se pose de savoir si c'est l'Un qui est antérieur, ou si c'est la Triade ou la Dyade. – En tant que le Nombre séparé est composé d'unités, c'est l'Un qui est antérieur, mais en tant que l'universel et
5 la forme sont antérieurs, c'est le Nombre qui est antérieur. Chacune des unités est, en effet, élément du Nombre comme matière, tandis que le Nombre est la forme. De même, en un sens, l'angle droit est antérieur à l'angle aigu, parce que l'angle droit est défini et qu'il est impliqué dans la définition de l'angle aigu ; mais en un autre sens, c'est l'angle aigu qui est antérieur, parce qu'il est une partie de l'angle droit, et que l'angle droit peut être divisé en angles aigus. Ainsi, du côté de la matière, l'angle aigu, l'élément et l'unité sont antérieurs ;
10 mais du côté de la notion et de l'essence formelle, c'est l'angle droit et le tout, composé de matière et de forme, qui sont antérieurs, car le composé concret est plus voisin de la forme et de ce qui est exprimé dans la définition ; par contre, selon la génération, il est postérieur. En quel sens l'Un est-il donc principe ? Parce qu'il n'est pas divisible, répondent les Platoniciens. Mais l'indivisibilité appartient aussi à l'universel, à l'individuel [τὸ ἐπὶ μέρους][1] et enfin, à l'élément ; toutefois c'est
15 d'une autre manière : l'universel est indivisible logiquement, tandis que l'individuel et l'élément sont indivisibles chronologiquement. De laquelle de ces deux façons l'Un sera-t-il

---

1. Cette expression est synonyme de τὸ καθ᾽ ἕκαστον. (Bonitz, *Ind. arist.*, 456 *a* 7.) – L'universel est indivisible parce qu'il est une forme ; l'individuel est indivisible selon le temps, parce que, dans le composé, la forme existe antérieurement et n'est pas une partie du composé ; l'élément est indivisible selon le temps, en ce qu'il est le terme extrême de la division des choses.

alors principe[1]? Comme nous venons de le dire, l'angle
droit, semble-t-il bien, est antérieur à l'angle aigu, et,
d'un autre côté, l'angle aigu est antérieur à l'angle droit, et
chacun d'eux est un [καὶ ἑκατέρα μία][2]. Or, l'Un est, selon
ces philosophes, principe de ces deux façons à la fois. Mais
c'est impossible, car l'Un serait antérieur comme une forme
et une substance, et il serait aussi antérieur comme élément
et comme matière[3]. – Quant au mode d'existence des deux 20
unités de la Dyade, elles n'y sont véritablement qu'en
puissance, si du moins le nombre est, comme le veulent les
Platoniciens, une individualité une, et non une simple juxtaposition, chaque nombre étant d'ailleurs différent des autres
nombres à raison des unités différentes qui le composent; ce
n'est donc pas en entéléchie que les unités existent dans la

1. C'est-à-dire l'Un est-il indivisible comme l'universel ou comme
l'élément? Ainsi que le remarque Robin (*La Théorie Platonicienne*, p. 394,
n. 320), l'indivisibilité de l'ἐπὶ μέπους n'est mentionnée que pour rendre
l'énumération complète.

2. Le sens de cette dernière expression est difficile à déterminer. Aristote
veut dire probablement: l'angle aigu est un, comme un élément est un, et
l'angle droit est un, comme un universel est un. Telle est du moins l'interprétation de Ross, II, 453, différente de celle du Ps. Alex., 774, 19 Hd.

3. Le sens de cet argument (depuis 1084 *b* 2) est clair. Aristote commence
par rappeler les notions d'antériorité logique et d'antériorité selon le temps,
développées Z, 10 et 11. Il poursuit: les Platoniciens font de l'Un un principe
formel parce qu'il est indivisible. Mais la forme (l'universel), l'élément et le
composé individuel sont également indivisibles, en des sens différents. Or ces
philosophes font de l'Un à la fois une forme, comme l'angle droit est la forme de
l'angle aigu, et un élément, comme l'angle aigu est l'élément de l'angle droit.
En tant que forme, l'Un possède ainsi l'antériorité notionnelle, et en tant
qu'élément, l'antériorité selon le temps, cumul inadmissible. L'Un ne peut
donc être indivisible, à la fois comme élément et comme universel.

Dyade[1]. – La cause de l'erreur dans laquelle sont tombés ces philosophes, c'est que leur théorie part tout à la fois de spéculations mathématiques et de spéculations sur l'universel. Les
25 premières les ont conduits à poser l'Un, c'est-à-dire le Principe et son analogue, le Point, comme un élément matériel : l'unité est, en effet, un point non spatial [στιγμὴ ἄθετός]. A l'exemple de quelques autres[2] aussi, ils composent alors les êtres avec les derniers indivisibles. L'unité se trouve donc devenir, en même temps, la matière des nombres et antérieure à la Dyade ; en
30 revanche, elle lui est postérieure en tant que la Dyade est un tout, une forme, une unité. D'autre part, leurs recherches sur l'universel les ont conduits à parler de l'Un comme d'un prédicat universel des choses et comme d'un élément des nombres. Mais ces caractères ne peuvent appartenir en même temps à une même chose.

Si l'Un-principe doit être seul non-spatial (car la seule différence entre lui et les autres unités, c'est qu'il est principe), et si la Dyade est divisible tandis que l'unité ne l'est pas, il
35 s'ensuit que ce qui est le plus semblable à l'Un-principe, c'est l'unité : s'il en est ainsi pour l'unité, l'Un-principe sera aussi plus semblable à l'unité qu'à la Dyade. Par conséquent, chacune de ces deux unités devra être antérieure à la Dyade. Mais ces philosophes prétendent le contraire, car ce qui est le premier dans l'ordre de la génération, c'est, suivant eux, la

1. Ce développement (l. 20-23) paraît rompre l'enchaînement des idées. Selon Robin (p. 397, n. 323[1]), Aristote veut démontrer que l'Un, posé à la fois comme principe matériel et comme principe formel, n'est pas principe formel, car il est, en réalité, non pas en acte, mais seulement en puissance, dans le Nombre.

2. Leucippe et Démocrite.

Dyade[1]. – De plus, si la Dyade en soi et la Triade en soi ont **1085 a**
l'une et l'autre une individualité une, toutes deux formeront
une Dyade. D'où vient donc cette Dyade[2]?

9

< Critique de la théorie des Grandeurs idéales.
Critique des Nombres idéaux >

On pourrait se poser encore la difficulté suivante. Il n'y
a pas contact [ἀφή] dans les nombres, mais consécution
[ἐφεξῆς]. Or, toutes les unités entre lesquelles il n'existe pas
d'intermédiaires, par exemple celles de la Dyade ou de la
Tryade, viennent-elles après l'Un-en-soi? Ou bien n'en est-il **5**
pas ainsi, et la Dyade est-elle antérieure dans l'ordre de la
consécution[3] plutôt qu'une unité quelconque?

Les mêmes difficultés se présentent pour les genres
postérieurs au nombre, à savoir la ligne, la surface et le solide.
Certains philosophes[4] les produisent des espèces du Grand
et du Petit : par exemple, ils forment les lignes du Long et

---

1. Sur ce passage obscur, cf. Robin, p. 398, n. 324[1]. – Aristote répond à une
objection qui consisterait à prétendre que l'Un en soi, principe en dehors de la
série numérique, est forme, tandis que les unités composant les nombres sont
des éléments matériels. En réalité les unités et l'Un en soi sont univoques, et le
seul caractère distinct de l'Un en soi est qu'il est posé comme principe. Par
conséquent les unités de la Dyade sont plus semblables à l'Un en soi et
devraient être antérieures à la Dyade, ce qui, dans le système, est impossible.

2. Elle ne procède pas, en effet, comme la Dyade en soi et la Triade en soi,
de l'Un principe et de la Dyade indéfinie.

3. Nous lisons, l. 6, τῷ ἐφεξῆς (et non τῶν ἐφ). – Sur l'argument, cf. *supra*,
7, 1081 *a* 35, note, et Ps. Alex., 776, 30 Hd.

4. Platon.

10 du Court, les surfaces, du Large et de l'Étroit, les solides, du Haut et du Bas, toutes choses qui sont des espèces, du Grand et du Petit. – Quant au principe formel des Grandeurs, correspondant à l'Un, les opinions sont diverses[1]. – Et en ce qui concerne aussi l'usage qu'on prétend faire de ces principes, on voit

15 apparaître par milliers les impossibilités, les fictions et les négations de toute vraisemblance. Les lignes, les surfaces et les solides, en effet, sont sans lien essentiel [ἀπολελύμενα][2] entre eux, à moins que leurs principes[3] ne s'enchaînent logiquement les uns les autres, de telle sorte que le Large et l'Étroit soient aussi le Long et le Court. Mais, s'il en est ainsi, la surface sera la ligne, et le solide, la surface ; de plus, comment expliquera-t-on les angles, les figures et les autres notions

20 de ce genre ? – En outre, il se produit pour ces principes des Grandeurs ce qui se passe pour les déterminations du nombre[4] : ce sont là de simples modes de l'étendue, et les Grandeurs ne dérivent pas plus de ces accidents que la longueur ne procède du Droit et du Courbe, ou les solides, du Poli et du Rugueux. – Relativement à l'existence des Nombres idéaux et à celle des Grandeurs idéales, la même difficulté se présente que pour les

25 Idées considérées comme des formes immanentes à leur genre,

1. Comme pour la génération des Nombres idéaux, la génération des Grandeurs idéales se fait à partir d'un principe matériel (une espèce de la Dyade indéfinie du Grand et du Petit) et d'un principe formel, analogue à l'Un premier : ce principe formel était vraisemblablement, pour Platon, la Ligne insécable, pour Speusippe, le Point, pour Xénocrate, le Nombre même. Cf. *infra*, 1085 *a* 31.

2. ἀπολελύμενα = *diversa et natura sua sejuncta* (Bonitz, *Index arist.*, 84 a 11).

3. Le Long et le Court, etc.

4. C'est-à-dire le Pair et l'Impair.

lorsqu'on pose à part comme substance les universaux. Par exemple, est-ce l'Animal en soi qui est immanent dans l'animal individuel, ou bien est-ce autre chose que l'Animal en soi? Si l'Animal en soi n'est pas un être séparé, cela ne présentera aucune difficulté; mais si, comme l'assurent les Platoniciens, l'Un et les Nombres sont quelque chose de séparé, le problème alors n'est pas facile à résoudre : pour mieux dire, il est même complètement insoluble. Quand, en effet, on pense l'unité dans la Dyade et, en général, dans le nombre, pense-t-on l'Un- 30 principe ou une autre unité que l'Un-principe[1]?

Pour certains philosophes donc[2], les Grandeurs procèdent d'une matière de cette sorte[3]; pour d'autres[4], c'est du Point[5] (le Point leur paraît être, non pas l'Un, mais un analogue de l'Un), et d'une autre matière analogue à la Multiplicité, mais non de la Multiplicité même. Ce système n'en soulève pas

1. Le raisonnement d'Aristote est très concis. Voici l'interprétation du Ps. Alex. (778, 30 et *sq.* Hd). L'animal qui est dans les animaux individuels est-il, ou non, l'Animal en soi? Si l'Animal en soi n'est pas séparé, aucune difficulté. S'il est séparé, la question est insoluble. En effet, si c'est l'Animal en soi séparé qui est immanent aux animaux, ce sera une substance qui sera à la fois universelle et particulière; si c'est autre chose que l'Animal en soi, quelle est la nature de cette chose? De même si l'Un et les Nombres sont des substances séparées, à propos de chaque nombre individuel on se demandera si c'est l'Un en soi et le Nombre idéal qui est immanent à ce nombre : si c'est l'Un en soi, comment sera-t-il à la fois universel et particulier? Si c'est une autre unité, viendra-t-elle après l'Un en soi, ou bien sera-ce, comme le système l'exige, la Dyade? De toute façon les Nombres idéaux disparaissent.

2. Rappel du début du chapitre, l. 9-12, sur les diverses formes du principe matériel et du principe formel.

3. C'est-à-dire des diverses espèces du Grand et du Petit, prises comme principe matériel.

4. Speusippe.

5. Le Point étant pris comme principe formel.

35 moins des difficultés identiques. Si, en effet, la matière est
une, il y aura identité de la ligne, de la surface et du solide, et ce
triple principe matériel constituera un seul et même principe.
1085 b Si, au contraire, la matière est multiple, alors elle sera autre
pour la ligne, autre pour la surface et autre pour le solide, mais
y aura-t-il, ou non, un lien essentiel entre ces différentes
matières? Les mêmes difficultés se reproduiront donc, même
dans ce cas : ou bien le plan ne contiendra pas la ligne, ou bien
il sera la ligne.

5   Ensuite, comment le nombre peut-il être composé de l'Un
et de la Multiplicité? C'est ce que nos philosophes n'entre-
prennent point de démontrer. Quelle que soit la réponse, on se
heurte aux mêmes difficultés que ceux pour qui le nombre
vient de l'Un et de la Dyade indéfinie. Certains philosophes,
en effet, engendrent le nombre à partir de la Multiplicité, envisagée à titre de prédicat universel, et non à partir d'une multiplicité déterminée ; d'autres, à partir d'une certaine multiplicité déterminée, la multiplicité première, la Dyade, car la
10 Dyade est une sorte de Multiplicité primordiale. Il n'y a donc
aucune différence pour ainsi dire : les mêmes difficultés
suivront, relativement au mélange, à la juxtaposition, à la
fusion, à la génération et à toutes les autres choses de ce genre.
– Voici maintenant la difficulté la plus embarrassante. Si
chaque unité est une, d'où cela vient-il? Chacune d'elle, en
effet, n'est assurément pas l'Un en soi. Nécessairement donc,
15 elle procède, d'une part, de l'Un en soi, et, d'autre part, de la
Multiplicité en général, ou d'une portion de la multiplicité[1].

---

1. La Dyade du Grand et du Petit. Une « portion » de la Multiplicité signifie
une « certaine multiplicité ».

Mais prétendre que l'Unité ait en elle quelque chose de la Multiplicité en général, c'est impossible, puisqu'elle est indivisible. Prétendre, d'autre part, qu'elle procède d'une portion de la multiplicité conduit à bien d'autres difficultés. Nécessairement, en effet, ou bien chacune des autres parties de la Multiplicité[1] sera indivisible, ou bien chacune de ces parties sera multiplicité; mais, dans ce dernier cas, l'unité sera alors divisible. De toute façon, les éléments du nombre ne peuvent pas être l'Un et la Multiplicité, car chaque unité ne résulte pas 20 de la Multiplicité et de l'Un[2]. En outre, faire dériver ainsi l'Unité, c'est ne faire rien d'autre que prendre un autre Nombre pour principe du nombre, car toute multiplicité d'indivisibles est nombre. – Il faut ensuite s'enquérir auprès des partisans de ce système, si la Multiplicité déterminée de la Dyade [ό ἀριθμός][3] est infinie ou finie. Il y avait, en effet, semble-t-il bien[4], une multiplicité finie, d'où procédaient les unités finies, 25 en même temps que de l'Un. Et il y a une autre multiplicité, qui est Multiplicité en soi et infinie multiplicité; quelle sorte de multiplicité est donc ici l'élément qui coopère avec l'Un[5]?

---

1. C'est-à-dire des parties dérivées de l'Un et de la Dyade-principe.

2. L'unité ne peut provenir de la Multiplicité en général, car l'indivisible ne peut être engendré par le divisible. Elle ne peut être engendrée non plus d'une certaine multiplicité, telle que la Dyade du Grand et du Petit. En effet : *a*) Ou bien chacune des autres parties dérivées de l'Un et de la Dyade indéfinie sera indivisible comme l'unité; la Multiplicité n'est donc pas principe; *b*) Ou bien chacune de ces parties sera divisible, et l'unité le sera aussi, ce qui est contraire à l'essence même de l'unité; ce qui procède de la Multiplicité n'est donc pas l'unité (cf. Robin, p. 377 et n. 314).

3. Interprétation du Ps. Alex. (781, 20 Hd) dans Robin, p. 416. Cf. Ross, II, 458.

4. Selon Speusippe.

5. Passage obscur. Nous suivons l'interprétation de Ross, II, 458.

– La même question pourrait être posée au sujet du Point,
c'est-à-dire l'élément avec lequel ces philosophes constituent
les Grandeurs. Ce Point ne peut être assurément le seul et
30 unique Point : d'où dérive donc chacun des autres points ? Ces
points ne viennent certes pas d'une portion déterminée de
l'étendue et du Point en soi[1]. De toute façon, il n'est même pas
possible de dire que ces parties de l'étendue sont des parties
indivisibles, comme le sont les parties de la multiplicité
desquelles procèdent les unités, car le nombre est un composé
d'indivisibles, mais non pas les grandeurs.

Toutes ces difficultés, et d'autres du même genre, rendent
manifeste l'impossibilité d'admettre l'existence de nombres
35 et de grandeurs séparés. Ensuite, les divergences des philosophes qui, les premiers[2], ont traité des Nombres, est le signe
1086 a du désordre où les jette la fausseté de leurs systèmes. Ceux, en,
effet, qui n'ont reconnu que les Choses mathématiques comme
existant à part des choses sensibles[3], c'est parce qu'ils se sont
rendu compte des difficultés et de l'arbitraire qu'entraînait la
doctrine des Idées ; ils ont rejeté le Nombre idéal et posé le
5 nombre mathématique. – Mais ceux[4] qui ont voulu faire que
les Idées fussent, en même temps, des Nombres, n'apercevant
pas comment, si on adoptait ces principes, on pourrait rendre
le Nombre mathématique indépendant du Nombre idéal, ont
identifié le Nombre idéal et le nombre mathématique, mais

1. Sinon le Point serait divisible. – Pour toute cette argumentation, cf.
Robin, p. 370
2. Platon, Speusippe et Xénocrate. Peut-être faut-il lire, l. 37 : τρόπους au
lieu de πρώτους.
3. Speusippe.
4. Xénocrate.

seulement d'une manière dialectique [τῷ λόγῳ]; en fait c'était altérer gravement le nombre mathématique, car ils lui attri- 10 buent arbitrairement des propriétés particulières et non des propriétés mathématiques. Et celui qui, le premier[1], posa l'existence des Idées et des Nombres, sépara avec raison les Nombres des Idées. – Il est donc arrivé que tous les philosophes ont, sur quelque point, rencontré la vérité, mais d'une façon générale, ils l'ont manquée. Eux-mêmes l'avouent par leurs divergences et leurs oppositions. La cause en est la fausseté de leurs hypothèses et de leurs principes. Il est difficile 15 de dire le vrai en partant du faux, et, comme dit Épicharme[2], « aussitôt dit, le faux apparaît comme faux ». – En ce qui concerne les Nombres, nos questions et nos analyses sont suffisantes; un plus grand nombre d'arguments ne feraient qu'asseoir dans sa conviction celui qui est déjà persuadé et ne convaincraient pas davantage celui qui n'a pu être persuadé 20 par nos premières raisons.

En ce qui concerne maintenant les premiers principes, les premières causes et les éléments[3], les doctrines des philosophes qui ne traitent que de la substance sensible ont été, pour une partie, étudiées dans nos ouvrages sur la Nature[4], et le

1. Platon.

2. Fragment 14, Diels.

3. Aristote commence à cet endroit (1088 *a* 21) une critique particulière de la doctrine des Idées et la poursuivra dans le livre N, jusqu'à 1090 *a* 2. Cette nouvelle partie peut se diviser de la façon suivante : *a*) Critique de l'existence séparée attribuée par les Platoniciens aux universaux et aux principes (1080 *a* 21-1087 *a* 25 marquant la fin du livre M); *b*) Critique des principes formel et matériel envisagés comme des contraires (début du livre N *a* 2, 1090 *a* 2). – Cf. notes du livre N.

4. *Phys.*, I, 4-6, *De Coelo*, III, 3-4, *de Gen. et Corr.*, I, 1.

reste ne rentre pas dans nos recherches présentes. Mais les
25 opinions de ceux qui prétendent qu'il existe d'autre substances
en dehors des substances sensibles doivent être examinées à
leur tour. Puisque donc certains philosophes assurent que les
Idées et les Nombres sont des substances de cette nature, et que
leurs éléments sont les éléments et les principes des êtres, il
convient d'examiner ce qu'ils disent à ce sujet, et en quel sens
ils le disent.

Quant à ceux[1] qui reconnaissent seulement les nombres,
30 savoir les nombres mathématiques, ils seront étudiés plus loin;
mais pour ceux qui admettent les Idées, nous pourrions examiner leur façon de penser en même temps que les difficultés
qu'elle soulève. En effet, en même temps qu'ils considèrent
les Idées comme des essences universelles, ils les font encore
substances séparées et individuelles; or nous avons montré
plus haut[2] que c'était impossible. – La raison pour laquelle les
35 philosophes qui posent les Idées comme des universaux ont
réuni dans un même objet des natures aussi différentes[3], a été
qu'ils ne regardaient pas les Idées comme des substances identiques aux choses sensibles[4]. Ils pensaient que, dans le monde
sensible, chaque chose est dans un flux perpétuel et qu'aucune
1086 b d'elles ne demeure la même, mais que, par contre, l'universel
est en dehors de ces êtres particuliers et qu'il est quelque chose
de différent. Socrate, comme nous l'avons dit plus haut, a
donné l'impulsion à cette théorie au moyen de ses définitions,

1. Speusippe.
2. Probablement B, 6, 1003 *a* 7-13.
3. C'est-à-dire l'universalité et l'existence séparée.
4. Nous suivons le texte traditionnel. Les modifications proposées par
Jaeger et par Ross ne s'imposent pas.

mais il n'a pas séparé du moins l'universel de l'individu, et il a bien pensé en ne le séparant pas. Les résultats le démontrent clairement : sans l'universel, il n'est pas possible d'arriver à 5 la science, mais la séparation de l'universel est la cause de toutes les difficultés qu'entraîne la doctrine des Idées. Les successeurs de Socrate, cependant, dans la pensée qu'il était nécessaire, s'il existait vraiment d'autres substances en dehors des substances sensibles en perpétuel écoulement, que ces substances fussent séparées, et n'en ayant pas d'autres à leur disposition, accordèrent une existence séparée à ces substances prises universellement. Il en résulte que, dans leur système, il 10 n'y a presque aucune différence de nature entre les essences universelles et les individuelles[1]. Telle est donc, en elle-même, une des difficultés qu'entraîne la doctrine que nous avons exposée.

10

< Nature individuelle ou universelle
des principes[2] des substances >

Insistons maintenant sur un point qui présente une certaine difficulté, tant pour ceux qui admettent la doctrine des Idées que pour ceux qui la rejettent, et dont nous avons parlé au 15 début dans notre livre *des Difficultés*.

---

1. Il n'y a qu'une différence verbale, par la simple addition du mot « en soi ». Cf. Z, 16. 1040 *b* 32-34, et *passim*.

2. Dans toute la discussion qui va suivre (livres M, 9 et 10, et livre N, 1 et 2) il faut entendre par principes, d'une part le principe matériel (la Dyade indéfinie et ses modes), et d'autre part le principe formel (l'Un-en-soi).

Si l'on refuse aux substances l'existence séparée, au sens
où on l'attribue aux individus, alors on anéantira la substance,
au sens où nous la concevons[1]. Par contre, si on pose des sub-
20 stances séparées, comment se représenter leurs éléments et
leurs principes ? – Si ces éléments et ces principes sont des
substances individuelles, et non universelles, il y aura autant
d'êtres dérivés que d'éléments[2] et les éléments ne seront pas
connaissables. Supposons par exemple que les syllabes du mot
soient des substances, et que les lettres soient les éléments des
substances ; il faudra alors que la syllabe *BA* soit unique, et que
25 chacune des syllabes soit unique, puisqu'elles ne sont pas des
universaux et ne sont pas spécifiquement identiques, mais que
chacune d'elles est numériquement[3] une, constitue une substance déterminée et non une classe d'êtres homonymes (les
Platoniciens supposent, d'ailleurs, que la Réalité-en-soi [αὐτὸ
ὃ ἔστιν][4] est une en chaque cas). Et si les syllabes sont uniques, uniques seront aussi les lettres dont les syllabes sont
composées, de sorte qu'il n'y aura pas plus d'un seul *alpha* ; et
de même pour chacun des autres éléments, en vertu du même
30 principe qui fait qu'une même syllabe ne peut exister plus
d'une fois. Mais s'il en est ainsi, il n'y aura pas, en dehors des

1. Car seules des substances peuvent servir de fondement à d'autres
substances.
2. Ce qui est absurde. Aristote va le démontrer par l'exemple des syllabes :
si les lettres *B* et *A*, éléments de la syllabe *BA*, existent en soi et individuellement, il n'y aura qu'une seule syllabe *BA*.
3. C'est-à-dire individuellement.
4. Autrement dit, l'Idée. Expression fréquente dans Platon (Cf. notamment
Phédon, 75 b).

éléments, d'autres êtres ; il n'y aura que les éléments. En outre,
les éléments ne seront pas même objets de science, car ils ne
sont pas des universels, et il n'y a de science que de l'universel,
comme le prouve clairement l'exemple des démonstrations et
des définitions : on ne peut, en effet, démontrer syllogistique-
ment que les trois angles de ce triangle-ci valent deux droits, 35
si on n'a pas démontré que les trois angles de tout triangle
en général valent deux droits, ni définir l'homme que voici
comme un animal, si on n'a pas défini que tout homme en
général est animal.

Mais, d'autre part, si les principes sont universels, ou bien
les substances qui en dérivent seront des universaux, ou bien
ce qui n'est pas substance sera antérieur à la substance, car 1087 a
l'universel n'est pas une substance, et l'élément et le principe
sont des universaux ; or l'élément et le principe sont antérieurs
à ce dont ils sont le principe et l'élément[1]. – Toutes ces
difficultés suivent logiquement dès que l'on dérive les Idées
des éléments, et que l'on admet, en même temps, qu'en dehors 5
des substances ayant une forme commune, il existe aussi des
Idées, chacune d'elles étant une individualité une et séparée[2].
Mais, en fait, rien n'empêche qu'il en soit des substances et

---

1. Nous adoptons, pour ce passage, le texte et l'interprétation de Ross, II,
467. – Si les substances dérivant des principes sont des universaux, il n'y a plus
de substance, car une substance est nécessairement individuelle, et, d'autre
part, il est impossible que ce qui n'est pas substance soit le principe de la
substance.

2. Cf. Ross, II, 465, dont nous suivons l'interprétation, laquelle présente
l'avantage de conserver, l. 6, καὶ ἰδέας que Bonitz (*Metaph.*, 568) supprime, et
que Christ place entre crochets.

de leurs éléments comme des éléments du mot : si l'on a plusieurs *A* et plusieurs *B*, sans qu'il soit besoin, à part de cette multiplicité de lettres, de l'*A*-en-soi ou du *B*-en-soi, il
10 s'ensuivra aussi qu'il pourra y avoir un nombre infini de syllabes semblables[1]. – Quant à cette proposition que toute science porte sur l'universel, de telle sorte qu'il serait nécessaire que les principes des êtres fussent des universels et ne fussent pas cependant des substances séparées, c'est elle qui, de tout ce que nous avons dit, entraîne les plus grandes difficultés. Elle est vraie d'ailleurs en un sens, mais, en un autre
15 sens, elle ne l'est pas. La science, en effet, comme aussi le mot « savoir », présente une double signification : il y a la science en puissance et la science en acte. La puissance étant, comme matière, l'universel et l'indéterminé, a rapport à l'universel et à l'indéterminé, mais l'acte de la science, étant déterminé, porte sur tel sujet déterminé ; étant une chose définie, il porte sur une chose définie. Mais, c'est seulement par accident que l'œil voit la couleur en général, parce que telle couleur
20 qu'il voit est une couleur ; et cet *A* particulier, qu'étudie le grammairien, est un *A*. S'il est, en effet, nécessaire que les principes soient universels, ce qui en dérive est néces-

---

1. Aristote veut dire que l'abandon de l'hypothèse des Idées supprime toute difficulté. De même que les lettres composant le mot, tout en étant déterminées, n'empêchent pas la multiplicité des syllabes dérivées, à la condition que ces lettres ne soient pas idéales, de même les principes peuvent être quelque chose de déterminé : à la condition qu'ils ne soient pas transcendants, la multiplicité sensible n'en souffrira pas (cf. Robin, p. 532, n. 480).

sairement aussi universel, comme on le voit dans les démonstrations[1]. S'il en est ainsi, il n'y aura plus rien de séparé, et il
n'y aura plus de substance[2]. Mais, évidemment, c'est en un
sens seulement que la science est universelle ; en un autre sens,
elle ne l'est pas.   25

1. Des prémisses universelles donnent une conclusion universelle.
2. Les universaux étant, pour Aristote, de simples qualités de la substance,
et tout étant des universaux, il n'existera rien de séparé, et, par conséquent, il
n'y aura pas de substance.

LIVRE N (XIV)

Voir la notice en tête du livre M. [N.d.T.]

1

< Les principes comme contraires.
Différentes formes de l'opposition de l'Un et du Multiple >

En ce qui concerne cette sorte de substance[1], tenons-nous
en à ce que nous avons dit. Tous les philosophes platoniciens
reconnaissent les deux principes universels[2] comme deux 30
contraires, aussi bien pour les substances immobiles que pour
les êtres naturels. Mais puisqu'il n'est pas possible qu'il y ait
quelque chose d'antérieur au principe de toutes choses, le

---

1. C'est-à-dire la substance immobile ; pour les Platoniciens, les Idées.
2. La Dyade indéfinie (ou ses modes) comme principe matériel et l'Un-
principe (p. formel). – Pour les Platoniciens, la Dyade indéfinie (ou ses espèces,
Multiplicité, Excès et Défaut, etc.) est la matière de l'Un. Aristote démontre ici
qu'un contraire ne saurait être principe ; il requiert un sujet, qui seul est substance et dont les contraires sont seulement des déterminations. – Les contraires
sont d'ailleurs destructifs l'un de l'autre.

principe ne peut pas être principe et cependant être l'attribut d'une autre chose : c'est comme si l'on disait que le blanc est principe, non pas en tant qu'il est quelque chose autre, mais en tant que blanc, et qu'il est cependant attribut d'un sujet, c'est-à-dire que l'être du blanc est quelque autre chose que le blanc;
35 assurément c'est cette autre chose qui sera alors antérieure. Mais tout est engendré à partir des contraires en tant qu'ils sont inhérents à un sujet. Nécessairement donc les contraires sont
1087 b avant tout contenus dans un sujet. Toujours donc, tous les contraires sont des déterminations d'un sujet, et aucun d'eux n'est séparé. Mais il n'y a pas de contraire pour la substance, ainsi que l'expérience le montre et que le raisonnement le confirme. Aucun des contraires n'est donc le principe primordial de toutes choses; ce principe est autre.

Certains philosophes prennent précisément l'un des
5 contraires pour matière. Les uns[1], à l'Un, identique à l'Égal, opposent l'Inégal, auquel ils donnent la nature du Multiple; les autres[2], à l'Un opposent la Multiplicité même. A cet effet, les nombres sont engendrés, d'après les premiers, à partir de la Dyade de l'Inégal du Grand et du Petit; pour les seconds, c'est à partir de la Multiplicité; et, pour les uns comme pour les autres, au moyen de l'Un pris comme essence. Et, en effet, même les philosophes qui reconnaissent l'Inégal et l'Un pour
10 éléments, et l'Inégal comme la Dyade du Grand et du Petit, ceux-là admettent l'identité de l'Inégal avec le Grand et le Petit, sans préciser que cette unité est simplement logique et

1. Platon.

2. Speusippe. – Sur les différentes dénominations du principe matériel, cf. Robin, *La Théorie Platonicienne*, p. 635 et *sq.*, n. 261.

non numérique. Mais ces philosophes ne donnent même pas un exposé exact de ces principes, qu'ils nomment d'ailleurs éléments. Les uns[1] admettent le Grand et le Petit avec l'Un, qui sont ainsi les trois éléments des Nombres, les deux premiers 15 constituant la matière, et l'Un, la forme. D'autres[2] admettent le Beaucoup et le Peu, parce que le Grand et le Petit leur paraissent d'une nature propre à servir de principes aux Grandeurs plutôt qu'aux Nombres. D'autres[3], enfin, admettent des éléments d'une universalité plus grande, l'Excès et le Défaut. Il n'y a, pour ainsi dire, aucune différence à établir entre ces opinions, qui conduisent aux mêmes conséquences, si ce n'est relativement aux difficultés dialectiques que ces 20 derniers philosophes évitent parce qu'ils font porter eux-mêmes leur argumentation sur des termes généraux[4]. Toutefois la même raison qui les a fait adopter pour principes l'Excès et le Défaut plutôt que le Grand et le Petit aurait dû les conduire à accorder que le nombre sort des éléments antérieurement à la Dyade déterminée, car le Nombre est plus universel que la Dyade, comme l'Excès et le Défaut sont plus 25 universels que le Grand et le Petit. Malgré cela, formulant l'une des conséquences, ils repoussent l'autre[5]. – D'autres

---

1. Platon.

2. Platoniciens inconnus.

3. Peut-être des Pythagoriciens.

4. Sur les deux sens de λογικός, l. 20 et 21, cf. Robin, p. 413, note 331-I[1].
– Tous ces philosophes, dit Aristote, se sont placés à un point de vue exclusivement abstrait, ils ont raisonné λογικῶς. Toutefois les notions d'Excès et de Défaut, ayant une généralité plus grande, échappent aux difficultés que soulève une détermination plus étroite.

5. Les philosophes qui, à raison de sa généralité, ont donné la préférence à l'Excès et au Défaut, auraient dû, à raison de la généralité du Nombre, faire

philosophes[1] opposent le Différent et l'Autre à l'Un. D'autres[2] enfin opposent la Multiplicité à l'Un. – Mais si, comme ils le veulent, les êtres naissent des contraires, ou bien rien n'est contraire à l'Un, ou bien si quelque chose lui est opposé ainsi, ce ne peut être que la Multiplicité ; ce ne peut être ni l'Inégal, lequel est contraire à l'Égal, ni le Différent, lequel est contraire à l'Identique, ni l'Autre, lequel est contraire au Même. En opposant l'Un à la Multiplicité, on obtient sans doute une opinion plus probable, mais non pas suffisamment exacte : en effet, l'Un sera alors le Peu, car le Multiple est opposé au Petit Nombre, et le Beaucoup au Peu.

Mais le caractère de l'Un[3], c'est qu'il est, de toute évidence, l'unité de mesure [τὸ μέτρον]. A l'égard de toutes choses, en effet, il existe une autre chose, pourvue d'un substratum, différent en chaque genre, qui mesure la première. Pour l'accord musical, par exemple, c'est le demi-ton, pour la grandeur, le doigt, le pied, ou quelque autre unité analogue, pour les rythmes, le battement ou la syllabe. De même encore,

---

celui-ci antérieur à la Dyade déterminée, premier terme de la série des Nombres. (Sur tout ce passage, cf. Robin, p. 412 et note 331-I et II.).

1. Pythagoriciens inconnus.

2. Speusippe.

3. Après avoir critiqué le choix de Contraires comme principes des Nombres idéaux, Aristote va envisager successivement le principe formel (l'Un) et le principe matériel : *a*) En ce qui concerne le principe formel (1087 *b* 33 à 1088 a 14), il va établir la nature véritable de l'Un, qui est, non une substance, mais une simple unité de mesure ; *b*) Pour le principe matériel (1088 *a* 15 à la fin du chapitre), il démontrera notamment que les notions composant la Dyade sont des relatifs, et que la relation est, de toutes les catégories, celle qui est le moins substance. Ni l'Un, ni la Dyade ne peuvent donc servir de principe pour les Nombres idéaux.

pour la pesanteur, c'est un poids déterminé. De même enfin, pour tous les autres cas; pour les qualités, c'est une qualité; 1088 a pour les quantités, une quantité (l'unité de mesure est toujours un indivisible, tantôt selon sa nature spécifique, tantôt par rapport à la sensation [1]), ce qui implique que l'Un n'est pas en soi la substance de quelque chose. Et cela est rationnel, car le caractère de l'Un, c'est qu'il est mesure de quelque multiplicité; le caractère du nombre, c'est qu'il est une multipli- 5 cité mesurée [πλῆθος μεμετρημένον] et une multiplicité de mesures. Aussi c'est avec raison que l'Un n'est pas considéré comme un nombre, car l'unité de mesure n'est pas une plura- lité de mesures, mais l'unité de mesure et l'Un sont tous deux principes. Il doit toujours y avoir une certaine identité entre toutes les choses à mesurer et la mesure; si par exemple, le cheval est l'unité de mesure, les êtres mesurés sont des chevaux, et si c'est l'homme, les êtres mesurés sont des hommes. Si l'on a à mesurer « homme », « cheval » et « dieu », « vivant » sera 10 probablement la mesure, et le nombre formé par ces êtres sera un nombre de vivants. A-t-on, au contraire, « homme », « blanc », « se promenant », alors il ne peut y avoir de nombre total, parce que tous ces caractères résident ici dans le même sujet, sujet numériquement un; ils pourraient cependant former un nombre déterminé de genres ou de telle autre notion commune de cette sorte.

Ceux qui considèrent l'Inégal comme un terme simple, et 15 la Dyade indéfinie comme composée du Grand et du Petit, s'éloignent extrêmement des opinions vraisemblables et

---

1. « Selon sa nature spécifique », s'il s'agit des qualités; « par rapport à la sensation », s'il s'agit des quantités.

possibles. – Ce sont là, en effet, des déterminations et des accidents plutôt que des substrats, pour les Nombres comme pour
les Grandeurs, le Beaucoup et le Peu étant des déterminations
du Nombre, le Grand et le Petit, de l'étendue, comme le Pair et
20 l'Impair, le Poli et le Rugueux, le Droit et le Courbe. – Ajoutez
à cette erreur que le Grand et le Petit, ainsi que les déterminations analogues, sont nécessairement des relatifs. Or la relation
est, de toutes les catégories, celle qui est le moins réalité déterminée ou substance ; elle est même postérieure à la qualité et à
la quantité. La relation est, comme nous l'avons dit, un mode
25 de la quantité et elle ne peut être matière de la substance, s'il
est vrai que, soit considérée en général, soit envisagée dans ses
parties et espèces, la relation ne puisse être conçue sans quelque autre chose qui lui serve de sujet. Rien, en effet, n'est ou
grand, ou petit, beaucoup ou peu, ni, d'une manière générale,
relatif, qui ne soit quelque autre chose, tout en étant beaucoup
ou peu, grand ou petit, ou relatif. Ce qui montre que la relation
n'est nullement une substance ni un être déterminé, c'est que,
30 seule, elle n'est sujette ni à la génération, ni à la corruption, ni
au mouvement. Tandis que, pour la catégorie de quantité, il y a
l'accroissement et le décroissement, pour la qualité, l'altération, pour le lieu, la translation, et pour la substance, la
génération et la corruption absolues, il n'y a rien de tel pour
la relation. Mais, au contraire, l'un des termes d'une relation
peut, sans subir aucun changement quantitatif, devenir tantôt
plus grand, tantôt plus petit, tantôt égal, par le changement
35 quantitatif de l'autre terme – De plus, la matière d'une chose
1088 b est nécessairement cette chose même en puissance, et il en est
ainsi pour la substance en général ; or la relation n'est une

substance, ni en puissance, ni en acte. Il est donc absurde, ou, plutôt, impossible de faire de ce qui n'est pas substance un élément de choses qui sont des substances, et d'en faire une chose antérieure à la substance, car toutes les catégories autres que la substance sont postérieures à la substance. – De plus, les élé- 5 ments ne sont pas les prédicats de ce dont ils sont les éléments, mais le Beaucoup et le Peu, soit séparés, soit réunis, sont des prédicats du nombre, le Long et le Court, des prédicats de la ligne, et la surface a pour prédicats le Large et l'Étroit. – Et s'il y a une multiplicité dont le Peu soit toujours affirmé, par exemple la Dyade (car si la Dyade était le Beaucoup, l'Un serait le Peu), il doit aussi y en avoir une qui soit le Beaucoup absolu : par exemple, la Décade est le Beaucoup s'il n'y a pas de 10 nombre plus élevé que la Décade, ou bien encore la Dizaine de mille. Comment donc chaque nombre pourra-t-il provenir ainsi du Peu et du Beaucoup ? Il aurait fallu, ou bien les affirmer à la fois de chaque nombre, ou bien n'en affirmer ni l'un ni l'autre. En réalité un seul des deux est affirmé du nombre.

2

< Critique des théories platoniciennes sur la pluralité des substances et l'existence des nombre séparés >

Il faut maintenant examiner d'une manière générale[1] s'il est possible que les êtres éternels soient constitués d'éléments.

1. Pour le raisonnement qui suit, cf. Robin, *op. cit.*, p. 324 et n. 281. – Les Platoniciens considèrent les Nombres idéaux comme éternels. Or les Nombres ne peuvent être éternels. En effet : les nombres sont formés d'éléments ; tout ce qui a des éléments est composé ; ce qui est composé a de la matière ; ce qui a de la

15 Ils comporteront alors une matière, car tout ce qui est formé
d'éléments est composé. Si donc, de toute nécessité, un être,
qu'il soit éternel ou engendré, procède des éléments qui le
constituent[1], et si tout être devient ce qu'il devient à partir de
ce qui l'était en puissance (car il n'a certes pu provenir et ne
saurait être composé de ce qui n'aurait pas la puissance de le
produire); si, d'autre part, la puissance est capable également
20 de passer ou non à l'acte; le nombre, ou tout autre objet ayant
une matière, quand bien même on lui accorderait une durée
éternelle, serait cependant ce qui aurait pu n'être pas : comme
un être qui ne dure qu'une journée ne diffère en rien, en ce qui
concerne la puissance de ne pas être, de l'être qui dure
plusieurs années. Mais s'il en est ainsi, la puissance de ne pas
être appartiendra aussi à ce dont la durée est telle qu'elle n'a
pas de limite. Ces choses ne pourraient donc être éternelles,
puisque ce qui est susceptible de ne pas être n'est pas éternel,
ainsi que nous avons eu l'occasion de l'établir dans d'autres
25 traités[2]. Si, d'autre part, notre présente argumentation a le
caractère de vérité universelle, à savoir qu'aucune substance

matière peut cesser d'exister; ce qui peut cesser d'exister n'est pas éternel; donc
ce qui a des éléments n'est pas éternel, et ainsi les nombres ne sont pas éternels.
Cf. aussi Bonitz, *Metaph.*, 573.

1. Passage difficile. Nous suivons le texte de Christ. La ponctuation proposée par Ross dans sa traduction, *ad loc.*, ne paraît pas s'imposer. – L'opposition
εἰ καὶ … κἄν εἰ est l'équivalent de εἴτε … εἴτε. Le Ps.-Alex. 804, 5 Hd, Bonitz,
Metaph., 573-574, et Ross, II, 474, la traduisent de cette manière. Mais on
pourrait aussi, plus rigoureusement peut-être, subordonner le second membre
de phrase au premier, et donner à καὶ ἄν εἰ le sens de « même dans le cas où ».
On devrait traduire alors : « quand bien même cet être existerait toujours,
quoique né. » Il s'agit, en effet, d'une durée éternelle. – M. A. Diès bien voulu
analyser pour nous ce difficile passage.

2. *De Coelo*, I, 12.

n'est éternelle si elle n'est en acte et si les éléments sont la
matière de la substance, aucune substance éternelle ne saurait
avoir en elle des éléments constitutifs[1]. – Il y a des philosophes[2] qui prennent pour élément, outre l'Un, la Dyade
indéfinie, mais qui rejettent l'Inégal, et avec raison, à cause des **30**
impossibilités qui en découlent. Mais ces philosophes ne se
délivrent ainsi que des difficultés qui résultent inévitablement
de ce que l'Inégal, c'est-à-dire le relatif, est pris comme
élément; quant aux autres difficultés qui sont indépendantes
de cette opinion particulière, ils les subissent eux-mêmes de
toute nécessité, s'ils composent de ces éléments soit le nombre
idéal, soit le nombre mathématique.

Un foule de causes expliquent l'égarement des Platoni- **35**
ciens dans le choix de leurs principes[3]. La principale, c'est **1089 a**
qu'on s'est embarrassé dans des difficultés archaïques. On a
cru que tous les êtres n'en formeraient qu'un seul, savoir l'Être
lui-même [αὐτὸ τὸ ὄν], si on n'arrivait pas à résoudre et à
réfuter l'argument de Parménide « car jamais on ne fera que ce
qui est n'est pas » [οὐ γὰρ μήποτε τοῦτο δαῆς εἶναι μὴ ἐόντα][4].
Il était donc, croyait-on, nécessaire de prouver que le Non-Être **5**
est; à cette condition seulement, les êtres, s'ils sont multiples,

1. Par suite, le nombre, formé d'éléments, ne peut être en acte et ne sera pas
éternel.

2. Xénocrate.

3. Aristote va maintenant critiquer l'erreur fondamentale des Platoniciens
(1088 *b* 35-1090 *a* 2). Pour échapper à l'unité éléatique, ils ont cru nécessaire
d'introduire le Non-Être dans l'Être; d'où le choix de ces deux principes:
l'Un, qui se réciproque avec l'Être, et la Dyade indéfinie qui est une forme du
Non-Être.

4. Fragment 7, Diels. – Certains textes donnent δαμῇ au lieu de δαῆς
(ce qui forme οὐδαμῇ). Cf. Platon, *Soph.*, 241 *d e*.

dériveront de l'Être et d'un principe autre que l'Être. – Mais
d'abord, si l'Être se prend en plusieurs acceptions (il y a l'Être
qui signifie substance, l'Être selon la qualité, selon la quantité,
et selon chacune des autres catégories), sous quelle catégorie
tous les êtres seraient-ils donc un, si le Non-Être n'était pas ?
10 Sera-ce sous la substance, ou la qualité, ou sous quelqu'une
des autres catégories ? Ou bien sera-ce sous toutes les catégories ensemble, et tous les êtres seront-ils uns sous la substance, la qualité et la quantité, en un mot selon tout ce qui
signifie l'Être[1] ? Mais il est absurde, ou, pour mieux dire,
impossible que l'introduction de cette nature unique[2] soit la
cause de la diversité des catégories, l'Être étant, en un sens,
substance, en un autre sens, qualité, en un autre sens, quantité,
15 en un autre sens enfin, lieu[3]. Ensuite, de quel genre sera le
Non-Être qui, s'unissant avec l'être, engendre la pluralité des
êtres[4] ? Les acceptions du Non-Être sont, en effet, multiples

1. La conjecture de Bonitz (ὄν au lieu de ἔν), acceptée par Christ et par
Robin (*op. cit.*, p. 536, n. 4) est vraisemblable.

2. C'est-à-dire le Non-Être.

3. Première objection d'Aristote : sous quelle catégorie de l'Être se
réaliserait l'unité parménidienne ? Ce ne peut être la substance, qui n'existe pas
sans déterminations ; ce ne peut être la qualité, la quantité, etc. qui supposent
une substance ; ce ne peut être sous toutes les catégories réunies que tous les
êtres seraient un, car il serait étrange qu'un seul principe, tel que le non-Être,
suffise à expliquer la variété des genres de l'Être.

4. Aristote passe à la seconde objection, qui se développe jusqu'à l. 31.
Quelle sorte de Non-Être est principe ? Il y a autant de formes du Non-Être que
de formes de l'Être : Non-Être selon les différentes catégories, Non-Être au sens
de faux, Non-Être selon la puissance. Platon répond : c'est le Non-Être au sens
de faux. Mais, outre que le faux ne joue pas, en mathématiques, le rôle qu'il lui
assigne, c'est, en réalité, le Non-Être en puissance qui est le point de départ de la
génération, sous chacune des catégories ; mais la multiplicité n'en découle
nullement, l'être engendré pouvant être un et non plusieurs.

comme les acceptions de l'Être lui-même : le non-homme
signifie Non-Être selon la substance, le non-droit est le Non-
Être selon la qualité, le non-long-de-trois-coudées est le Non-
Être selon la quantité. De quel genre de l'Être et de quel genre
du Non-Être procède donc la multiplicité des êtres ? A vrai
dire, un philosophe [1] a voulu définir cornme étant le faux cette 20
nature du Non-Être, dont, avec l'Être, dérive la multiplicité
des choses ; ce qui lui faisait dire qu'il faut prendre le faux
comme principe hypothétique, de même que les géomètres
supposent long d'un pied ce qui n'a pas un pied de long. Mais
il est impossible qu'il en soit ainsi. D'abord les géomètres
m'admettent pas d'hypothèses fausses (car ce n'est pas de la
figure tracée qu'il s'agit dans le raisonnement géométrique, 25
mais de la définition de cette figure) [2]. Ensuite ce n'est pas un
Non-Être de cette nature qui peut être le point de départ de la
génération des êtres ou le terme de leur corruption. Mais le
Non-Être, au point de vue des différentes catégories [κατὰ τὰς
πτώσεις] [3], se prend sous autant d'acceptions qu'il y a de catégories de l'Être, et il y a, en outre, le Non-Être au sens de faux,
et le Non-Être en puissance. C'est à partir de ce dernier non-
être seulement que se fait la génération : c'est à partir du non-
homme en puissance que se fait la génération de l'homme ;

---

1. Platon, *Soph.*, 237 *a*.

2. οὐ γὰρ ἐν τῷ συλλογισμῷ ἡ πρότασις. Interprétation du Ps. Alex. (806,
34 Hd), qui donne un sens très spécial à πρότασις ; la figure tracée est approxi-
mative, tandis que la figure intelligible (ἡ νοουμένη, dit le Ps. Alex.) est nécessairement vraie. – Ross, II, 476, propose de traduire πρότασις par « énoncé »
lequel ne fait pas partie du raisonnement, et peut être faux.

3. Sens particulier de πτῶσις, au lieu du sens général de « cas ». Cf. Robin,
op. cit., p. 537, n. 487 [4].

30 c'est du non-blanc, mais du non-blanc qui est blanc en puissance, que provient le blanc, l'être engendré pouvant d'ailleurs être aussi bien unité que multiplicité.

Il est manifeste que, pour expliquer la pluralité de l'Être, les Platoniciens n'ont parlé que de la substance, car les choses engendrées à partir de leurs principes sont des nombres, des longueurs et des corps[1]. Mais il est étrange de rechercher comment l'Être est multiple, en traitant uniquement de l'Être comme substance, sans se demander la raison de la multipli-
35 cité des qualités ou des quantités. Ce n'est sûrement ni la Dyade indéfinie, ni le Grand et le Petit[2] qui sont la cause qu'il y
1089 b a deux sortes de blancs ou multiplicité de couleurs, de saveurs ou de figures, à moins de faire de ces qualités sensibles des nombres et des unités[3]. Mais si ces philosophes s'étaient préoccupés du problème de la multiplicité dans les catégories autres que la substance, ils auraient découvert la cause de la pluralité, même pour ces qualités sensibles, car la cause est la même pour toutes les catégories, au moins par analogie[4]. Cette omission a fait rechercher aux Platoniciens un principe opposé
5 à l'Être et à l'Un, à partir duquel, avec l'Être et l'Un, tous les êtres fussent engendrés, et ils ont supposé que c'était la Relation et l'Inégal, qui ne sont ni le contraire, ni la négation de l'Être et de l'Un, mais qui sont en réalité un genre de l'Être, ainsi que la substance et la qualité. Il fallait donc rechercher aussi comment il peut y avoir multiplicité dans la Relation et

1. C'est-à-dire, pour les Platoniciens, des substances.
2. Générateurs des Nombres et des Grandeurs seulement, autrement dit des substances.
3. Et, par suite, des substances.
4. Interprétation de Robin, *op. cit.*, p. 542 et *sq.* et n. 490.

non unité. En réalité, les Platoniciens ont bien recherché comment il y a multiplicité d'unités en dehors de l'Un premier[1], mais comment il peut y avoir multiplicité d'inégaux à côté de 10 l'Inégal, c'est ce qu'ils ne se demandent pas. Et pourtant, ils utilisent comme principes et désignent le Grand et le Petit, le Beaucoup et le Peu, d'où procèdent les Nombres, le Long et le Court, d'où procède la longueur, le Large et l'Étroit, d'où procède la surface, le Haut et le Bas, d'où procèdent les solides, et ils énumèrent encore plusieurs espèces de relatifs. Quelle est donc, pour ces formes de l'Inégal, la cause de leur multiplicité ? 15

Il est donc nécessaire de donner, comme nous le faisons, pour matière à chaque chose ce que cette chose est en puissance[2], mais celui qui a professé la théorie que nous combattons[3] a voulu, en outre, déterminer la nature de ce Non-Être, qui est en puissance un être et une substance, et il a dit que c'est le Relatif ; c'est comme s'il avait dit que c'est la qualité ; or la Relation, pas plus que la qualité, n'est en puissance l'Un ou l'Être, ce n'est pas non plus la négation de l'Un ou de l'Être, c'est, en réalité, un genre de l'Être. Il eût été bien préférable de 20 chercher, comme nous l'avons dit[4], la raison de la multiplicité des êtres, non pas pour une même catégorie (la raison, par

1. Les unités qui constituent chaque Nombre idéal.

2. L'inégal ne rend compte ni de la multiplicité de ses formes dérivées, ni de la multiplicité des êtres. La Multiplicité a sa source dans la matière, qui est ce qu'est en puissance chaque chose ; la matière est ainsi une sorte de Non-Être. Mais les Platoniciens ont eu le tort de vouloir spécifier que ce Non-Être était le relatif. Or, le relatif n'est substance, ni en puissance, ni en acte, c'est une simple catégorie comme la qualité.

3. C'est-à-dire qui a proclamé le Grand et le Petit ou l'Inégal comme principe matériel.

4. Ci-dessus 1089 *a* 7-15.

exemple, de la multiplicité dans la substance ou de la multiplicité dans la qualité), mais la raison de la multiplicité pour
tout ce qui existe, de quelque façon que ce soit, puisque les
êtres peuvent être multiples, les uns dans la substance, les
autres dans la qualité, d'autres dans la relation. – Pour les catégories autres que la substance, il se présente un autre sujet
25 d'examen, c'est de savoir d'où vient la multiplicité des accidents : ce serait parce que, les accidents n'étant pas séparables
des substances, la multiplicité de leur sujet entraîne la multiplicité et la diversité des accidents. Mais, en réalité, il faut,
pour expliquer cette multiplicité, attribuer une matière particulière à chaque genre, bien que cette matière ne puisse être
séparée des substances individuelles[1]. – Mais, au sujet des
substances, se posera aussi la question de savoir comment il y a
multiplicité dans la substance, à moins qu'on ne considère la
30 substance concrète, à la fois comme une forme déterminée
et une nature du genre de la matière dont nous avons parlé[2].
Or cette difficulté a plutôt pour origine l'embarras où se sont

---

[1]. Cf. Bonitz, *Metaph.*, 578, Robin, *op. cit.*, pp. 540 et *sq.* et la note. – La
question de la Multiplicité se pose également à l'égard des accidents des substances (ἐπὶ … τῶν ἄλλων κατηγοριῶν). On pourrait prétendre que, les accidents étant inséparables des substances, la multiplicité de celles-ci entraîne la
multiplicité de ceux-là. Réponse insuffisante, objecte Aristote : la multiplicité
exige la matière, et il faudra attribuer à chaque genre de l'Être une matière
particulière.

[2]. Passage difficile. Nous adoptons l'interprétation de Robin, *op. cit.*,
p. 543 et 544, n. 491, d'après le Ps. Alex., 811, 15 Hd. La multiplicité des substances suppose la matière, comme pour le cas des accidents. – Ross, II, 477,
propose un sens tout différent.

L. 29 et 30, τόδε τι est synonyme d' εἶδος. L. 30, φύσις τις τοιαύτη veut
dire : une nature du genre de celle dont il a été question à propos des accidents,

trouvés les Platoniciens pour expliquer comment il peut y
avoir plusieurs substances en acte, et non une seule, mais, à
moins d'identifier aussi la substance et la quantité, on ne peut
pas dire que les Platoniciens ont montré comment et pourquoi
il y a multiplicité des êtres ; il ont seulement montré comment il
y a multiplicité de quantités, car tout nombre signifie quelque
quantité [1]. L'Unité elle-même est une quantité, à moins qu'on 35
ne la considère en tant qu'unité de mesure, étant donné qu'elle
est indivisible dans l'ordre de la quantité. Si donc la quantité
et la substance sont autres, les Platoniciens n'expliquent ni
à partir de quel principe, ni comment il y a multiplicité de 1090 a
substances. Mais si l'on admet l'identité de la substance et de
la quantité, on se heurte à une foule de contradictions [2].

L'examen d'une autre difficulté pourrait être proposé
encore au sujet des Nombres [3] : ce serait de savoir d'où vient
la croyance à leur existence. Pour celui qui pose en principe
l'existence des Idées, les Nombres agissent comme une sorte

autrement dit une ὕλη. Enfin, l. 30, τι doit avoir le sens de τὸ τί ou τὸ τόδε τι
(Robin, *op. cit.*, p. 544, n. 491 [2]).

1. Suite du même argument. La difficulté d'expliquer la multiplicité des
substances vient de l'insuffisance du principe matériel, l'Inégal ou le Relatif,
lequel, nous l'avons vu, ne peut rendre compte ni de la multiplicité de ses propres espèces, ni de la multiplicité des êtres. – Interprétation de Robin, p. 544 *sq.*,
et note 491 [3].

2. On sera amené notamment à identifier la substance et l'accident,
puisque la quantité est un accident de la substance (Ps. Alex., 812, 19 Hd).

3. Aristote va maintenant consacrer tout le reste du livre N à la critique de
la théorie des Nombres séparés. On peut distinguer les sections suivantes :
a) Examen de la théorie des Nombres mathématiques considérés comme ayant
une existence séparée (1090 *a* 2 à 3, 1091 *a* 12); *b)* Critique de la génération des
Nombres éternels (3, 1091 *a* 12 à 4, 1091 *a* 29); *c)* Relation entre les principes et
le Bien (4, 1091 *a* 29, 1092 *a* 21); *d)* Relation entre le Nombre et ses principes
(5, 1092 *a* 21-*b* 8); *e)* Les Nombres considérés comme les causes des êtres
(5, 1092 *b* 8 à la fin de N).

5 de cause des êtres puisque chacun des Nombres est une Idée et que l'Idée est la cause de l'existence des autres choses, d'une façon ou d'une autre. Accordons aux Platoniciens cette supposition. Mais, en ce qui concerne le philosophe[1] qui ne professe pas la même opinion, à raison des difficultés que renferme à ses yeux la théorie des Idées (de sorte que ce n'est pas pour cette raison, du moins, qu'il pose des nombres), et qui n'admet, en fait de nombre, que le nombre mathématique, 10 d'où viendrait notre croyance dans l'existence d'un tel nombre[2], et de quel usage serait ce nombre pour la constitution des autres êtres ? Admettre l'existence du Nombre séparé, c'est dire qu'il n'est le nombre de rien et c'est en faire seulement une réalité particulière et substantielle, qui existe par elle-même, et qui n'est manifestement pas une cause. Or toutes les propositions des arithméticiens doivent être vraies des 15 choses sensibles elles-mêmes, ainsi que nous l'avons établi[3].

3

<*Suite de la critique des théories sur le Nombre séparé. Critique de la génération des nombres*>

Quant à ceux qui admettent que les Idées existent et qu'elles sont des Nombres, dans le moment même où, recourant à l'ecthèse, ils considèrent chaque essence à part de la multiplicité dont elle est l'essence, ils s'efforcent tout au moins d'expliquer comment et pourquoi cette essence peut

1. Speusippe.
2. C'est-à-dire séparé et substantiel (Ps. Alex., 813, 10 Hd).
3. Cf. M, 3.

constituer une individualité une[1]. Mais comme leurs raisons
ne sont ni nécessaires, ni même possibles, ce n'est sûrement
pas à cause d'elles que nous devrons affirmer l'existence 20
du Nombre idéal. – Quant aux Pythagoriciens, voyant que
plusieurs des déterminations des nombres étaient immanentes
aux corps sensibles, ils ont supposé que les êtres sensibles
étaient des nombres; ces nombres pourtant ne sont pas séparés,
mais ce sont des nombres dont les êtres sont constitués. Pour
quelle raisons? Parce que les déterminations des nombres se
rencontrent dans l'échelle musicale, dans le Cosmos et dans
beaucoup d'autres êtres. – Pour les philosophes[2] qui préten- 25
dent que le seul nombre est le nombre mathématique, ils ne
peuvent rien soutenir de pareil, car leurs propres hypothèses
les en empêchent, ils se sont contentés de dire que des choses
sensibles [αὐτῶν] il n'y a pas de science. Quant à nous, nous
affirmons qu'il y a science de ces choses, comme nous l'avons
dit antérieurement. Et il est évident que les êtres mathématiques ne sont pas séparés, car, s'ils étaient séparés, leurs déterminations ne pourraient se rencontrer dans les corps. A cet 30
égard, il est vrai, les Pythagoriciens ne sont nullement criti-
quables; par contre, quand ils composent, avec des nombres,
les corps naturels, quand, de ce qui n'a ni poids, ni légèreté, ils

---

1. Passage difficile. Cf. Bonitz, *Metaph.*, 579, Robin, *La Théorie
Platonicienne*, p. 322 et n. 4, Ross, II, 480. Nous lisons, conformément à une
suggestion de M. A. Diès, qui se rencontre avec Ross, <τῷ> κατὰ τὴν ἔκθεσιν
ἑκάστου π. τ. π. λαμβάνειν τὸ ἕν, κτλ. Il semble inutile de sacrifier λαμβάνειν
ou λέγειν, comme le fait Christ. Quant à la construction de Winckelmann,
indiquée dans Bonitz, elle est trop contournée et doit être rejetée. Cf. dans
Ps. Alex., 126, 15 Hd, un texte parallèle qui justifie la lecture traditionnelle.

2. Speusippe.

construisent ce qui a poids ou légèreté, ils ont l'air de parler
d'un autre Ciel et d'autres corps que le Ciel et les corps sensi-
35 bles. Mais les Platoniciens, qui admettent le nombre séparé,
prétendent qu'il existe et aussi qu'il est séparé, parce que les
axiomes ne s'appliqueraient pas aux objets sensibles, tandis
que les propositions mathématiques sont vraies et satisfont
1090 b l'esprit; et de même pour les grandeurs mathématiques. Il est
donc évident que la théorie adverse dira tout le contraire, et que
ceux qui soutiennent cette manière de voir ont à résoudre la
difficulté que nous soulevions tout à l'heure : pourquoi, si les
nombres eux-mêmes ne se trouvent pas dans les objets sensibles, les déterminations des nombres s'y rencontrent-elles ?
5 – Il y a des philosophes qui, de ce que le point est la limite et
l'extrémité de la ligne, la ligne, de la surface, et la surface, du
solide, pensent que de telles réalités doivent exister[1]. Mais il
faut bien prendre garde à voir si cette argumentation n'est pas
elle-même par trop débile. Les extrémités, en effet, ne sont pas
des substances, toutes ces choses sont plutôt des limites; car,
même pour la locomotion et le mouvement en général, il y a
10 une limite, et cette limite serait, par conséquent, un être déterminé et une substance; ce qui est absurde. – De plus, même si
les points, les lignes et les surfaces étaient des substances, ce
ne serait jamais que les substances des choses sensibles, et
contre cette séparation des limites notre argumentation

---

1. Soit à titre d'οὐσίαι, soit, plus vraisemblablement, à titre de formes
séparées (cf. Ps. Alex., 815, 6 Hd).

antérieure s'appliquerait aussi[1]. Pourquoi donc en ferait-on des êtres séparés ?

De plus, à moins qu'on ne se satisfasse de peu, on pourra observer encore, relativement à toute espèce de nombre et aux Choses mathématiques, qu'ils ne sont d'aucune utilité 15 les uns pour les autres, que les premiers ne fondent pas l'existence des suivants : même si le nombre n'existait pas, les grandeurs n'en existeraient pas moins pour ceux qui n'admettent que les Choses mathématiques[2], et si ces grandeurs elles-mêmes n'existaient pas, l'âme et les corps sensibles existeraient. Mais l'observation des faits montre bien que la nature n'est pas une série d'épisodes, comme une méchante tragé- 20 die[3]. – Ceux qui reconnaissent l'existence des Idées[4] échappent à cette objection, car ils construisent les grandeurs à partir de la matière et du Nombre idéal, les longueurs, à partir de la Dyade, les surfaces, à partir probablement de la Triade, les solides, à partir de la Tétrade ; ils font aussi usage d'autres nombres, sans que le principe de la doctrine en soit atteint[5]. Mais ces Grandeurs, du moins, seront-elles des Idées ? Quelle 25 sera leur manière d'être ? En quoi contribueront-elles à fonder l'existence des êtres ? Elles n'y contribueront en rien, pas plus que les Choses mathématiques, et même aucune proposition

1. 1090 *a* 28-30 : l'argumentation antérieure dont il s'agit est celle qui était dirigée contre la séparation des Nombres.

2. Speusippe.

3. Considérer, comme Speusippe, les grandeurs comme indépendantes des nombres, c'est rompre l'unité de la nature.

4. Xénocrate.

5. Aristote veut dire probablement que des nombres plus élevés engendreront, conformément au même principe, des solides plus complexes.

mathématique ne pourra s'appliquer à elles, à moins qu'on
ne veuille bouleverser les mathématiques et forger des
hypothèses de circonstance ; il n'est pas difficile, en effet, de
30 prendre n'importe quelle hypothèse et d'en dériver une longue
série de conclusions. C'est par là que pèchent ces philosophes,
en voulant identifier les Idées avec les Choses mathématiques.
– Les premiers représentants de la doctrine des Idées, qui
établirent deux espèces de nombre, le Nombre idéal et le
nombre mathématique, n'ont pas dit, eux, et ne pouvaient pas
dire comment existe le nombre mathématique et d'où il
35 provient. Ils en font, en effet, un intermédiaire entre le Nombre
idéal et le nombre sensible. S'ils le dérivent du Grand et du
Petit, il sera alors identique au Nombre idéal. Dira-t-on que
c'est d'un autre Grand et d'un autre Petit qu'il est composé ?
<Il y a bien une autre Dyade>, mais elle engendre les
1091 a Grandeurs. Mais, si l'on prend une autre Dyade encore, on
aura alors une multiplicité de principes[1]. D'autre part, si le
principe formel de chacune des deux espèces de nombres est
l'Un, cet Un sera quelque chose de commun à toutes les
Dyades, et il faudra alors rechercher comment l'Un peut être
multiple, et comment, en même temps, il n'est pas possible,
selon Platon, que le nombre soit engendré autrement qu'à
5 partir de l'Un et de la Dyade indéfinie.

---

1. Pour tout ce passage, depuis l. 37, cf. Robin, *op. cit.*, p. 216, note 221[2].
– Il y aura donc pluralité de principes matériels, l'un pour le Nombre idéal,
l'autre pour les Grandeurs, le troisième pour le nombre mathématique. D'autre
part, en ce qui concerne le principe formel, l'Un, il faudra expliquer sa diversité.
– La pensée d'Aristote est très elliptique et nous avons dû ajouter quelques mots
entre crochets.

Toutes ces théories sont irrationnelles, elles se combattent entre elles et sont contraires au bon sens. Elles ressemblent fort au discours incohérent [μακρὸς λόγος] dont parle Simonide[1], car le discours incohérent finit par ressembler à celui des esclaves quand ils ne trouvent rien de convaincant à dire. Les éléments eux-mêmes, le Grand et le Petit, semblent se récrier contre la violence qu'on leur fait subir, car ils ne peuvent 10 d'aucune façon produire d'autres nombres que ceux qui procèdent de la Dyade duplicative à partir de l'Un[2].

Il est absurde aussi de soumettre à la génération des êtres éternels, ou, pour mieux dire, c'est une impossibilité. En ce qui concerne les Pythagoriciens, la question de savoir s'ils admettent ou non la génération des êtres éternels ne doit pas faire de doute. Ils disent, en effet, clairement que l'Un une fois 15 posé, qu'il fût engendré à partir de surfaces, de plans, de semence ou d'éléments qu'ils sont embarrassés de préciser, immédiatement la partie la plus voisine de l'Illimité commença à être entraînée et limitée par la Limite. Mais comme ils ordonnent le Cosmos et veulent parler le langage de la Physique [φυσικῶς], il serait juste de procéder à un examen de leurs théories sur la nature[3]; toutefois, il convient de les laisser en dehors de notre présente investigation. Ce que nous 20 cherchons, en effet, ce sont les principes des êtres immobiles, de sorte que c'est des Nombres idéaux et immobiles que nous devons étudier la génération.

---

1. Sur la nature du μακρὸς λόγος, cf. Ps. Alex., 818, 4 Hd. Même expression, H, 3, 1043 *b* 26, où Antisthène l'applique à la définition.

2. C'est-à-dire la série des produits de 2. Cf. *supra* M, 8, 1084 *a* 3-7.

3. Cf. Bonitz, *Metaph.*, 583, n. 1.

4

< *Les principes dans leurs rapports avec le Bien* >

Les Platoniciens ne disent rien de la génération du premier nombre impair[1]; ce qui implique évidemment qu'il y a génération du nombre pair. Quelques-uns construisent le premier
25 nombre pair au moyen de l'égalisation des termes inégaux, Grand et Petit; c'est donc que nécessairement l'inégalité est antérieure à l'égalisation. Mais si l'égalisation était de toute éternité, ce qui est inégal ne saurait être antérieur, car à ce qui est éternel, il n'y a rien d'antérieur. Il est donc manifeste que ce n'est pas seulement dans l'intérêt de l'exposition que les Platoniciens engendrent les Nombres[2].

Voici une nouvelle difficulté, et qui croirait l'avoir
30 résolue serait à blâmer[3]: c'est de savoir comment il faut concevoir les rapports des éléments et des principes avec le Beau et le Bien. La difficulté est celle-ci : est-ce que l'un des deux principes est tel que nous puissions dire qu'il est le Bien en soi et le Parfait, ou bien n'en existe-t-il pas, et le Bien en soi et le Parfait sont-ils postérieurs aux principes dans l'ordre de la

---

1. Telle est l'interprétation de Bonitz, *Metaph.*, 584, admise par Robin, *op. cit.*, p. 661.
2. Aristote attaque ici l'interprétation de Xénocrate, suivant laquelle l'action de l'Un sur la Dyade serait une opération logique faite uniquement dans l'intérêt de l'exposition. Aristote montre qu'il doit s'agir, dans la doctrine platonicienne, d'une génération réelle, où le temps réel doit intervenir. Cf. *de Coelo*, I, 279 b 32 à 280 a 10, et Robin, *La Théorie Platonicienne*, p. 405 et *sq.*
3. Car il ne dirait rien de bon (Ps. Alex., 821, 5 Hd).

génération [ὑστερογενῆ][1] ? – Les théologiens paraissent
d'accord avec quelques philosophes de ce temps[2] pour
répondre par la négative. Ils disent que le Bien et le Parfait 35
n'apparurent dans la nature des choses qu'au cours du développement des êtres. Ils se sont rangés à cette manière de voir
pour éviter une véritable difficulté qu'entraîne la doctrine de
ceux qui, à l'exemple de certains philosophes, font de l'Un le
principe[3]. La difficulté réside, non pas en ce qu'on attribue le 1091 b
Bien au principe, mais en ce que ce principe est l'Un, en ce que
le principe est pris au sens d'élément, et en ce que c'est à partir
de cet Un que le Nombre idéal est engendré. – Les anciens
poètes s'expriment de la même manière : ce qui règne et commande, selon eux, ce ne sont pas les premiers êtres, comme la 5
Nuit, le Ciel[4], le Chaos[5], l'Océan[6], mais Jupiter. Ces poètes
cependant sont amenés à s'exprimer de la sorte seulement
parce qu'ils croient que les principes directeurs du monde sont
changeants. Ceux mêmes d'entre eux qui ont mêlé la philosophie avec la poésie, en ce qu'ils n'usent pas toujours de
mythes, tels Phérécyde et certains autres, posent le souverain
Bien comme premier agent générateur ; c'est aussi l'opinion 10

1. Autrement dit : le Bien ne se manifeste-t-il que dans le développement
des êtres ?

2. Speusippe.

3. Cf. Robin, *op. cit.*, p. 560, note 515[2]. L. 1091 *b* 1, il faudrait peut-être
remplacer ἀρχήν par ἀγαθόν. Le Ps. Alex., 820, 22 Hd, interprète d'ailleurs,
avec raison, la pensée d'Aristote en ce sens, et comprend : « ils font de l'Un le
principe en même temps que le Bien ».

4. Cosmogonie orphique.

5. Hésiode, *Théog.*, 116.

6. *Iliade*, XIV, 201.

des Mages[1] et de quelques Sages qui vinrent ensuite, par
exemple Empédocle et Anaxagore ; le premier fait de l'Amitié
un élément, et l'autre, de l'Intelligence un principe. Parmi les
partisans des substances immobiles, certains croient que l'Un
en soi est identique au Bien en soi, tout en pensant que le
plus primitivement substantiel des deux termes, c'est l'Un.
15 La difficulté est donc de se décider entre les deux doctrines[2].

Or, il est étonnant que si le principe est reconnu comme
quelque chose de premier, d'éternel et qui se suffise le plus à
soi-même, on n'ait pas compris que c'est essentiellement en
tant que Bien que le principe possède ces caractères, savoir la
pleine suffisance et l'indépendance : ce principe n'est, en effet,
incorruptible et indépendant que parce qu'il possède le Bien.
Par conséquent, dire que le principe est le Bien et le Parfait[3],
20 c'est parler selon la vérité et la raison. Mais prétendre qu'un tel
principe soit l'Un, ou, si l'Un n'est pas ce principe proprement
dit, qu'il soit du moins un élément, et un élément des nombres,
c'est ce qui est impossible. Il en découle, en effet, de graves
difficultés, et c'est pour y échapper que quelques philosophes[4], tout en reconnaissant que l'Un était bien réellement
un principe primitif et un élément, ont voulu qu'il fût

1. Cf. Hérodote, I, 101. Les Mages de Perse suivaient la religion de
Zoroastre, et Diogène Laërce (*Præm.*, 8) nous apprend qu'Aristote identifiait
dans son dialogue, aujourd'hui perdu, *de Philosophia*, Ormuzd et Ahriman
avec Jupiter et Pluton.

2. C'est-à-dire entre la doctrine qui prétend que l'un des principes est le
Bien et le Parfait, et celle qui prétend que les principes sont ὑστερογενῆ,
conformément à 1091 *a*, 30-33. Cf. Bonitz, *Metaph.*, 586, et Robin, *op. cit.*,
p. 507, note 453-III.

3. Cf. Ps. Alex.; 822, 19 Hd. *Contra* Robin, *op. cit.*, p. 559, note 514-I[2].

4. Speusippe.

seulement principe et élément du nombre mathématique[1]. **25**
– Chacune des unités devient elle-même, en effet, essentiellement un bien, et on a ainsi une immense profusion de Biens[2].
De plus, de ce que les Idées sont Nombres, toutes les Idées
seront essentiellement bonnes. Qu'on pose des Idées de tout
ce qu'on voudra, s'il n'y a d'Idées que des Biens, les Idées
ne seront pas des substances, et s'il y a aussi des Idées des
substances, toutes les choses sensibles, animaux et plantes,
seront bonnes, puisqu'elles participent des Idées, qui sont
bonnes.   **30**

Ce sont là des conséquences absurdes. En voici une autre.
Le principe opposé à l'Un, qu'il soit le Multiple, ou l'Inégal,
savoir le Grand et le Petit, sera le Mal en soi. Aussi un philosophe[3] a-t-il évité de mettre le Bien dans l'Un, parce que, la

---

1. Et non plus des Nombres idéaux, qui ont une réalité complète. L'Un
étant seulement le principe du nombre mathématique, on est évidemment dis-
pensé de lui unir le Bien.

2. Ces diverses conséquences, énumérées l. 25-30, ne se rattachent pas à ce
qui précède immédiatement et ne sont pas une critique de Speusippe. Ce sont les
conséquences des erreurs signalées plus haut, 1091 *b* 2 (Le principe est pris au
sens d'Élément. – Ce principe est l'Un. – L'Un est un élément des Nombres
idéaux) : *a*) Chaque unité, ressemblant à l'Un-principe qui est un Bien, sera elle-
même un Bien ; *b*) Les Nombres idéaux formés à partir de l'Un, qui est bon, sont
des Idées ; et alors, ou bien on n'admettra d'Idées que des Biens, ou bien on admettra des Idées de toutes choses ; dans le premier cas, le Bien étant une qualité,
il n'y aura d'Idées que de qualités, et les Idées, univoques avec les choses qui
participent d'elles, seront aussi des qualités seulement ; dans le second cas, toutes les Idées qui ont pour principe l'Un-Bien, seront bonnes, et par suite, toutes
les choses qui participent d'elles seront bonnes. (Cf. Robin, *op. cit.*, p. 581 et
n. 517.).

3. Speusippe.

35 génération se faisant, dans cette doctrine, à partir des contraires, on serait contraint d'admettre que l'autre contraire, savoir le Multiple, a pour nature le Mal. Il en est d'autres [1] pour qui c'est l'Inégal qui est le Mal; mais, de toute façon [2], il résulte que tous 1092 a les êtres participeront du Mal [3], sauf l'Un qui est l'Un en soi; en outre, les Nombres participeront du Mal en soi plus complètement que les Grandeurs; il en résulte aussi que le Mal sera le lieu [χώρα] [4] du Bien, qu'il participera du Bien et même désirera le recevoir, quoique le Bien soit sa propre destruction, puisque le contraire est destructif du contraire. Et si, comme 5 nous l'ayons établi, la matière de chaque être est ce que cet être est en puissance, par exemple le feu en puissance est la matière du feu en acte, alors le Mal sera le Bien même, en puissance. – Toutes ces conséquences résultent, d'une part de ce que les Platoniciens prennent chaque principe au sens d'élément; d'autre part, de ce que les principes sont des contraires; d'autre part encore, de ce que le principe est l'Un; enfin, de ce que les nombres sont des substances premières, des réalités séparées et des Idées.

1. Platon et Xénocrate.

2. C'est-à-dire qu'on prenne comme principe matériel, soit la Dyade indéfinie, soit l'Inégal. Speusippe, seul, échappe à toute objection, en dissociant le principe et le Bien (bien que, par ailleurs, cette séparation soit impossible, cf. 1091 *b* 16, et chap. 5, *init.*).

3. Car ils sont tous dérivés, plus ou moins directement, de la Dyade indéfinie. Les Nombres, plus proches des éléments que les Grandeurs, contiendront plus de mal.

4. Cf. *Timée* 52 *a b*, suivant lequel la matière est le lieu de la forme.

5

< La génération du nombre. Le nombre est-il cause
des substances ? >

Si donc il est également impossible de ne pas placer le Bien
dans les principes et de l'y placer de cette manière, il est évident que les principes n'ont pas été correctement définis, pas 10
plus que les substances premières. Ce n'est pas non plus à
bon droit que certains philosophes[1] assimilent les principes de
l'Univers aux principes des animaux et des plantes, en ce que
le plus parfait se manifeste toujours dans les êtres postérieurement à l'indéterminé et à l'imparfait ; c'est ce qui conduit
ces philosophes à prétendre que telle est aussi la nature des
premiers principes, de sorte que l'Un en soi ne serait pas même
un être. C'est inexact, car, même en ce qui concerne la généra- 15
tion des animaux et des plantes, les principes dont ils viennent
sont parfaits : l'homme engendre l'homme, et ce n'est pas la
semence qui est première. – Il est absurde aussi de considérer
le lieu comme coexistant aux solides mathématiques[2] (car
chaque être individuel possède son lieu particulier, c'est
pourquoi les individus sont séparés spatialement, mais les
choses mathématiques ne sont pas dans le lieu), et de dire 20
qu'ils sont dans quelque lieu, sans indiquer la nature de ce
lieu[3].

1. Speusippe.
2. Avec Ps. Alex., Bonitz et Ross, nous supprimons καὶ, l. 18, et lisons τοῖς
στερεοῖς τοῖς μαθηματικοῖς.
3. Ce passage parait être une nouvelle objection contre Speusippe, mais il
se rattache assurément mal à ce qui précède et à ce qui suit.

Les Platoniciens, qui soutiennent que les êtres dérivent des éléments et que les premiers des êtres sont des Nombres[1], auraient dû distinguer les différentes façons dont on peut concevoir qu'un être naît d'un autre être, et dire alors de laquelle de ces façons le nombre vient de ses principes. – Cette génération se fait-elle par mélange? Mais tout n'est pas susceptible d'être mélangé; de plus, le produit d'un mélange
25 est autre que ses éléments, et, par suite, l'Un n'existera plus à l'état séparé, ni comme une réalité indépendante, contrairement à ce que veulent ces philosophes[2]. – Serait-ce donc par juxtaposition[3], comme une syllabe? Mais juxtaposition implique nécessairement position, et, d'autre part, comme la pensée pourra alors saisir séparément l'Un et le Multiple, le nombre sera l'Unité, plus la Multiplicité, ou bien l'Un, plus l'Inégal[4]. – Ensuite, comme tout ce qui vient de quelque chose provient soit d'éléments immanents à la chose produite, soit de princi-
30 pes extérieurs, dans quel sens faut-il expliquer la génération du Nombre? Ce n'est pas d'éléments immanents que le nombre provient, car cette production ne peut être que celle des êtres

1. Toute cette section (*ad b* 8) vise spécialement Speusippe, mais non exclusivement. L'argumentation d'Aristote est dirigée aussi contre Platon; elle est applicable, d'une manière générale, à toute théorie qui fait du Nombre un être séparé, que le nombre soit idéal ou mathématique. – Cf. Robin, p. 379 et *sq.*

2. L'Un, par suite de son entrée dans le mélange, perdra sa nature indépendante. – Quoique Aristote n'en dise rien, il en sera de même d'ailleurs de la Dyade indéfinie, principe matériel du mélange. Sur ce point, cf. Robin, p. 382, n. 317-I[6], qui propose une intéressante correction au texte traditionnel.

3. Il faut entendre la juxtaposition de l'Un et du principe matériel.

4. La juxtaposition suppose la position dans l'espace; or l'Un ne peut avoir de position. – D'autre part, en cas de juxtaposition, les éléments juxtaposés peuvent être objets de pensées distincts; le nombre (idéal ou mathématique, mais séparé) perdra ainsi son unité (il sera l'Un + la Multiplicité ou l'Inégal).

dont il y a génération proprement dite. Le nombre est-il donc engendré comme un animal à partir de la semence ? Mais il n'est pas possible que de l'Un, qui est indivisible, quelque chose puisse se détacher[1]. – Est-ce que la génération du nombre s'expliquerait alors comme lorsqu'un contraire fait place à son contraire ? Dans ce cas, il faut toujours quelque chose de subsistant comme sujet du changement. Or ces philosophes posent assurément comme contraires, les uns, l'Un et le 35 Multiple, les autres, l'Égal, qui joue le rôle de l'Un, et l'Inégal, et ils font dériver le nombre des contraires. Il doit donc y avoir 1092 b un sujet subsistant autre que les contraires, et duquel, avec l'un des contraires, le nombre est formé ou a été engendré. De plus, alors que tout être, provenant de contraires ou renfermant en soi des contraires, est corruptible, quand bien même toute la contrariété serait dépensée à le produire, pourquoi le Nombre seul échapperait-il à la corruption ? Sur ce point, les Plato- 5 niciens ne donnent aucune explication. Et cependant, qu'il soit immanent ou extérieur au composé, le contraire exerce sur ce composé son action destructive, de la même façon que la Haine, <dans le système d'Empédocle>, détruit le mélange primitif (opinion d'ailleurs peu conforme <au système même d'Empédocle>, car ce n'est pas au mélange primitif que la Haine est contraire)[2].

1. Le nombre vient-il de la semence, principe extérieur de la génération ? Non, car la semence mâle se détache de l'animal pour engendrer l'autre animal. Or l'Un est un indivisible, dont rien, par conséquent, ne peut se détacher.– Sur tout ce passage difficile et sur le sens précis de σπέρμα, cf. Robin, p. 380 et note 317-I[9], dont nous adoptons l'interprétation.

2. Tout cet argument est d'une interprétation très difficile. Cf. Robin,

On n'a pas non plus défini du tout de quelle manière les Nombres sont les causes des substances et de l'être[1]. Est-ce
10 comme des limites, à la façon dont les points déterminent les grandeurs : tel Eurytus assignant un nombre à chaque chose, par exemple un nombre pour l'homme, un autre pour le cheval, par une sorte de figuration des formes des êtres vivants au moyen de cailloux, et comparable au procédé qui consiste à traduire les nombres en figures comme le triangle et le carré[2] ? – Ou bien, le nombre est-il cause parce que l'accord musical est un rapport numérique, et que l'homme et chaque autre chose sont semblablement aussi des rapports numériques ?
15 – Mais les qualités, telles que le blanc, le doux, le chaud, comment seraient-elles des nombres ? Et même, que les nombres ne soient ni l'essence, ni les causes de la forme, c'est ce qui est

p. 380, et n. 317[10, 11, 12, 13]. – Aristote veut dire, en substance, qu'un des contraires ne peut être la matière de l'autre, car le contraire est destructif de son contraire. C'est pourtant ce que les Platoniciens n'hésitent pas à faire quand, pour expliquer la génération du nombre, ils déclarent que le contraire de l'Un (la Dyade indéfinie ou ses variétés) subsiste, et qu'il produit le nombre par son union avec l'autre contraire. En outre, le nombre, étant composé de contraires, est, comme tout ce qui est composé de contraires ou à partir de contraires, atteint d'une corruptibilité essentielle ; il ne saurait être, en conséquence, comme les Platoniciens le veulent, éternel. – Le « Mélange primitif » d'Empédocle est le *Spherus* (cf. fragment 17 Diels), et la Haine est contraire, non pas au *Spherus*, mais à l'Amitié. – Les mots entre crochets ne figurent pas dans le texte.

1. Aristote, dans cette dernière section, dirigée spécialement, semble-t-il, contre les Pythagoriciens, va critiquer la causalité des nombres.

2. Cf. Burnet, *L'Aurore de la Pensée grecque*, trad. fr., p. 112. Eurytus de Tarente était un disciple de Philolaüs. Sa méthode consistait à exprimer une figure par un nombre correspondant : pour l'homme, par exemple, c'était 250. Déjà les Pythagoriciens, nous le savons, représentaient la ligne par le nombre 2, la surface par 3, et le solide par 4. Inversement un nombre pouvait être traduit en figures. Voir, à ce sujet, une note intéressante dans Ross, II, p. 493.

évident, car l'essence, c'est la forme, et le nombre, c'est la matière. Par exemple, le nombre de la chair et de l'os, c'est la substance au sens de la matière, ce sera trois parties de Feu et deux parties de Terre. Et un nombre, quel qu'il soit, est toujours un nombre de certaines choses, soit de parties de Feu 20 ou de Terre, soit d'unités. Mais ce qui est la substance formelle de la chose, c'est le rapport des quantités dans le mélange ; ce n'est plus là le nombre, mais c'est la raison du mélange des nombres, qu'ils soient corporels ou n'importe quoi.

Le nombre, donc, soit qu'il s'agisse du nombre en général ou du nombre composé d'unités[1], n'est ni la cause efficiente, ni la matière, ni l'essence, ni la forme des choses ; il n'en est pas davantage la cause finale.   25

6

< Impossibilité pour le nombre d'être cause formelle >

On pourrait se demander aussi quel Bien les choses retirent des nombres du fait que leur composition s'exprime par un nombre, soit dans le cas où ce nombre est aisément calculable [ἐν εὐλογίστω] soit dans le cas où il est impair [ἐν περιττῷ][2]. En fait l'hydromel n'en vaut pas mieux pour la santé s'il est un mélange réglé par la proportion de 3 × 3 ; il sera meilleur, au

1. C'est-à-dire soit le nombre composé d'unités et mathématique, soit le nombre pythagoricien engagé dans le sensible.

2. Le nombre « aisément calculable » est une relation dont les termes doivent être des nombres rationnels, et peut-être aussi exprimables en nombres rentrant dans la Décade. Le nombre impair est la relation 1 : 3 (cf. Ross, II, 495). Tout cet obscur début vise des théories pythagoriciennes dans lesquelles la Décade et le nombre impair possédaient des propriétés particulières.

contraire, sans qu'aucun rapport déterminé intervienne, s'il est
30 étendu d'eau que s'il est exprimable en nombre, mais pur.
D'ailleurs les rapports qui règlent les mélanges consistent dans
l'addition [ἐν προσθέσει] des nombres et non dans les nombres
mêmes : c'est 3+2 [τρία πρὸς δύο] et non 3 × 2 [τρίς δύο], car,
dans les multiplications [πολλαπλασίωσις], les objets multi-
pliés doivent appartenir au même genre ; il faut donc que le
produit 1 × 2 × 3 [ABΓ] ait 1 [A] pour mesure, et le produit
4 × 5 × 7 [Δ, E, Z], 4 [Δ] pour mesure, de telle sorte que tous les
35 produits dans lesquels entre le même facteur soient mesura-
bles par ce facteur. Le nombre du Feu, alors, ne peut pas être
1093 a 2 × 5 × 3 × 7 [BEΓZ], ni, en même temps, celui de l'Eau, 2 × 3 [1].

En outre, si tout participe nécessairement du nombre, il
arrivera nécessairement que beaucoup d'êtres seront identiques, et qu'un nombre sera le même pour tel être et pour tel
autre être. Le nombre peut-il donc être alors la cause ? Est-
ce que le nombre détermine l'existence de l'objet, ou bien
cela n'est-il pas quelque chose d'incertain ? Supposons, par
5 exemple, qu'il y ait un nombre correspondant aux mouvements de translation du Soleil, un autre, correspondant aux
mouvements de translation de la Lune, un autre, à la vie et
à la durée de chacun des animaux. Qui empêche donc que,
parmi ces nombres, les uns soient carrés, les autres, cubiques,

---

1. Aristote établit qu'un mélange doit être constitué par *addition* de
substances différentes, et non par *multiplication* de substances identiques. Il en
résulte que la formule de l'hydromel doit être, non pas 3 × 3, comme le soutiennent les Pythagoriciens, mais 3 + 3 (3 parties de miel ajoutées à 3 parties de
lait, par exemple) ; il en résulte aussi que si le nombre du Feu est 2 × 5 × 3 × 7, le
nombre de l'Eau ne peut être 2 × 3, car alors le Feu serait composé de parties
d'Eau, ce qui est absurde (Ross, II, 496).

d'autres, égaux, d'autres, doubles? Il n'y a à cela nul obstacle,
et, dans ces déterminations, on doit forcément tourner en
cercle, s'il est vrai, comme ces philosophes l'ont assuré, que
toute chose participe du Nombre et qu'il soit possible à des
êtres différents de tomber sous la forme du même nombre. De 10
sorte que si le même nombre se trouvait commun à plusieurs
êtres, ces êtres, qui ont la même forme de nombre, seraient
identiques les uns aux autres; par exemple, il y aurait identité
du Soleil et de la Lune [1]. – Mais pourquoi ces nombres seraient-
ils des causes? Il y a sept voyelles [2], sept cordes dans l'échelle
musicale, les Pléiades sont au nombre de sept, c'est à sept ans
que les animaux (certains animaux tout au moins, mais non 15
certains autres) perdent leurs dents, et les Chefs étaient sept
devant Thèbes. Est-ce donc parce que le nombre est naturellement de telle espèce que les Chefs se sont trouvés sept, et que
la Pléiade se compose de sept étoiles? Ne serait-ce pas plutôt,
pour les Chefs, à cause du nombre des portes de Thèbes, ou
pour toute autre raison? Et pour la Pléiade, nous y comptons
sept étoiles, comme nous en comptons douze dans la Grande

1. Le raisonnement d'Aristote paraît être le suivant: Si tout participe du
nombre, il n'y a rien d'étonnant à ce que certaines périodes de temps ou certains
mouvements soient exprimés par des nombres, mais ce n'est pas une raison
pour considérer ces nombres comme la cause de ces choses. D'autre part (l. 9-
13), plusieurs choses auront le même nombre et seront ainsi identiques, ce qui
est absurde. – Telle est l'interprétation de Ross, II, 496, qui traduit notamment,
l. 8, ἀνάγκη ἐν τούτοις στρέφεσθαι par « all things must move within these
limits » (c'est-à-dire exprimables par des nombres carrés ou cubiques, etc.).
Robin a proposé une autre interprétation (*La Théorie Platonicienne*, p. 364,
n. 302-IV [7]). De toute façon le passage est obscur.

2. Le nombre 7 présentait pour les Pythagoriciens une importance particulière, car c'était de la Décade le seul qui ne fût ni produit, ni facteur.

Ourse, tandis que d'autres peuples en comptent davantage. On
20 dit aussi que les consonnes doubles Ξ, Ψ et Ζ sont des accords,
et que c'est parce qu'il existe trois accords qu'il y a trois
consonnes doubles[1]. Mais qu'il puisse y avoir mille lettres
dans ce cas, on n'en tient pas compte ; et, en effet, un seul signe
pourrait être assigné à ΓΡ. Si l'on dit que chacune de ces trois
consonnes doubles est égale à deux des autres lettres et qu'il
n'y en a pas d'autres de cette nature, et si la cause de cela est
qu'il n'y a que trois parties de la bouche et qu'une seule lettre
dans chaque partie est appliquée au *Sigma*[2], c'est pour cette
25 seule raison que les Consonnes doubles sont seulement trois, et
nullement parce que les accords sont au nombre de trois : il est
de fait qu'il y a plus de trois accords, mais qu'il ne peut y avoir
plus de trois consonnes doubles.

Ces gens ressemblent aux anciens Scoliastes d'Homère,
qui aperçoivent les petites ressemblances et négligent les
grandes. Certains d'entre eux donnent beaucoup d'exemples
de ce genre[3] : par exemple les cordes intermédiaires sont, l'une
comme neuf, l'autre comme huit ; le vers épique est comme
30 dix-sept, nombre qui est la somme de ces deux cordes : on

---

1. Le Ζ, explique le Ps. Alex., 883, 5 Hd, correspond à la quarte, le Ξ à la
quinte, et le Ψ à l'octave.

2. Les trois parties de la bouche sont : le palais pour la gutturale Ξ (= κσ),
les lèvres pour la labiale Ψ (= πσ), et les dents pour la dentale (= δσ). – *Quod autem tres potissimum consonas geminas lingua effinxit, nihil musicarum sym-
phoniarum ad numerum pertinet, sed referendum potius est ad naturam et ori-
ginem consonarum ; tres enim quum sint in ore hominis loci, quibus appulsi soni
singulas efficient literas consonas, gutturales, dentales, labiales, quum singulis
his generibus adjiciatur litera sibila, tres existunt literae geminae* (Bonitz,
Metaph., 594).

3. L. 28, nous lisons, avec Ross, qui suit la Vulgate, ὅτι et non ἔτι.

scande la moitié droite du vers sur neuf syllabes, la moitié 1093 *b*
gauche sur huit syllabes. Ils disent encore que la distance est la
même entre les lettres A et Ω qu'entre la note la plus grave de la
flûte et la note la plus aiguë, et que le nombre de cette note est
égal à celui qui constitue l'harmonie complète du Ciel[1]. Il faut
se méfier de la facilité avec laquelle on établit ou on découvre 5
de telles analogies dans les êtres éternels, alors que, même
dans les choses corruptibles, on ne le peut qu'avec peine.

Mais les caractères tant vantés des nombres et leurs
contraires, et, en général, les relations mathématiques, telles
que les conçoivent certains philosophes qui en font des causes
de la nature, semblent s'évanouir devant un examen ainsi 10
conduit; nulle des choses mathématiques n'est cause dans
aucun des sens que nous avons déterminés au sujet des principes[2]. En un sens, cependant[3], les Pythagoriciens nous révè-
lent que le Bien réside dans les nombres et que c'est à la série
du Beau qu'appartiennent l'impair, le droit, l'égal et les puissances de certains nombres[4]. Il y a parité numérique, en effet,
entre les saisons et une espèce particulière de nombre;
toutes les autres analogies qu'on veut tirer des théorèmes 15
mathématiques ne présentent que cette signification. Il ne

1. Allusion probable à la théorie pythagoricienne de l'Harmonie des
Sphères.

2. Δ, 1, 2.

3. Nous adoptons la ponctuation de Ross, II, 499 (d'après Diels), et nous
lisons, l. 11 : ἐστιν ὡς μέντοι, κτλ. – Aristote reconnaît ici que, d'une certaine
façon, on peut dire que le Bien appartient aux nombres, mais qu'il s'agit, non
pas d'une relation causale, mais d'un simple rapport d'analogie, tout
accidentel.

4. Par exemple des nombres carrés, triangulaires, hexagonaux, etc. Sur ces
différents nombres, cf. Robin. p. 656, n. 512[3].

s'agit, en somme, que de pures coïncidences. Ces propriétés sont des accidents, mais tous mutuellement apparentés, et leur unité n'est que par analogie. En effet, dans chacune des catégories de l'Être, il y a un terme analogue : ce qu'est le droit 20 dans la longueur, le plan l'est dans la surface, l'impair probablement dans le nombre, le blanc, dans la couleur.

En outre, les Nombres idéaux ne peuvent même pas être les causes des consonances musicales et des choses de ce genre ; même s'ils sont égaux, en effet, les Nombres idéaux diffèrent entre eux spécifiquement, puisque les unités des Nombres idéaux sont distinctes entre elles. Il s'ensuit que, pour ces raisons du moins, on ne saurait admettre les Idées [1].

Telles sont donc les conséquences de cette théorie, 25 et on pourrait rassembler contre elle plus d'objections encore. Les nombreux expédients mis en œuvre pour démontrer la génération par les Nombres et l'impossibilité d'assurer la cohésion du système semblent fournir la preuve que les Choses mathématiques n'existent pas, comme quelques-uns le prétendent, séparées des choses sensibles, et qu'elles ne sont pas les principes des choses.

FIN

1. Dernier argument d'Aristote contre les Nombres idéaux. Même dans le cas privilégié des consonances musicales, les Nombres idéaux ne peuvent pas être causes formelles, à raison de la différence spécifique de leurs unités. Les sons des consonances sont plutôt comme les nombres mathématiques. – L. 23, l'expression « Nombres idéaux égaux » (ἴσοι) signifie que des nombres égaux en réalité (par exemple la Triade en soi, égale au tiers de l'Ennéade en soi ou à la moitié de l'Hexade en soi) sont, dans cette théorie, inégaux, puisqu'ils sont formés d'unités inadditionnables.

LEXIQUE [1]

A

τὸ ἀγαθόν, le *Bien*, le *bon* (τὸ καλόν a souvent le même sens).

ἀγένητος, *ingénérable*.

ἀδιαίρετος, *indivisible*.

ἀδιάφορος, *indistinct, indifférencié*.

ἀδυναμία, *impuissance;* ἀδύνατον, *impossible*.

ἀθετός, *non spatial*.

ἀΐδιος, *éternel*.

αἴσθησις, *sensation;* τὸ αισθητόν, le *sensible*, l'objet de la sensation.

αἰτία, αἴτιον, *cause, raison, motif*.

ἀκολουθεῖν, *obéir, correspondre à, être corrélatif à, accompagner, être à la suite de*.

---

1. En vue de faciliter la lecture et l'étude de la *Métaphysique*, nous avons jugé utile de dresser un lexique sommaire des principaux termes employés par Aristote. – Les références se rapportent non pas au texte même de l'ouvrage, mais aux notes explicatives correspondantes, qui fourniront des précisions sur les mots importants.

ἀλλοίωσις, *altération* selon la qualité (κατὰ ποιόν), du genre κίνησις (V. ce mot).

ἅμα, *coexistence, simultanéité*.

τὸ ἄμφω, le *composé* (de matière et de forme).

ἀνάγκη, la *nécessité;* ἀναγκαῖον, *nécessaire*.

ἀναλογία, *analogie* (Δ, 6, 1016 *b* 35).

τὸ ἄνισον, *l'inégal*.

ἀντίθεσις, *opposition* (avec ses 4 espèces, I, 3, 1054 *a* 26); τὰ ἀντικείμενα, les *opposés*.

ἀντίφασις, *contradiction* (espèce de l'opposition).

ἄνω, le *haut* (par opposition à κάτω, le bas).

ἀξίωμα, *axiome* (B, 2, 996 *b* 28; K, 4, 1061 *b* 18), *conception, placitum* (B, 4, 1001 *b* 7).

ἀόριστος, *indéterminé*.

ἀπαθής, *impassible*.

τὸ ἄπειρον, l'*infini;* ἄπ. κατὰ τὴν διαίρεσιν, infini par *division* ou infini en *puissance*, par opposition à l'infini κατὰ τὴν πρόσθεσιν, par *addition* ou en *acte* (A, 2, 994 *b* 24 et 30; B, 6, 1048 *b* 10).

ἁπλοῦς, *simple;* τὰ ἁπλᾶ, les *natures simples, incomposées* (par opposition aux σύνθετα); ἁπλῶς, *absolument, proprement dit*.

ἀπόδειξις, *démonstration* proprement dite (V. ἔλεγχος).

ἀπορία, *difficulté, aporie, problème*.

ἀπόφασις, *négation, proposition négative* (par opposition à κατάφασις); ἀπόφασις στερητική, *négation privative* (I, 5, 1056 *a* 17).

ἀριθμός, *nombre*.

ἄρρεν, *mâle* (par opposition à θῆλυ, *femelle*).

τὸ ἄρτιον, le nombre *pair* (par opposition à περιττόν, *impair*).

ἀρχή, *principe*, *commencement*, *début*.

ἀσύμβλητος, *incomparable*, *inadditionnable* (en ce qui concerne les unités des nombres).

ἀσύμμετρος, *incommensurable*.

τὰ ἀσύνθετα, les *natures incomposées* (synonyme de ἁπλᾶ).

ἄτομος, *insécable* (par ex. la ligne insécable); τὰ ἄτομα, les *individus*, parfois les *infimae species*.

αὔξησις, *augmentation* (par oppistion à φθίσις, *diminution* ou *décroissement*) selon la quantité; elle est une espèce de la κίνησις et par suite rentre dans la μεταβολή (V. ce mot).

αὐτόματον, *casus*, *spontanéité*, *hasard* en général (distinct de la τύχη, *fortuna*, *hasard* dans la pratique humaine, mais souvent employés l'un pour l'autre). (A, 3, 984 *b* 14; K, 8, 1065 *a* 31; K, 11, 1067 *b* 24; A, 3, 1070 *a* 9).

ὁ αὐτός, τὸ αὐτό, *identique*, *même*.

ἀφαίρεσις, *retranchement*, *abstraction*, par opposition à πρόσθεσις, *addition*; τὰ ἐξ ἀφαιρέσεως, les *abstractions*, les *résultats de l'abstraction*, par opposition à τὰ ἐκ προσθέσεως, les *résultats de l'addition*, les êtres physiques (A, 2, 982 *a* 27; 5, 985 *b* 27; K, 3, 1061 *a* 29; K, 10, 1066 *b* 1).

ἀφή, *contact*.

ἄφθαρτον, *incorruptible*, *impérissable*.

Γ

γένεσις, la *génération*, le *devenir*, (par opposition à φθορά, *corruption*), qui peut être ἁπλῶς (*simpliciter*, κατὰ οὐσίαν) ou τις (*secundum quid*. Ce sera alors l'une des espèces de la κίνησις). V. μεταβολή – γίγνεσθαι, *naître, devenir, arriver, être*; τὸ γιγνόμενον, *ce qui devient, ce qui est engendré, se réalise, est produit.*

γένος, *genre* (par opposition à εἶδος, *espèce*).

γιγνώσκειν, *connaître* au sens vulgaire (par opposition à ἐπίστασθαι, avoir la *connaissance scientifique*).

γραμμή, la *ligne* géométrique.

Δ

ἡ δεκάς, la *Décade* (A, 5, 986 *a* 8).

τὸ δεκτικόν, *réceptacle* (généralement des contraires).

διὰ πασῶν, l'*octave*, intervalle musical.

διὰ τί, le *pourquoi*, opposé au simple ὅτι, qui constate le *fait* sans l'expliquer.

διάγραμμα, *proposition* géométrique (B, 3, 998 *a* 25; Θ, 9, 1051 *a* 22).

διαγωγή, *manière de vivre, contemplation* du beau (Λ, 7, 1072 *b* 15).

διαίρεσις, *division.*

διάκρισις, *séparation* (par opposition à σύγκρισις, *réunion*).

διάνοια, *pensée discursive* (par opposition à νόησις, *pensée intuitive*).

διαφορά, *différence* (par opposition à γένος, le *genre*).

δίεσις, le *demi-ton*, qui est le plus court intervalle musical (Δ, 6, 1016 *b* 21).

τὸ διπλάσιον, le *double.*

δοκεῖ, *il semble* (A, 2, 983 *a* 8).

δόξα, *doctrine*; *opinion* reposant sur le vraisemblable, (par opposition à la *science*, ἐπιστήμη); κοιναὶ δόξαι, *principes communs*, est synonyme de ἀξιώματα. V. ἀξίωμα.

ἡ δυάς, la *dyade*, le nombre 2.

δύναμις, *puissance* (Θ, 1, 1046 *a* 35) *possibilité*; s'oppose la plupart du temps à ἐνέργεια, acte; δυνατόν, *puissant, capable, possible.*

δυοποιός, *duplicatif.*

E

εἰδέναι, *connaître, savoir* (parfois synonyme de ἐπίστασθαι).

εἶδος, la *forme* (par opposition à la *matière*, ὕλη); l'*espèce* (par opposition au *genre*, γένος); τὰ γένους εἴδη, les *espèces immanentes au genre*, au sens aristotélicien, par opposition aux τὰ μὴ γένους εἴδη, les *espèces non immanentes au genre*, au sens platonicien (Z, 4, 1030 *a* 12).

εἶναι, *être, exister*, s'oppose souvent à γίγνεσθαι. – τὸ ὄν, *ens, l'être*, ce qui existe. – τὸ … εἶναι avec un nom au datif (par ex. τὸ ἀνθρώπῳ εἶναι) signifie souvent la *quiddité* et est synonyme de τὸ τί ἦν εἶναι. – τὸ τί ἐστι, l'*essence* (A, 5, 987 *a* 20); τὸ τί ἦν εἶναι, la *quiddité* (A, 3, 983 *a* 27).

τὸ καθ' ἕκαστον, l'*individu*, l'*individuel*, par opposition à τὸ καθόλου, le *général*, l'*universel*.

ἔκθεσις, *ecthèse*, opération qui consiste à ériger en substances séparées les attributs des êtres (A, 9, 992 *b* 10).

ἔλεγχος, *réfutation*, raisonnement dialectique par opposition à l'ἀπόδειξις, *démonstration* proprement dite (V. ce mot).

τὸ ἕν, l'*Un*; ἑνότης, *unité*. – ἕν παρὰ τὰ πολλά, l'Un comme *antérieur et extérieur au multiple* (sens platonicien); ἕν κατὰ τὰ πολλά, l'Un comme *relatif au Multiple*, ἐπὶ πολλῶν, comme *immanent au Multiple* (sens aristotélicien).

τὸ ἐναντίον, le *contraire*; ἐναντιότης, ἐναντίωσις, la *contrariété*, l'une des 4 espèces de l'ἀντίθεσις, *opposition*.

τὸ ἐνδεχόμενον, le *contingent*, synonyme de δυνατόν et opposé à ἀναγαῖον.

τὸ οὗ ἕνεκα, le « *ce pourquoi* » une chose est, la *cause finale* (Λ, 7, 1072 b 3).

ἐνέργεια, l'*acte*, par opposition à la *puissance*, δύναμις; distingue parfois de l'ἐντελέχεια, *entéléchie* (Γ, 4, 1007 b 28).

ἐνυπάρχειν, *exister dans*, *être immanent*. – τὰ ἐνυπάρχοντα, les *conditions immanentes*, les *éléments composants*.

ἕξις, *habitus*, *manière d'être*, disposition permanente; se distingue de διάθεσις, disposition *passagère*, et de πάθος, simple *accident* (A, 3, 983 b 15).

ἐπαγωγή, *induction*, qui tire de données particulières des notions générales (A, 9, 992 b 33).

ἕπεσθαι, *suivre*, être *la conséquence de*; τὰ ἑπόμενα, les *choses dérivées*, les *notions secondes*; ἑπομενῶς, *d'une manière dérivée*.

ἐπίπεδον, ἐπιφάνεια, *surface* géométrique.

ἐπιστήμη, *science*, par opposition à la *connaissance vulgaire*, à la δόξα, simple *opinion*. La science est πρακτική, ποιητική, θεωρητική (V. ces mots). – τὸ ἐπιστητόν, le *connaissable*, l'*objet de science*.

ἔργον, *action*, et aussi *œuvre* extérieure produite par l'action.

τὸ ἔσχατον, le *terme extrême*, le sujet *prochain* et *dernier*, ou, parfois, *le plus éloigné*.

εὐθύς, *immédiatement*, sans intermédiaire.

τὸ ἐφεξῆς, τὸ ἐξῆς, la *consécution*, la *suite*.

τὸ ἐχόμενον, le *contigu*, genre du συνεχές (V. ce mot).

Θ

οἱ θεολόγοί, les *Théologiens*, philosophes (ou poètes) antérieurs à Socrate (A, 3, 983 *b* 29).

θέσις, *position*, *donnée*.

θετός, *spatial*, qui occupe une position.

θεωρία, *étude*, *contemplation*; θεωρητική, science théorétique, qui n'est ni pratique ni poétique, et qui aboutit à la *connaissance intuitive*.

θῆλυ, (V. ἄρρεν).

θιγεῖν, *toucher*, *appréhender immédiatement*, par l'intuition, les ἁπλᾶ.

I

ἰδέα, *Idée* platonicienne (plus souvent εἶδος et surtout le pluriel εἴδη).

τὸ ἴσον, l'*égal*, opposé à l'*inégal*, ἄνισον.

ἴσως, *sans doute* (A, 3, 983 *b* 22).

K

καθόλου, le *général*, l'*universel*, par opposition à τὸ καθ' ἕκαστον (V. ce mot).

καί a parfois le sens explicatif de *c'est-à-dire*.

καλόν, le *Beau*, se confond souvent avec ἀγαθόν, le *Bon*.

κατάφασις, *affirmation*, *proposition affirmative*, par opposition à ἀπόφασις *négation*.

κατηγορία, *catégorie*, l'un des modes de l'Être; κατηγόρυμα, τὰ κατηγορούμενα, les *prédicats*, *prédicaments*; κατηγορεῖν, *attribuer*.

κάτω (V. ἄνω).

κινεῖν, *mouvoir*; κινεῖσθαι, *être en mouvement*; τὸ κινοῦν, la *cause motrice* ou *efficiente*. – κίνησις, le *mouvement*, du genre μεταβολή (V. ce mot) avec lequel il se confond parfois. Mais *stricto sensu*, la κίνησις comprend seulement l'*accroissement* (αὔξησις) et le *décroissement* (φθίσις), l'*altération* (ἀλλοίωσις) et la *translation* (φοπά). (V. ces mots). – κίνησις ὁμαλή, *mouvement uniforme*.

τὰ κοινά, les *axiomes*, *principes communs*, synonyme de κοιναὶ δόξαι (V. δόξα).

κρᾶσις, *fusion* des liquides, du genre μῖξις, *mélange* en général (H, 2, 1042 *b* 17).

κυρίως, *principalement*, *fondamentalement* (Δ, 5, 1015 *b* 12).

Λ

λογικῶς, d'une manière *abstraite*, purement dialectique (sens péjoratif), par opposition à φυσικῶς, d'une manière *conforme au réel* (Z, 4, 1029 *b* 13).

λόγος, *concept*, *notion*, *essence* de la chose dans l'esprit; par suite, *définition*, *forme*. Le terme présente à la fois un sens *logique* et *ontologique*: c'est l'*objet* et son *expression intelligible* (A, 3, 983 *a* 27). – λογισμός, *raisonnement, calcul* réfléchi.

μακρός λόγος, *bavardage, périphrase* inutile et embarrassée (H, 3, 1043 *b* 26; N, 3, 1091 *a* 8).

M

μάθησις, *discipline scientifique, apprentissage, étude.*

μέγεθος, *grandeur, étendue.*

μέθεξις, μετάληψις, κοινωνία, etc., *participation,* au sens platonicien (A, 6, 987 *b* 9).

μέθοδος, *recherche, via et ratio inquirendi, marche régulière, discipline, méthode.*

μέρος, *partie.*

μέσον, *moyen terme, milieu.*

μεταβολή, *changement* en général, comprend la γένεσις et ses espèces, et la κίνησις et ses espèces (V. γένεσις, κίνησις, αὔξησις, φτίσις, ἀλλοίωσις, φορά) (A, 3, 984 *a* 14; Z, 7, 1032 *a* 15; H, 2, 1042 *b* 8; K, 9, 1065 *a* 27).

μεταξύ, *intermédiaire;* τὰ μεταξύ, les *choses mathématiques intermédiaires,* selon Platon.

τὸ μέτρον, la *mesure,* l'*unité de mesure* (τὸ ἕν est μέτρον).

μῖξις, *mélange* en général, dont la κρᾶσις (V. ce mot) est une espèce.

ἡ μονάς, l'*unité* (dans le nombre).

μορφή, synonyme de εἔδος, *forme.* Signifie plus précisément *contours* de l'objet (B, 4, 999 *b* 6).

N

νόησις, *pensée* en général; *pensée intuitive* par opposition à διάνοια, *pensée discursive*. – νοητόν, le *pensable*, l'*objet de pensée*.

νοῦς, *intelligence, intellect, pensée*; c'est la partie supérieure, et séparée, de la ψυχή.

τὸ νῦν, l'*instant*; οἱ νῦν, *les philosophes d'aujourd'hui*. – νῦν δέ, *en réalité, en fait* (Bonitz, *Ind. aristotelicus*, 492 a 60).

O

κίνησις ὁμαλή (V. κίνησις).

ὁμοιομερῆ, *parties de même nature*, par opposition à ἀνομοιομερῆ (Α, 3, 984 a 14).

ὁμώνυμον, *homonyme, équivoque*, par opposition à συνώνυμον, *synonyme, univoque*, à πολυώνυμα, et aux πρὸς ἕν ou καθ'ἕν λεγόμενα (Α, 6, 987 b 10; Γ, 2, 1003 a 33, 1003 b 24).

ὅπερ, (avec εἶναι), ce qui appartient à l'*essence même de la chose* indépendamment des qualités.

ὁρισμός, ὅρος, *définition*, expression du λόγος.

ὅτι (V. διὰ τι).

οὐρανός, *univers physique, ciel, cosmos*.

οὐσια, *substance* en général. Substance *matérielle*; substance *formelle*; substance *concrète* composée, synonyme de τόδε τι, et de χωριστόν (V. ces mots). (Α, 8, 983 a 27).

Π

πέρας, *limite*; πεπερασμένον, *limité*.

περιττόν (V. ἄρτιον).

πήρωμα, produit *anormal* et inachevé (Z, 9, 1034 *b* 4).

πλῆθος, la *multiplicité*, opposé à τὸ ἕν. – τὰ πολλά, le *multiple*, a le même sens.

ποίησις, *réalisation*, *création* d'une *œuvre* extérieure à l'*artiste*, par opposition à πρᾶξις, *action* immanente à l'*agent*. – Dans le même sens, ἐπιστήμη ποιητική (Α, 2, 982 *b* 10; 7, 988 *b* 6).

τὸ ποιόν, la *qualité*, catégorie de l'Être.

πολλαπλάσιον, le *multiple* numérique.

πολλαχῶς λεγόμενα (Β, 3, 998 *b* 26).

πολύ, *beaucoup*. – ὡς ἐπὶ τὸ πολύ, le *constant*, l'*habituel*, *ce qui arrive le plus souvent* (Ε, 2, 1026 *b* 30.) – τὰ πολλά, le *multiple*, la *multiplicité sensible*.

ποσόν, la *quantité*, catégorie de l'Être.

πρᾶξις, V. ποίησις.

προαίρεσις, *choix libre et réfléchi* (Α, 1, 1013 *a* 10).

πρός τι, *relatif*, l'une des 4 espèces de l'ἀντίθεσις.

πρόσθεσις, ἐκ προσθέσεως, V. ἀφαίρεσις.

πρότασις, *prémisse* (Β, 2, 996 *b* 31).

πρότερον καὶ ὕστερον, *antérieur et postérieur*, *avant et après*.

πρῶτος, *premier*, soit en importance, soit chronologiquement; *prochain* (genre prochain, par ex.); *le plus éloigné* (la cause première). – πρώτη οὐσία, *substance première*, celle qui n'est pas l'attribut d'une autre chose (synonyme de ἁπλᾶ). – πρώτως, *immédiatement*, *primitivement*, *au sens fondamental et premier*.

Σ

σοφία, *sagesse*, *science*, *sapience*; *philosophie* (A, 1, 981 *b* 10).

στάσις, *repos*.

στερεόν, le *solide* mathématique.

στέρησις, la *privation* (de la forme), l'une des espèces de l'ἀντίθεσις.

στιγμή, le *point* mathématique.

στοιχεῖον, l'*élément immanent*, par opposition à ἀρχή, *principe extérieur* à la chose.

συλλογισμός, *syllogisme*.

συμβαίνειν, *arriver*, *suivre logiquement*. – συμβεβηκός, *accident*; συμβεβηκότα καθ'αὑτά, *accidents essentiels* de la chose (synonyme πάθη, ὑπάρχοντα) (B, 2, 997 *a* 7).

συμβλητός, *comparable*, *additionnable*, opposé à ἀσύμβλητος (V. ce mot).

συμμετρία, *commensurabilité*.

συμπλοκή, *liaison*.

σύμφυσις, *symphyse*, *connexion* naturelle et organique.

συναίτιον, *cause adjuvante*, *condition* (Δ, 5, 1015 *a* 20).

τὸ συνεχές, le *continu*, s'oppose à ἐχόμενον, *contigu*, comme à son genre.

σύνθεσις, *assemblage*, *composition*.

σύνθετα, *choses composées*, opposées aux ἁπλᾶ (V. ce mot).

τὸ σύνολον, le *composé concret* (de matière et de forme).

συνώνυμον (V. ὁμώνυμον).

σχῆμα, *figure*, contour extérieur. Souvent synonyme de εἶδος, qui l'accompagne.

σῶμα, *corps*, soit mathématique, soit physique.

σῶρος, *tas*, *agrégat*, pure *juxtaposition* sans principe unificateur.

T

τέλος, *fin*; τέλειος, qui a atteint sa fin, *achevé*, *parfait*.

τέχνη, *art*.

τόδε τι, la *chose déterminée*, *individu* concret et séparé; parfois la *forme* (B, 5, 1001 *b* 31; A, 8, 1017 *b* 25).

τὸ τοιόνδε, *quale quid*, l'être ayant *telle qualité*, le τόδε τι avec *tel attribut* (Z, 8, 1033 *b* 22).

τόπος, *lieu* (K, 10, 1067 *a* 29). – ὕλη τοπική (V. ὕλη).

τύχη (V. αὐτόματον).

Y

ὕλη, *matière*, ayant souvent le sens de *sujet* (A, 3, 983 *a* 29). – ὕλη αἰσθητή, matière *sensible*; ὕ. νοητή, matière *intelligible*; ὕ. τοπική, matière *locale*. – πρώτη ὕλη, matière *première*, au sens absolu, et, plus souvent, au sens relatif; ἐσχάτη ὕλη, matière *prochaine*, apte à recevoir immédiatement la forme.

τὸ ὑπερέχον, ὑπερεχόμενον, l'*excès* et le *défaut*.

ὑπόθησις, *hypothèse*, parfois *prémisse* (A, 1, 1013 *a* 15).

τὸ ὑποκείμενον, le *sujet*, le *substrat*, siège des contraires; peut être soit matière, soit forme, soit σύνολον.

ὑπόληψις, *croyance*, *jugement*, opinion ayant un caractère d'universalité (A, 1, 981 *a* 7).

Φ

τὸ φαινόμενον, ce qui *apparaît*, par opposition à ce qui *est*, τό ὄν.

φάσις, *énonciation*, se confond souvent avec κατάφασις (V. ce mot).

τὸ φθαρτόν, le *corruptible*.

φθίσις (V. αὔξησις).

φθορά (V. γένεσις).

φιλοσοφία θεολογική, *théologie*.

φλέγμα, la *pituite*, le *phlegme* (H, 4, 1044 a 17).

φορά, mouvement de *translation* (V. κίνησις).

φρόνησις, *prudence*, intelligence orientée vers la réalisation du Bien (B, 4, 1000 b 4 ; M, 4, 1078 b 15).

φύσις, *nature*, *réalité*.

φώνη, *son articulé*, *mot* (B, 998 a 23).

X

χώρα, *lieu*, (Platon).

χωρίς, *à part*, *séparément* ; χωριστός, *séparé* du sensible.

Ψ

ψεῦδος, *faux*.

ψυχή, *âme*.

Ω

ὡς, *tout se passant comme si*, *les faits exposés supposant que*, *attendu que*, etc.

BIBLIOGRAPHIE

TEXTES DE LA *MÉTAPHYSIQUE*

Notre traduction a été faite sur les textes suivants :

Aristotelis opera, Bekker (éd.), Berlin, texte grec, 1831, 2 vol. [Les références à cette édition figurent en marge de la présente traduction.]

Metaphysica, Bonitz (éd.), *pars prior*, Bonn, 1848

Aristotelis omnia opera, *graece et latine*, Paris, s. d., Firmin-Didot (éd.)

Metaphysica, Christ (éd.), Leipzig, 1906

Aristotle's Metaphysics, texte et commentaire de W. D. Ross, Oxford, 1924, 2 vol.

[Nous avons utilisé particulièrement l'édition Christ, à raison de sa grande commodité. Dans un grand nombre de passages cependant, nous avons adopté des leçons différentes, notamment celles qui ont été proposées par Ross, dernier commentateur d'Aristote. Mais les variantes n'ont été signalées que dans les cas où le sens lui-même s'y trouvait intéressé.]

PRINCIPAUX OUVRAGES CONSULTÉS

ALEXANDRE d'APHRODISE, *In Aristotelis Metaphysica commentaria*, M. Hayduck (éd.), Berlin, 1891. [A partir du Livre E, ces commentaires sont suspects et parfois attribués à Michel d'Éphèse (XIe siècle), d'où le nom de Pseudo-Alexandre.]

BARTHÉLÉMY-SAINT-HILAIRE I., *La Métaphysique*, tr. fr., Paris, 1879, 3 vol. [Traduction très défectueuse]

BONITZ H., *Metaphysica, pars posterior*, Bonn, 1849. [Toutes nos citations de Bonitz, *Metaph.*, se réfèrent à cette seconde partie.]

– *Index aristotelicus*, Berlin, 1870. [Tome V de l'édition Bekker]

BOUTROUX É., *Aristote*, dans *Études d'Histoire de la Philosophie*, Paris, 1897

BROCHARD V., *Études de Philosophie ancienne et de Philosophie moderne*, Paris, 1912

BURNET J., *L'aurore de la Philosophie grecque*, tr. fr., Paris, 1919

CARTERON H., *La notion de Force dans le Système d'Aristote*, Paris, 1924

– *La Physique* d'Aristote, texte et tr. fr., Paris, 1926-1931, 2 vol.

CHEVALIER J., *La notion du nécessaire chez Aristote et chez ses prédécesseurs*, Paris, 1915

COLLE G., *La Métaphysique, livres I à III*, tr. fr. et com., Paris-Louvain, 1912-1922; *livre IV*, Louvain, 1931

DIELS H., *Die Fragmente der Vorsokratiker*, 3e éd., Berlin, 1912

DIÈS A., *Autour de Platon*, Paris, 1926, 2 vol.

GOMPERZ T., *Les Penseurs de la Grèce*, tome III, tr. fr., Paris-Lausanne, 1910

HAMELIN O., *Aristote. Physique II*, tr. fr. et com., Paris, 1907

– *Essai sur les Éléments principaux de la Représentation*, Paris, 1907; 2e éd. avec notes, 1925

– *Le Système d'Aristote*, Paris, 1920

JAEGER W., *Aristoteles*, Berlin, 1923

– *Studien zur Entstehungsgeschichte der Metaphysik des Aristoteles*, Berlin, 1912

MANSION A., *Introduction à la Physique aristotélicienne*, Paris-Louvain, 1913.

– *La Genèse de l'œuvre d'Aristote d'après les travaux récents*, dans *Revue néo-scolastique de philosophie*, 1927, p. 307-341 ; p. 423-466.

– *Bulletin de littérature aristotélique*, 1928 et suivantes, p. 82-116.

PIAT Cl., *Aristote*, 2e éd., Paris, 1912

PIERRONT A. et ZEVORT Ch., *La Métaphysique d'Aristote*, 1ère tr. fr. , Paris, 1840-1841, 2 vol. [Traduction inexacte.]

RAVAISSON F., *Essai sur la Métaphysique d'Aristote*, 2e éd., Paris, 1913, 2 vol.

RITTER et PRELLER, *Historia philosophiae graecae*, 9e éd., Gotha, 1913

RIVAUD A., *Le Problème du Devenir et la notion de Matière dans la Philosophie grecque, depuis les Origines jusqu'à Théophraste*, Paris, 1906

ROBIN L., *La Théorie platonicienne des Idées et des Nombres, d'après Aristote*, Paris, 1908

– *La Pensée grecque*, Paris, 1923

RODIER G., *Aristote, Traité de l'Âme*, tr. fr. et com., Paris, 1900, 2 vol.

– *Études de Philosophie grecque*, Paris, 1923

ROLFES E., *Aristoteles' Metaphysik,* üebersetzt … Leipzig, 1904

ROSS W.D., *The Works of Aristotle*, tr. angl., t. VIII, *Metaphysica*, 2e éd., Oxford, 1928

– *Aristotle's Metaphysics*, texte et com., Oxford, 1924, 2 vol.

– *Aristote*, tr. fr., Paris, 1929

THÉON DE SMYRNE, *Des connaissances mathématiques utiles pour la lecture de Platon*, I. Dupuis (éd.), Paris, 1892

THÉOPHRASTE, *Metaphysica*, Ross et Fobes (éd.), Oxford, 1929

THOMAS D'AQUIN St., *Summa theologica*, 11e éd., Marietti, Turin, 1913, 6 vol.

– *de Ente et Essentia*, Roland-Gosselin (éd.), Paris, 1926

– *In Metaphysicam Aristotelis commentaria*, Cathala (éd.), Turin, 1926. [Contient la *Versio antiqua*, attribuée à Guillaume de Mœrbeke.]

TABLE DES MATIÈRES

Aristote, *Métaphysique*
Tome II

DANS LA MÊME COLLECTION

CASSIRER, *Descartes, Corneille, Christine de Suède*, traduction de M. Francès et P. Schrecker, 122 pages, 1997

CAVAILLÈS, *Sur la logique et la théorie de la science*, préface de G. Bachelard, postface de J. Sebestik 160 pages, 1997

CHESTOV, *Kierkegaard et la philosophie existentielle*, traduction de T. Rageot et B. de Schloezer, 384 pages, 1972

COMTE, *Discours sur l'esprit positif*, nouvelle éd., introduction et notes d'A. Petit, 256 pages, 1995, 2003

CONDILLAC, *Traité des animaux*, présentation et notes de M. Malherbe, 254 pages, 2004

DESCARTES, *Discours de la méthode*, introduction et notes d'É. Gilson, 150 pages, 1999

Principes de la philosophie, première partie, introduction et notes de G. Durandin, 158 pages, 1993

Règles pour la direction de l'esprit, traduction et notes de l'Abbé Sirven, 160 pages, 1996

Les passions de l'Âme, introduction et notes de G. Rodis-Lewis, 242 pages, 1994

La morale, textes choisis et présentés par N. Grimaldi, 190 pages, 1992

DUHEM, *Sauver les apparences. Sur la Notion de Théorie physique de Platon à Galilée*, introduction de P. Brouzeng, 160 pages, 2003

FICHTE, *La destination du savant (1794)*, introduction, traduction et commentaire de J.-L. Vieillard-Baron, préface d'A. Philonenko, 166 pages, 1994

HEGEL, *Préface et introduction de la Phénoménologie de l'esprit*, bilingue allemand, traduction et commentaire précédés de *Sens et intention de la Phénoménologie de l'esprit* de B. Bourgeois, 320 pages, 1997

Concept préliminaire de l'Encyclopédie des sciences philosophiques, bilingue allemand, introduction, traduction, notes et commentaires de B. Bourgeois, 288 pages, 1994

L'esprit du christianisme et son destin – L'esprit du judaïsme, traduction et notes d'O. Depré, 256 pages, 2003

Des manières de traiter scientifiquement du droit naturel, traduction et notes de B. Bourgeois, 104 pages, 1990

HOBBES, *De la nature humaine*, traduction du baron d'Holbach, introduction d'É. Naert, 196 pages, 1991

HUME, *Dialogues sur la religion naturelle*, introduction, traduction et notes de M. Malherbe, 256 pages, 1997

Histoire naturelle de la religion, introduction, traduction et notes de M. Malherbe, 246 pages, 1996

HUSSERL, *Méditations cartésiennes, Introduction à la phénoménologie*, traduction d'E. Levinas et G. Peiffer, 256 pages, 1992

KANT, *Dissertation de 1770*, bilingue latin, introduction et traduction de P. Mouy, suivi de la *Lettre à Marcus Herz*, introduction, traduction et notes d'A. Philonenko, 144 pages, 1995

Prolégomènes à toute métaphysique future, traduction et index de L. Guillermit, 184 pages, 1993

Anthropologie du point de vue pragmatique, traduction de M. Foucault, 176 pages, 1991

Fondements de la métaphysique des mœurs, traduction de V. Delbos, revue avec une introduction et des notes nouvelles par A. Philonenko, 160 pages, 1992

Projet de paix perpétuelle, bilingue allemand, traduction de J. Gibelin, 144 pages, 1990

La religion dans les limites de la simple raison, traduction de J. Gibelin, introduction et notes de M. Naar, 322 pages, 1994, 2000

Théorie et pratique. Sur un prétendu droit de mentir par humanité, traduction et notes de L. Guillermit, 104 pages, 2000

Critique de la faculté de juger, introduction et traduction par A. Philonenko, 480 pages, 1993

Première introduction à la Critique de la faculté de juger et autres textes, 144 pages, 1975

Observations sur le sentiment du beau et du sublime, introduction, traduction et notes de R. Kempf, 86 pages, 1992

Réflexions sur l'éducation, introduction, traduction et notes d'A. Philonenko, 160 pages, 1993

Logique, traduction et notes de L. Guillermit, 208 pages, 1997

Essai pour introduire en philosophie le concept de grandeur négative, introduction de G. Canguilhem, traduction et notes de R. Kempf, 68 pages, 1991

Les progrès de la métaphysique en Allemagne depuis le temps de Leibniz et de Wolf, traduction de L. Guillermit, 144 pages, 1990

Le conflit des facultés, traduction de J. Gibelin, 174 pages, 1997

Rêves d'un visonnaire, traduction et présentation de Fr. Courtès, 200 pages, 1989

Premiers principes métaphysiques de la science de la nature, traduction de J. Gibelin, 168 pages, 1990

LEIBNIZ, *Discours de métaphysique*, éd. Lestienne, introduction d'A. Robinet, 96 pages, 1994

Le droit de la raison, textes réunis et présentés par R. Sève, 256 pages, 1994

Opuscules philosophiques choisis, bilingue latin, traduction de P. Schrecker, 320 pages, 2001

LEVINAS, *De l'existence à l'existant*, 172 pages, 1990

De Dieu qui vient à l'idée, 272 pages, 1992

En découvrant l'existence avec Husserl et Heidegger, nouvelle édition suivie d'*Essais nouveaux*, 336 pages, 2001

LOCKE, *Essai philosophique concernant l'entendement humain, livres I et II*, introduction, traduction et notes de J.-M. Vienne, 640 pages, 2001

Essai philosophique concernant l'entendement humain, livre III, introduction, traduction et notes de J.-M. Vienne, 258 pages, 2003

Essai philosophique concernant l'entendement humain, livre IV, introduction, traduction et notes de J.-M. Vienne, 368 pages, 2002

Quelques pensées sur l'éducation, traduction de G. Compayré, introduction de J. Château, 288 pages, 1992

MERLEAU-PONTY, *L'union de l'âme et du corps chez Malebranche, Biran et Bergson*, notes de cours recueillies et rédigées par J. Deprun, 138 pages, 1978

PERELMAN, *L'empire rhétorique. Rhétorique et argumentation*, 194 pages, 2002

QUINE, *Du point de vue logique*, traduction de S. Laugier et Ph. de Rouilhan 256 pages, 2003

RICŒUR, *À l'école de la phénoménologie*, 384 pages, 2004

SARTRE, *La transcendance de l'ego*, introduction, notes et appendices de S. Le Bon, 136 pages, 2003

SCHOPENHAUER, *De la quadruple racine du principe de raison suffisante*, présentation, traduction et notes de Fr. -X. Chenet, 224 pages, 1997

SPINOZA, *Traité de la réforme de l'entendement*, bilingue latin, traduction et introduction de B. Rousset, 128 pages, 2002

Achevé d'imprimer par Corlet, Imprimeur, S.A. - 14110 Condé-sur-Noireau
N° d'Imprimeur : 80587 - Dépôt légal : novembre 2004 - *Imprimé en France*